CAMPOS DE MUERTE

Advertencia: El contenido y las imágenes de este libro son explícitos.

CLÍO
CRÓNICAS DE LA HISTORIA

Miguel del Rey Vicente
Carlos Canales Torres

CAMPOS DE MUERTE

GEOGRAFÍA DEL MAL

www.edaf.net

MADRID - MÉXICO - BUENOS AIRES - SAN JUAN - SANTIAGO
2016

Campos de muerte
© 2016. Miguel del Rey Vicente y Carlos Canales Torres
© 2016. De esta edición, Editorial EDAF, S. L. U.
© Diseño de la cubierta: Ricardo Sánchez

EDITORIAL EDAF, S. L. U.
Jorge Juan, 68. 28009 Madrid, España
Tel. (34) 91 435 82 60
Fax (34) 91 431 52 81
http://www.edaf.net
e-mail: edaf@edaf.net

ALGABA EDICIONES, S.A. de C.V.
Calle 21, Poniente 3323, Colonia Belisario
Domínguez
(entre la 33 Sur y la 35 Sur)
Puebla, 72180, México
Telf.: 52 22 22 11 13 87
edafmexicoclien@yahoo.com.mx

EDAF DEL PLATA, S. A.
Chile, 2222
1227 Buenos Aires, Argentina
Tel/Fax (54) 11 43 08 52 22
e-mail: edafdelplata@edaf.net

EDAF CHILE, S. A.
Coyancura, 2270 Oficina, 914
Providencia, Santiago de Chile
Chile
Tel (56) 2/335 75 11 - (56) 2/334 84 17
Fax (56) 2/ 231 13 97
e-mail: edafchile@edaf.net

EDAF ANTILLAS, INC.
Edaf Antillas, Inc
Local 30 A-2
Zona Portuaria Puerto Nuevo
San Juan PR 00920
(787) 707-1792

Queda prohibida, salvo excepción prevista en la ley, cualquier forma de reproducción, distribución, comunicación pública y transformación de esta obra sin contar con la autorización de los titulares de la propiedad intelectual. La infracción de los derechos mencionados puede ser constitutiva de delito contra la propiedad intelectual (art. 270 y siguientes del Código Penal). El centro Español de Derechos Reprográficos (CEDRO) vela por el respeto de los citados derechos.

Primera edición: *Marzo 2016*

ISBN: 978-84-414-3626-8
Depósito legal: M-3906-2016

IMPRESO EN ESPAÑA — PRINTED IN SPAIN

Gráficas Cofás, Pol. Ind. Prado Regordoño, Móstoles (Madrid)

ÍNDICE

Intermedio 9

Introducción 13

1. Ensayo general 17
    1.1 Cuba. La concentración como solución 19
    1.2 Filipinas. El doble rasero 30
    1.3 Sudáfrica. Un cambio en las reglas del juego 36
    1.4 Namibia. El toque étnico 44
        1.4.1 Isla Tiburón 49
    1.5 Austria. Lágrimas sin sonrisas 53
    1.6 Italia. Ensayo imperial 57

2. Holocausto 65
    2.1 En manos del destino 67
        2.1.1 Punto sin retorno 75
        2.1.2 Las razones económicas 80
    2.2 La cuestión racial 86
    2.3 El oficio de matar 94
        2.3.1 El juramento de Hipócrates 100
        2.3.2 El campo de las mujeres 104
    2.4 Liberación 109
        2.4.1 El reino de Abaddon 112

3. El imperio del sol 117
    3.1 La tierra de las oportunidades 119
    3.2 Visiones de Oriente 126
        3.2.1 Un puente sobre el río Kwai 129
        3.2.2 Al límite de la resistencia 132
        3.2.3 Indonesia. Vuelta de tuerca a la «concentración» ... 135
        3.2.4 Bataán. «La marcha de la muerte» y los campos en Filipinas 138
        3.2.5 El ejército caníbal 142
    3.3 Los maestros del horror: Escuadrón 731 145
        3.3.1 Agentes patógenos y guerra química 150

4. Desolación 155
    4.1 Hijos de la revolución 157
    4.2 La isla siniestra 165
    4.3 La semilla del mal 173
    4.4 Terror rojo 180
    4.5 El infierno blanco 185
    4.6 El colapso del sistema 190

5. Monstruos de la razón 195
    5.1 Tiempos de crisis 197
        5.1.1 Herencia europea 202
    5.2 Sin pudor 204
    5.3 Los «alborotadores» 208
        5.3.1 Hanoi Hilton 213
    5.4 Los olvidados: el problema de los MIA 216
    5.5 Coletazos de colonialismo. El *Mau Mau* 221
        5.5.1 Viejos métodos 225

6. Los gritos del silencio 231
    6.1 El reino del olvido 233
        6.1.1 Antiguos rencores 235
    6.2 Ideales oscuros 241
    6.3 Vivir en el horror 245
    6.4 La guerra liberadora 250
    6.5 Las cifras del espanto 256

7. Terror en los Balcanes 259
    7.1 La sucursal del infierno 261
    7.2 Un velo de tinieblas 268

8. El poder de la locura 277
    8.1 Paralelo 38 279
        8.1.1 La república hereditaria 282
    8.2 El secreto mejor guardado 237

Epílogo. De Basora a Guantánamo 299

Anexo. Los otros campos 315

Bibliografía 323

INTERMEDIO

Todo malinas, en completa oscuridad, parecía dormir. Eran las diez de la noche del 19 de abril de 1943, y ya empezaba a sentirse un poco el calor de la primavera, cuando con precisión prusiana, el tren comenzó a rodar por las vías de la pequeña estación belga. Se llevaba, hacinados como animales, a 1631 hombres, mujeres y niños del cuartel Dossin, el infame complejo en el que desde julio del año anterior se concentraba a todos los habitantes racialmente suprimibles de la región. Su ubicación céntrica entre Bruselas y Amberes —las dos ciudades donde vivían la mayor cantidad de judíos y gitanos—, su estructura cerrada y la línea férrea próxima, habían hecho del viejo recinto construido en 1756 por orden de María Teresa de Austria, el lugar idóneo para instalar un centro de detención y deportación. El convoy era el vigésimo de esas características que se dirigía hacia el Este, a un destino ignorado por todas aquellas personas a las que se había negado un mínimo de humanidad.

Los tres jóvenes llevaban horas al acecho, a la espera de que los alemanes se pusieran definitivamente en marcha. Eran estudiantes de la Universidad Libre de Bruselas. A quince kilómetros de la estación habían organizado su pequeña trampa, con una lámpara cubierta con seda roja para que pareciera una luz de advertencia.

El tren se detuvo con un sonoro chirrido y grandes nubes de vapor en el lugar indicado. Un momento después, se hizo un fascinante silencio. Armados tan solo con dos pares de tenazas y una pistola, los tres corrieron sobre la gravilla suelta y se abalanzaron sobre los antiguos vagones de ganado. Con enorme dificultad cortaron primero el alambre de espino que cubría sus exiguos ventanucos y, luego, consiguieron desplazar los enormes pernos que aseguraban las pesadas puertas.

Más de 200 deportados vieron su oportunidad. Entre voces y empujones se escurrieron a través de las ventanas o presionaron las puertas hasta que se deslizaron, para saltar en la oscuridad. La ráfaga de ametralladora los sobresaltó. Los alemanes, rehechos de la sorpresa, abrieron fuego contra las sombras que huían terraplén abajo y sobre los objetivos más fáciles, los que, entre gritos de aliento y desesperación, aún esperaban junto a las puertas que bajaran sus seres queridos.

Channa Gronowski y su hijo Simón, de 11 años, estaban todavía en los vagones cuando el tren aceleró de nuevo. Escapar parecía imposible, pero el ánimo de los detenidos había sufrido un enorme cambio y, juntos, consiguieron romper la cerradura de la puerta de su improvisada celda. Channa cogió a Simón por los hombros dispuesta a empujarlo y a saltar tras él, pero se asustó. El tren ya iba demasiado deprisa. Unos segundos después, sin saber cómo, ni darse cuenta del momento de duda de su madre, Simón rodaba por el terraplén. Se puso de pie, ileso, y esperó asustado junto a unos matorrales a que ella le siguiera.

El tren volvió a detenerse. Lo vio llegar enseguida, un suboficial de la *schutzpolizei* que se acercaba a grandes zancadas a uno de los vagones abiertos, mientras sacaba el arma de su funda. Puso la pistola en la frente de un hombre y le metió una bala en la cabeza con un golpe seco, sin decir palabra y sin que a su víctima le diera tiempo a reaccionar. El resto, comenzaron a gemir, salpicados de sangre, esquirlas de hueso y materia gris. El terror mortal que inspiraba con su sola presencia aquel joven de apenas veintitrés años, carente de entrañas, indudablemente lo complacía y deleitaba. Con mano segura escogió a sus víctimas, no solo de entre las sanas, sino también de entre las que parecían enfermas, débiles e incapacitadas. Las que, a pesar del hambre y las penalidades, seguían con un mínimo poso de dignidad, fueron las primeras en ser seleccionadas. Constituyeron los blancos especiales de su atención.

A dos o tres de los que había mandado situarse a su izquierda, les disparó el mismo. A otro grupo los llevó a empujones junto al resto de soldados, que se pusieron en fila y, con una sola descarga, los derrumbaron como bolos.

Para Simón, escondido entre la hojarasca junto a la gravilla en la que se había raspado los brazos y la cara, el tiempo parecía haberse detenido desde que vio desplomarse a la primera persona. Llevaba allí una eternidad cuando comenzó a caer una lluvia fina que no tardó en empaparlo por completo y convertir la tierra que se mezclaba con la hierba en grumosos charcos de barro. A pesar de ello, siguió tumbado, inmóvil, con los brazos pegados al cuerpo. Una esquirla de vidrio le cortaba un poco la rodilla derecha, pero no se atrevía a levantarla por miedo a que lo descubrieran.

Después de 20 minutos de búsquedas, lloros y voces, el tren se alejó con su madre a bordo. Simón se quedó solo entre las hojas secas y muertas, con la vista pegada en el oscuro horizonte. Se levantó, y echó a correr sin mirar atrás, lo más deprisa que pudo.

Corrió toda la noche con desesperación. Por los campos, y a través de los bosques. Su intención era llegar a Bruselas y encontrar a su padre, León, que no estaba en casa cuando los soldados habían descerrajado su puerta a patadas para llevárselos, o a su hermana mayor, Ita, que tenía 18 años y ya no vivía con ellos. Por la mañana ya no pudo más. Con la ropa rasgada y cubierta de lodo, llamó a una puerta. Tenía hambre y miedo, sabía que corría el riesgo de que lo entregaran o lo capturaran, pero inventó una mentira. Contó a la mujer que lo recibió en el umbral que jugaba con su familia y, de repente, sin darse ni cuenta, se había perdido. Ella lo miró con suspicacia, cogió su abrigo y, sin cruzar con el muchacho más que algunas palabras, lo llevó a las dependencias de la gendarmería local.

Jan Aerts tomaba tranquilo su café y ojeaba unos expedientes atrasados, cuando aparecieron en su despacho. Pasaba un poco de los 40 años y había sido policía toda su vida. En cuanto vio a Simón, supo que venía del tren, pero no tenía ninguna intención de traicionarlo. Despidió a su eficiente vecina con rigurosas palabras tranquilizadoras y le dijo al asustado chico que lo siguiera. Lo llevó a su casa, a pocos metros de las pequeñas dependencias policiales. Su esposa le dio de comer, lo lavó y remendó su ropa.

Esa noche, tumbado en la cama con olor a limpio que le cedió el matrimonio, todo lo sucedido flotó alrededor de Simón como una nebulosa borrosa y blanda. Lo veía aunque cerrara los ojos con ganas. Aunque intentara con todas sus fuerzas no dejarse agarrar por la angustia y la pena.

Muy temprano, con las primeras luces del amanecer, Aerts lo despertó. Le dio para el camino pan, un trozo de queso, algo de tocino y unos pocos francos, y lo acompañó a coger un tren de regreso a Bruselas. Allí, finalmente, pudo reunirse al día siguiente con su padre. A pesar de ello, tuvieron que pasar los dos años restantes de guerra escondidos en lugares separados.

De las 233 personas que intentaron escapar de aquel convoy que salía de Malinas, 26 fueron fusiladas esa misma noche. Lograron huir 118, de ellas 89 fueron recapturadas y todas, menos 10, deportadas en convoyes posteriores.

Channa Gronowski fue enviada a las cámaras de gas nada más llegar a Auschwitz, una mañana en la que el cielo despejado, de un azul brillante y puro, ya empezaba a mancharse con el nauseabundo olor dulzón de un humo espeso en el que flotaban pequeños copos de blanca ceniza. Rota de dolor, no le dio tiempo a enterarse de nada. A Ita, que era la única de la familia que tenía nacionalidad belga y ya estaba recluida en Dossin, la deportaron poco después. También murió en Auschwitz, de una enfermedad pulmonar, en junio de 1945.

Jean Frankelmon, que atacó el convoy, fue detenido enseguida y enviado al campo de concentración de Sachsenhausen, lo liberaron en mayo de 1945. Falleció en 1977. Youra Livchitz, su compañero, fue capturado y ejecutado en febrero de 1944. A Robert Maistriau, el último de los estudiantes implicados en el sabotaje, lo detuvieron en marzo de 1944. Ingresado en Bergen-Belsen, fue liberado en 1945. Vivió hasta 2008.

Simón Gronowski, que nunca volvió a reunirse con Jan Aerts, estudió Derecho. Ejerció como abogado en Bruselas hasta bien entrada la década de 1990. Siempre han flotado frente a él los fantasmas que le arrancaron su juventud. Los ve noche tras noche, a pesar de que intente olvidarlos todos los días de su vida. Espectros de su memoria que siempre lo acompañan y sobre los que el paso del tiempo apenas puede marcar ligeros arañazos. Manchas tan negras, que solo él puede ver, como aquellos uniformes que lo perseguían.

Durante más de 50 años, aquel niño asustado que maduró de golpe, apenas habló de su pasado. Aún hoy, quién mira en el fondo de sus ojos puede encontrar una tristeza indefinible, pero insoslayable.

INTRODUCCIÓN

En las afueras de la húmeda y calurosa Phnom Penh, la «Perla de Asia», la capital de Camboya desde la ya lejana colonización francesa, se alza junto a un estrecho camino polvoriento la siniestra escuela secundaria Tuol Svay Ore. Vista desde fuera nada la distingue de otras construcciones similares: césped, zona de juegos, aulas con grandes ventanales. Todo es tan habitual como en el resto de edificios que por todo el mundo se dedican a la enseñanza.

Nadie se habría fijado nunca en ella, sería un lugar desconocido, si en 1976, adolescentes de entre 15 y 19 años dirigidos por Kang Kech Ieu, un maestro que bien habría podido hasta entonces enseñar en cualquiera de sus clases o saludar sonriente a decenas de alumnos por los pasillos, no lo hubieran convertido en la escuela secundaria S-21, un centro de tortura, interrogatorio y ejecución del Jemer Rojo. De las más de 15 000 personas que cruzaron sus puertas, solo ocho sobrevivieron.

Las aulas de la planta baja han quedado como estaban en 1977: salas de interrogatorio amuebladas de manera espartana con solo un pequeño conjunto de escritorio y silla del mobiliario escolar, situados frente a un somier de alambre con grilletes en sus esquinas. El somier parece algo desubicado, ajeno a este lugar, pero tras él, clavadas en la pared del fondo, espeluznantes fotografías de cuerpos en descomposición, hinchados, encadenados sobre él, con charcos de sangre húmeda debajo, nos recuerdan lo que ocurría entre estas paredes.

Los jóvenes no solo transcribieron cuidadosamente y con buena letra los interrogatorios a los prisioneros con el fin de enviárselos a sus superiores, también fotografiaron antes de ser torturados y asesinados —y a veces después— a la mayoría de los reclusos que cayeron en sus manos, para crear un lúgubre archivo fotográfico. Cada uno de los más de 6 000 retratos que se han recuperado cuenta una historia de confusión y resignación, pero sobre todo, de horror. Aunque las imágenes más sombrías que se vean de aquellos sucesos parezcan las de las repletas fosas comunes, las más inquietantes son sin duda las de esos rostros atrapados por el capricho de los jemeres rojos en la S-21.

Uno de los miembros importantes del sádico equipo de cabecillas que tenían su reino en la escuela, un eslabón clave del tétrico sistema de documentación, era el joven fotógrafo de 16 años que se encargaba de hacerlas, Nhem En. Un miembro de la línea dura de la organización, que se incorporó al Frente Nacional en 1972, recién cumplidos los 11 años. Desde siempre había sido un ferviente admirador de la arrogancia con la que se comportaban por la aldea los muchachos de su entorno, orgullosos poseedores de pesadas armas automáticas. Que le admitieran en su grupo probablemente sería uno de los momentos más felices de su vida.

Es imposible imaginar el sufrimiento de las víctimas que pasaron ante su objetivo. Mucho más sencillo es sospechar sus risas y las de sus compañeros, mientras sometían a vejaciones a los detenidos, los hacían posar, o leían el miedo en sus ojos.

Lo más perverso es que hoy Nhem En es un hombre normal, que convive al noroeste de Camboya con su familia y sus vecinos, y espera un día convertirse en gobernador provincial. Ni siquiera se arrepiente de su labor. Desertó cuando las cosas se pusieron feas, y aún se aferra a la idea de que solo se defendieron del colonialismo vietnamita.

Su caso, un ejemplo que con ligeras variaciones sirve para aplicar a otros muchos, demuestra que de Polo a Polo, en cualquier lugar de ambos hemisferios, en todo momento de la historia, el hombre siempre ha intentado dominar a sus semejantes y sentirse superior a las personas de su entorno. No hay excepciones.

Viajemos ahora a África. En la costa de Namibia, cerca de la pintoresca ciudad de Lüderitz, en la bahía de ese nombre, existe una isla denominada «Tiburon» —*Shark Island*, se llamó siempre— un lugar desconocido y olvidado que tiene el triste honor de haber albergado entre 1904 y 1908, el primer campo de exterminio del mundo, es decir, un lugar creado, diseñado y utilizado, con el único fin de concentrar en él a grupos de personas que esperaban, de una forma u otra, un único destino: la muerte.

Lo curioso es que, a pesar de su pequeño tamaño, durante los años que las autoridades coloniales del África del Sudoeste Alemana lo mantuvieron abierto y en pleno funcionamiento, Shark Island reunió la totalidad de las atrocidades que iban a ser después algo común en la horripilante historia de los campos de muerte y exterminio que para vergüenza de la humanidad se extendieron a lo largo y ancho del mundo durante el terrible siglo XX.

Así, primero fue un «campo de concentración», o «campo de internamiento», es decir, un centro de detención o confinamiento donde las personas eran encerradas en condiciones extremadamente duras por su pertenencia a un colectivo genérico, en lugar de por sus actos individuales, siempre sin juicio previo y, por supuesto, sin garantías judiciales, a diferencia de un campo de prisioneros que, con sus normas claramente establecidas, se empleaba desde los años de la Guerra Civil de Estados Unidos como centro de detención de militares enemigos en un conflicto.

Además, Shark Island era un «campo de trabajo», en el que en condiciones deplorables, sin apenas comida y con permanentes malos tratos, los presos eran obligados a trabajar como esclavos hasta la extenuación en las infraestructuras locales. Finalmente, como veremos en las páginas siguientes, el campo fue usado también para la realización de experimentos médicos y llevar adelante programas «científicos» que permitieran demostrar la «inferioridad» de unos pueblos ante otros. En este caso, los africanos.

Todo este catálogo de horrores constituía el objetivo de una política determinada: la eliminación física de una población nativa para sustituirla por colonos alemanes, para lo cual se buscó el apoyo también de otro de los elementos que iba a quedar unido para siempre a los campos de muerte, fuese cual fuese su ideología: el uso intensivo de la propaganda para justificar las barbaridades más inimaginables. El precursor de esta idea, Friderich von Lindequist, que se encargaría de completar el genocidio del pueblo Herero, fue el primero en realizar una campaña pública de desinformación en la que se advertía al pueblo alemán de la «necesidad» de acabar con estos seres bárbaros y salvajes que se dedicaba a matar a mujeres y niños blancos indefensos.

La brutalidad de lo que ocurría en Namibia motivó un escándalo internacional que consiguió detener esa política de exterminio, pero para entonces el daño ya estaba ya hecho. Se había ascendido un peldaño más. A partir del fenómeno de la concentración se había llegado a sembrar una idea que aprovecharían en los años siguientes gobiernos totalitarios de todo tipo: el descubrimiento de que los campos eran un medio eficaz y útil para la realización de políticas orientadas a la aniquilación física de opositores, fuesen estos de la naturaleza que fuesen. Muchos aprendieron que los campos de concentración, con todas las denominaciones posibles para evitar usar esa palabra —internamiento, recolocación, reubicación— eran para ellos una solución perfecta. Más aún: la adecuada para terminar con todos los colectivos «molestos».

Así pues, a lo largo del siglo XX, los campos fueron usados para la detención y eliminación de presos políticos o comunes y para eliminar y exterminar a minorías étnicas, disidentes políticos, homosexuales, grupos religiosos, personas con discapacidad, o cualquier tipo de colectivo a quienes se pudiesen atribuir los habituales delitos de «traición», «sedición» o «rebelión». Con el tiempo esas ideas ni siquiera quedaron confinadas al pensamiento «blanco», sino que se extendieron a todos los continentes. Desde la forma en que los japoneses se comportaron en Manchuria, hasta cómo el Jemer Rojo trató a la etnia vietnamita.

Y es que la deshumanización que ya se intuía a finales del siglo XIX, fruto del aumento de la población, la ideologización de las masas, la competencia por los recursos, cada vez más escasos, y la industrialización masiva, hizo que tras la Primera Guerra Mundial, la inmoralidad, la vileza, el pecado, el mal y la crueldad, acciones todas ellas contrarias a las virtudes que se esperarían de cualquier ser humano, como la bondad, piedad, misericordia, caridad, ternura, clemencia, compasión, alcanzasen cotas inimaginables.

Además, desde entonces cambió también el objetivo principal a la hora de iniciar un conflicto. Ya no se limitó a lograr la victoria para conseguir un conjunto de objetivos políticos determinados, sino que pasó a centrarse en destruir permanentemente la base de toda la resistencia enemiga. Con esa forma de pensar, y en última instancia, la única manera de garantizar la dominación permanente es exterminar a todas las poblaciones presumiblemente hostiles que se encuentren bajo la ocupación militar.

La única consecuencia positiva de esta degeneración del ser humano es que, poco a poco, se ha conseguido convertir a los campos de concentración, concebidos para castigar, explotar y matar, en íconos de maldad. Conocemos sus atrocidades gracias a los relatos de las víctimas, deshumanizadas, arrebatada su individualidad para convertirlas en un número más. Sabemos de las condiciones en que se encuentran en ese mundo cerrado, marcado por una rutina mecánica y feroz, en la que el abandono de los hábitos de la vida anterior y la pérdida de cualquier signo de identidad forman parte de un proceso en el que lo más habitual es que el destino final del confinado sea la muerte. Ahora solo falta suprimirlos de una vez por todas.

1

Ensayo general

Una conocida fotografía que se presentó en la prensa estadounidense con el falso título de «víctimas de los campos de concentración españoles en Cuba». En realidad es el osario del antiguo cementerio de Espada, en La Habana, antes de su traslado a la necrópolis de Cristóbal Colón, inaugurada en julio de 1886.

Para millones y millones de seres humanos el verdadero infierno es la tierra.

Arthur Schopenhauer

1.1 Cuba. La concentración como solución

Eran las cinco de la tarde del 24 de febrero de 1895, el último domingo del mes, el mismo día que comenzaban las celebraciones del carnaval cubano, cuando Saturnino Loira, por orden de Guillermo Moncada, entró en Baire con un grupo de hombres, sacó su revólver, disparó seis tiros al aire, y arengó con vehemencia a todos los que lo rodeaban y vitoreaban para que lo siguieran a la manigua y se levantaran de una vez por todas contra el poder opresor del gobierno de la metrópoli.

La sublevación, que según el plan trazado por el Partido Revolucionario Cubano, fundado por José Martí en Nueva York tres años antes, debía conseguir la independencia de la isla, se repitió ese mismo día en otras muchas poblaciones, pero los conspiradores solo acabaron por triunfar en las provincias del Este, el Oriente. Eso obligó a que, desde el primer momento, su principal objetivo militar fuera extender la campaña a todo el territorio. Lo consiguieron a comienzos de 1896 cuando Máximo Gómez y Antonio Maceo llegaron a las proximidades de La Habana y penetraron en la provincia de Pinar del Río, en el extremo occidental.

Los rebeldes le ganaron así la partida al capitán general Arsenio Martínez Campos, el héroe de la Guerra de los Diez Años. Sobre todo porque actuaron sin escrúpulos en lo que denominaron la «guerra total», que incluía la quema de todas las cosechas, tierras o viviendas que hallaban en su paso, sin importarles a quién pertenecían. Los animales eran robados o sacrificados, los hombres reclutados en sus filas o asesinados si oponían resistencia y las mujeres y los niños abandonados a su suerte. Todo para obligar a los campesinos a luchar junto a ellos y no buscar el amparo del ejército.

Del 1 600 000 habitantes que aproximadamente había en Cuba cuando empezó la guerra, unos 200 000 eran españoles metropolitanos, 500 000 negros o mulatos, unos 800 000 blancos criollos y un número indeterminado de chinos, jamaicanos, haitianos y ciudadanos estadounidenses. Los españoles, con alguna notable excepción, en especial dentro del clero, se mantenían fieles a la metrópoli y en contra de la sublevación. Los negros, con excepciones puntuales, estaban entusiásticamente unidos para apoyar a los rebeldes bajo la promesa de la abolición de la esclavitud[1] —esperaban que, bajo el nuevo régimen podrían obtener condiciones muy similares a las de la vecina república de Haití—, y porque intuían que al final triunfaría la rebelión contra España. En cuanto a los criollos blancos, se hallaban divididos. Aunque la mayoría apo-

---

[1] Sobre la situación de la esclavitud en Cuba ver nuestro libro *Esclavos*. EDAF, 2014.

yaba la revolución junto con los negros, los que tenían propiedades, posición y riqueza de algún tipo, se opusieron desde el principio a los sublevados. Temían por el futuro de Cuba y de su «status» y consideraban que solo estarían a salvo si las cosas seguían como estaban, a pesar de la discriminación con que les trataban desde Madrid.

Precisamente desde la capital del estado, la respuesta a la sublevación fue tratar de ahogarla lo más pronto posible, ante el temor a las repercusiones internacionales del conflicto y, especialmente, para evitar la intervención de Estados Unidos, que se mantenía muy atento a cómo se desarrollaban los acontecimientos. Para eso enviaron a Valeriano Weyler como nuevo capitán general de la isla en sustitución de Martínez Campos. Su fama de hombre duro, apto para situaciones extremas, le precedía. No defraudó a nadie.

Valeriano Weyler y Nicolau. Marqués de Tenerife, duque de Rubí y grande de España. Fue gobernador general de Filipinas en 1888 y de Cuba en 1896. Nacido en la isla de Mallorca el 17 de septiembre de 1838 era hombre de escasa estatura —1,52 metros—, y ningún complejo. Tradicionalista, estaba convencido de que recaía en el ejército la misión de mantener a cualquier precio la unidad de los territorios españoles.

El 10 de febrero de 1896 una muchedumbre lo recibía con un entusiasmo nunca visto en La Habana. Su primera medida fue alejar a Gómez de la ciudad y expulsar a Maceo de la provincia de Pinar del Río. El plan consistía en empujar a los rebeldes el Este de la vieja trocha de Júcar a Morón, reforzarla, y construir una nueva al Oeste de La Habana, desde Mariel hasta Majana. Fue un grave contratiempo para los mambises que, ajeno a las intrigas políticas, con tácticas netamente militares y nuevos métodos, Weyler intentara cambiar por todos los medios el signo adverso de los acontecimientos.

Organizada una estrategia básica, comenzó la tarea contrainsurgente que le haría famoso: la reconcentración. Fueron las circunstancias de la propia guerra y la colaboración cada vez más intensa entre aventureros estadounidenses, rebeldes y población civil, lo que motivó finalmente que fueran llevadas a cabo las medidas encaminadas a ponerla en práctica. No se aplicaron contundentemente en la provincia de Pinar del Río, donde Maceo aún se mantenía activo, hasta el mes de octubre. Aunque antes de su partida de España hubiera acordado con el presidente del gobierno, Antonio Cánovas del Castillo, llevarlas a cabo nada más desembarcar en Cuba.

Niños y ancianos de la provincia de Pinar del Río conducidos a los pueblos, en cumplimiento del Bando de Concentración publicado por Weyler. La fotografía está tomada en 1896 por José Gómez de la Carrera.

Porque, aunque los capitanes generales anteriores —Emilio Calleja, Sabas Marín o Martínez Campos—, habían permitido a la gran mayoría de la población permanecer en sus lugares habituales de residencia, la concentración de población civil en zonas determinadas previamente establecidas, no era una idea exclusiva de Weyler. Martínez Campos ya había apuntado en correspondencia con Cánovas la necesidad imperante de tomar esa medida con los habitantes de las áreas rurales. Weyler, al comprobar la ayuda que la gente del campo prestaba a la causa revolucionaria, no hizo más que tomar la decisión de ponerla en práctica. Así conseguía varios factores imprescindibles para llevar a cabo sus objetivos: privar a los mambises de sus medios de subsistencia, dejarles sin la información precisa para sus movimientos y encuentros con las tropas españolas, impedir la propaganda revolucionaria, evitar nuevas captaciones de adeptos en la masa rural y, sobre todo, desmoralizar a los soldados rebeldes, ya que muchos de ellos tenían familiares en las «zonas de concentración».

Con estos objetivos, claramente militares —como veremos, muy utilizados desde entonces en posteriores acontecimientos bélicos—, Weyler podía controlar a cientos de miles de personas. Bajo cualquier otro punta de vista, la medida era inhumana.

El 21 de octubre se publicó la proclama que obligaba a la población a registrarse para comenzar su traslado. Decía íntegramente:

> 1. Todos los habitantes de las zonas rurales o de las áreas exteriores a la línea de ciudades fortificadas —se refería a la ya terminada trocha desde Mariel a Majana—, serán concentrados dentro de las ciudades ocupadas por las tropas en el plazo de ocho días. Todo aquel que desobedezca esta orden o que sea encontrado fuera de las zonas prescritas, será considerado rebelde y juzgado como tal.
>
> 2. Queda absolutamente prohibido, sin permiso de la autoridad militar del punto de partida, sacar productos alimenticios de las ciudades y trasladarlos a otras, por mar o por tierra. Los violadores de estas normas serán juzgados y condenados en calidad de colaboradores de los rebeldes.
>
> 3. Se ordena a los propietarios de cabezas de ganado que las conduzcan a las ciudades o sus alrededores, donde pueden recibir la protección adecuada. Al principio las zonas de confinamiento guardaban un eficaz funcionamiento en base a la sanidad, vivienda, agua y otros requerimientos necesarios, siempre que las condiciones lo permitieran. Había parcelas de terreno próximas a las áreas protegidas con el fin de que fueran cultivadas por los concentrados para su propia subsistencia.

En la práctica, cumplir la orden suponía que todos los campesinos no propietarios del terreno que trabajaban —que era lo mismo que decir la mayoría de la población—, fueran conducidos a ciudades y pueblos con guarnición, bien defendidos, a cuyo alrededor se habían previsto zonas especiales de cultivo para alimentarlos.

Desde el principio, incluso la prensa más proespañola avisó de que esas disposiciones eran demasiado imprecisas y difíciles de llevar a cabo con cierto orden, que ocasionarían problemas y que la tragedia de los campesinos se veía venir. Así puede leerse en el artículo publicado el 5 de abril de 1896 en *El*

País, periódico de Sancti Spíritus, cuando, todavía sin demasiadas obligaciones, comenzaba a ponerse en práctica: «en los últimos pocos días se han sucedido a intervalos de segundos cuadros de desesperación presentados por las gentes que entra en las ciudades. La situación de esta gente va a ser siempre difícil desde todos los puntos de vista y más en este distrito militar a causa de una medida que obedece a una orden superior, que prohíbe plantar maíz y plantaina y que también atañerá al azúcar de caña, que tiene una doble utilidad, las hojas como pienso para el ganado y el tronco para fabricar azúcar. Limitación grave si se tiene en cuenta que el fuerte más alejado está justo a las afueras de la ciudad y que el número de gente de campo confinada en ella es grande».

Campesinos en Matanzas. Las primeras órdenes de «concentración» fueron para Matanzas y Pinar del Río, las provincias que controlaba Maceo, que no podía cruzar la línea fortificada de Mariel a Majana. Allí empezaron los problemas, pero nadie aprendió la lección. Se repitieron en otras zonas el hambre, las enfermedades y la tragedia.

Pero el aviso fue ignorado tanto por los funcionarios españoles como por las autoridades de las ciudades donde habrían de reconcentrarse esas enormes masas de población. El resultado pronto se hizo evidente, puesto que la vida en la mayoría de los centros urbanos de Cuba ya era precaria desde antes de la llegada de esos contingentes humanos. El problema era que no había suficientes recursos ni facilidades para los campesinos pobres y sus familias que eran, cada vez en mayor número, conducidos a las superpobladas ciudades. En buena parte por culpa de los propios sublevados, que habían decidido asombrar al mundo con su táctica de «tierra quemada», sin tener en cuenta la incidencia negativa que iba a tener para la subsistencia y la infraestructura económica de la misma isla que querían liberar.

En uno de los muchos informes que envió a Washington William James Calhoun, funcionario civil del gobierno estadounidense en Cuba, decía: «He viajado en ferrocarril desde la Habana hasta Matanzas. El campo, más allá de los puestos militares, está prácticamente despoblado. Cada casa ha sido quemada, los plátanos cortados, los campos de caña barridos por el fuego y destruida cada cosa que sirviera de alimento. No vi ni una señal de vida, salvo un buitre ocasional o un cuervo volando. El campo estaba envuelto en la calma de la muerte y el silencio de la desolación». A él, lógicamente, le interesaba achacárselo al ejército español, pero los dos bandos eran culpables de haber llegado a esa situación.

Lo malo era que Calhoun tenía razón y Weyler, empecinado en la victoria militar, no estaba dispuesto a ceder. A mediados de 1896, Cuba presentaba un aspecto desolador con las haciendas azucareras inactivas y la mayoría de la población masculina unida a los rebeldes o a las fuerzas españolas de guerrillas para no morirse de hambre. Sin medidas sanitarias la viruela se extendía por todas partes, a la que se unían las fiebres tropicales típicas del verano, el hambre y la miseria. En esas circunstancias, cumplir las órdenes dictadas por el general suponía que miles de ancianos, mujeres y niños —la mayoría de los hombres ya hemos dicho que combatían en uno u otro bando— tuvieran que abandonar sus hogares, fincas y demás propiedades —salvo los animales domésticos y enseres personales— y trasladarse hasta los lugares designados por el bando. Sin medios de vida, estaban condenados a vagar por los portales, parques y calles de las poblaciones, dormir a la intemperie y subsistir de la caridad pública, puesto que, en realidad, el ejército español poco podía hacer por ellos salvo vigilarlos.

En el estado de guerra que se mantenía la isla, es obvio reconocer que las condiciones de los concentrados eran pésimas y su supervivencia dependía principalmente de ellos mismos. No había nada que esperar del gobierno o de los mandos militares. La comida se suministraba irregularmente y consistía en los sobrantes de las guarniciones o lo que los mismos reconcentrados pudieran recopilar. Miles de personas extenuadas, enfermas y moribundas, se movían como fantasmas por las calles de las ciudades y pueblos donde se hallaban para cumplir las medidas exigidas, a la búsqueda de limosnas, recogiendo migajas de españoles y extranjeros y, con frecuencia, derrumbándose agonizantes en las aceras.

Algunos de los ciudadanos con mayores recursos o más humanitarios, auxiliaron a los concentrados, pero hubo otros que los culparon de apoyar a la sublevación y, por tanto, los consideraron merecedores de su propia suerte, ya que con su ayuda a los rebeldes habían prolongado el conflicto armado. Lo cierto es que en ese río revuelto, hubo —como siempre— quién hizo fortuna. El soborno jugó un importante papel en el trato de aquellos que dispusieran de algún bien considerado de utilidad, y los funcionarios, oficiales de baja graduación y comerciantes del mercado negro, hicieron negocio al abastecer a los reconcentrados con más solvencia, a cambio de objetos de valor u otros servicios. Incluso a la hora de conseguirles salvoconductos que les permitiera legalmente desplazarse por las zonas agrícolas a la búsqueda de comida, organizados en brigadas, y sorteando los lugares más conflictivos de la guerra. Las muchachas jóvenes también se vendían a los soldados españoles y a los civiles por un trozo de pan, alguna medicina o ropa, pero eso no era una novedad, sino algo común a cualquier conflicto o catástrofe.

Con el paso del tiempo y la prolongación de la guerra la situación se complicó. Los sufrimientos y calamidades aumentaron y, sin la más ligera protección contra los elementos, los concentrados murieron continuamente de inanición y enfermedades. Observadores contemporáneos estadounidenses describieron sus terribles sufrimientos: «Uno de los puntos de concentración en La Habana —puede leerse en las crónicas—, consiste en una vieja nave de almacén abandonada que descansa sobre pilotes medio derrumbados en un gran charco de agua maloliente en la zona de los muelles. El suelo es inseguro y está lleno de agujeros. No hay separaciones entre hombres y mujeres, ni existen lavaderos, ni camas. Las enfermedades aumentan cada día entre esas familias. Las tropas españolas ocupan tantos edificios que no queda hospedaje decente para el excedente de la población. Los lugares donde viven los reconcentrados son poco más que cochiqueras y la gente ha dejado de respirar el limpio aire al que estaba acostumbrado. Esto, junto con la escasez de alimentos está resultando en cientos de muertes»[2]. Evidentemente son fuentes interesadas, pero en lo esencial, veraces.

La «reconcentración» la conoció enseguida la opinión pública de los Estados Unidos por medio de la prensa que cubría la guerra y los exiliados cubanos. El *New York Journal*, adquirido por el multimillonario William Randolph Hearst en 1895, comenzó una brutal campaña contra Weyler y lo acusó de «déspota, desalmado, despiadado, frío y exterminador». Según aumentaron sus éxitos militares fue más allá, lo apodó «el carnicero» y escribió de él: «En su cerebro embrutecido no hay nada que lo frene en la invención de torturas e infames orgías sangrientas». Gracias a los periodistas afincados en la isla, que servían puntualmente noticias claramente interesadas y partidistas a sus rotativos y a las agencias de noticias de la época, se producía el efecto que buscaban los estadounidenses desde el principio: el tópico de la crueldad española en América. La versión propia de la conquista que mantenían los anglosajones desde hacía cuatro siglos.

Julian Hawthorne —hijo de Nathaniel Hawthorne, autor de *La letra escarlata*—, fue uno de esos corresponsales en Cuba. Su historia, ilustrada con dibujos presuntamente tomados durante la visita del senador por Vermont,

---

[2] 18 de enero de 1898. Fitzhugh Lee —cónsul general de Estados Unidos en Cuba— a William Rufus Day —secretario de estado—. Departamento de Estado, La Habana. National Archives.

William Proctor, llevaba como titular *Los niños de Cuba presa de la hambruna. Miles de niños reconcentrados mueren en las ciudades de la isla*. En el texto se describía a los españoles como «de una raza más despiadada que los kurdos», y se contaba como «los buitres flotaban sobre la muerte» o que «los niños, todavía en edad de estar en la escuela, lo único que pueden hacer es aguantar unos días o más horas el dolor sordo que los corroe y el agotamiento, para luego hundirse en la nada sin hacer ruido». El artículo finalizaba con una conclusión muy personal: «Las víctimas de la inanición parecen sucumbir con mayor facilidad y rapidez que lo hacen los hindúes, que practican el hábito de matarse de hambre toda su vida».

Una típica caricatura publicada por la prensa estadounidense entre 1895 y 1898 en la que se representa a un siniestro ciudadano español que ha asesinado a otro de los Estados Unidos mientras deja morir de hambre a un cubano. Siempre observado por Lucifer, que se muestra especialmente contento. En el pie puede leerse: «La paz en Cuba bajo el régimen español es peor que el infierno». Biblioteca del Congreso de los Estados Unidos.

Lo que la prensa olvidaba era que el odiado general español había sido un joven agregado militar en Washington en 1864, mientras el general William Sherman, durante la Guerra Civil, arrasaba de manera feroz una larga franja de la Georgia rebelde, y le habían parecido interesantes esas tácticas de casas quemadas, campos devastados y líneas férreas desmanteladas. Solo que a Weyler, que por lo menos le preocupaba un poco más que a Sherman qué hacer con los civiles, no le habían salido las cosas como esperaba.

A partir de junio de 1897 la guerra comenzó a marchar mal para los insurrectos, los criollos favorables a la independencia y los intereses estadounidenses. Cuando Weyler desembarcó, prácticamente estaba perdida. Dieciocho meses más tarde, los contundentes éxitos del ejército —en número, formación, armamento y disciplina, muy superior— marcaban el ritmo del conflicto. Se llevaba la iniciativa, los sublevados estaban cercados y eran incapaces de superar la trocha y se habían contenido las pérdidas económicas. Quedaba poco para llegar a un razonable acuerdo de paz.

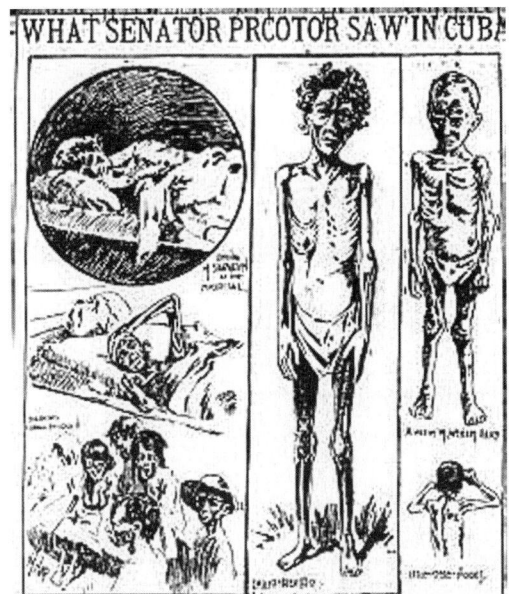

Ilustración del artículo de Julian Hawthorne para el New York Journal, Los niños de Cuba presa de la hambruna. *En 1913 Hawthorne fue encarcelado por fraude en la penitenciaría federal de Atlanta, tras conseguir vender tres millones y medio de acciones de una mina de plata inexistente.*

En esos meses, Calhoun, que también era amigo personal del recién elegido presidente William McKinley, efectuó un estudio «in situ», en varias ciudades del centro de Cuba. El día 22 de junio escribió, refiriéndose a las concentraciones en las afueras de Matanzas: «entré en las chozas, hablé con las gentes y vi pruebas de privaciones y sufrimientos que hicieron sangrar mi corazón por las pobres criaturas. Vi niños con miembros hinchados y aspecto hidrópico que se debía al hambre. Es poco práctico detenerse ante el triste cuadro. En mi opinión si la actual política continúa dará por resultado la extinción gradual, pero cierta, de estas gentes. He hablado con muchos desinteresados y sin prejuicios de diferentes partes de la isla y todos han contado la misma historia de sufrimiento y muerte por parte de los desvalidos reconcentrados».

Informes como este, convenientemente aventados por la prensa y los sublevados, llevarían a la opinión pública estadounidense a pedir la inmediata intervención en Cuba[3].

---

[3] En 1895, Winston Churchill, recaló con un compañero de aventuras, Reginald Barnes, ambos con el grado de alférez y miembros del 4.º regimiento de húsares, en la Guerra de Cuba. Con un permiso de tres meses, tras graduarse en la Academia de Oficiales de Sandhurst, llegaron a la isla en calidad de agregados militares y observa-

El 8 de agosto, un poco después de las doce y media de la mañana, un suceso inesperado cambió para siempre el curso de los acontecimientos. El presidente del gobierno, Antonio Cánovas del Castillo, que estaba sentado en un banco de la galería del jardín del balneario de Santa Águeda, en Guipúzcoa, recibió un disparo. La bala le entró por la sien derecha y le salió por la izquierda. A pesar de ello se levantó, pero su agresor, el anarquista italiano Michelle Angiolillo, le disparó en el pecho. Cánovas se desplomó a tres metros del banco que ocupaba, y aún lo remató Angiolillo con un tercer disparo mientras su víctima se desangraba.

El trabajo de los españoles. *Las patrullas del ejército o las guerrillas se tomaron siempre especial interés en buscar evadidos, sobre todo los incursos en hechos de sangre o considerados peligrosos para el transcurso de la guerra. A su paso también destruían cultivos y animales con objeto de impedir su uso por los rebeldes. Esa política solo conseguía exacerbar los ánimos de aquellos que combatían por el ideal de una Cuba independiente. El sufrimiento de sus familiares recluidos, abandonados a su suerte, no hacía otra cosa que incentivar aún más el esfuerzo para expulsar de la isla a los españoles.*

Cánovas murió una hora después sin recobrar el conocimiento y Angiolillo, que antes del atentado había mantenido contactos en Londres con los círculos cubanos de Estados Unidos, fue ejecutado a los doce días en el garrote

---

dores británicos y quedaron encuadrados en la columna del general Álvaro Suárez Valdés. Churchill, que acordó con el periódico londinense *Daily Graphic* enviar una serie de crónicas, con las que inició su labor como corresponsal de guerra, escribió unos relatos sobre la concentración muy diferentes de los estadounidenses.

de la prisión de Vergara. Para entonces, María Cristina de Habsburgo, la reina regente, ya había iniciado conversaciones para que ocupara la presidencia Práxedes Mateo Sagasta.

El 9 de octubre, el gobierno de Sagasta, formado cinco días antes, decidió cesar a Weyler y sustituirlo por el general Ramón Blanco, buen amigo de la reina y mucho más contemporizador. El día 31 transmitió sus poderes en La Habana y zarpó para España. Regresaba con la aureola de haber estado a punto de conseguir la victoria y de ser víctima de las intrigas políticas. Para gran parte de la población, aunque estaba harta de la guerra, Sagasta había cedido acobardado por las presiones estadounidenses.

A primeros de año, el 1 de enero de 1898, se implantó el primer gobierno autonómico en Cuba. Poco más se podía hacer para conseguir el bienestar de los cubanos que tanto deseaba McKinley, sin tener en cuenta que eran ciudadanos españoles. ¿Era suficiente? No, según el embajador de su gobierno en Madrid, que por entonces declaraba de forma muy clara: «Un solo poder y una sola bandera pueden asegurar e imponer la paz en Cuba. Ese poder es Estados Unidos y esa bandera nuestra bandera».

En ese contexto llegó el 25 de enero el acorazado *USS Maine* al puerto de La Habana en una denominada «visita de cortesía». El 15 de febrero, tras tres incomprensibles semanas de estancia, una explosión fortuita en el interior del buque provocaba su voladura. No sería la última vez que el hundimiento de un buque por extrañas razones permitía a Estados Unidos entrar en una guerra.

Con todo a favor, la declaró el 25 de abril. Blanco se rindió sin apenas hacer nada el 12 de agosto. El gobierno de Washington no permitió la independencia cubana hasta 1902, y el general John Ruther Brooke, el primer gobernador estadounidense, tampoco terminó con la concentración. Ya que tenía el trabajo hecho, lo aprovechó para mantener a raya a los rebeldes, que se consideraban engañados al haber pasado de ser controlados por un país, a estar bajo el dominio de otro.

Es difícil determinar con certeza la cantidad de personas reagrupadas como consecuencia de las órdenes dictadas por Weyler. El estadounidense Stephen Bonsal, corresponsal del *New York Herald*, aporta datos difícilmente cuantificables, por carecer de fuentes fidedignas. Estimaba para diciembre de 1896 en unos 400 000 no combatientes los catalogados como reconcentrados, en lugares escogidos o no con ese objetivo, pero en todo caso considerados como destino para servir a una hipotética y falsa «política de exterminio». Otras fuentes estadounidenses aumentan aún más la cantidad, y sitúan el número de concentrados entre 500 000 y 600 000. Más fiables, simplemente porque no era parte interesada, son las de Álvaro Figueroa, conde de Romanones, por entonces alcalde de Madrid. Según él había «más de 300.000 reconcentrados agonizantes y famélicos, pereciendo de hambre y enfermedades» alrededor de las poblaciones en las que fueron reagrupados.

También son diversas las estimaciones sobre el número de fallecidos, difícil de cuantificar puesto que no se llevaban registros de los muertos ni de sus causas. La mayor parte de las fuentes de la época están de acuerdo en la cifra de 20 000 desaparecidos solo para la provincia de La Habana.

Hijos de reconcentrados en Cuba. Terminada la guerra los estadounidenses no acabaron con la concentración. Al contrario, aprovecharon el trabajo adelantado por los españoles para mantener controlados a los rebeldes cubanos, que vieron rápidamente como se esfumaban sus posibilidades de independencia. La fotografía está tomada en 1899 por el británico Ron Y. Young.

1.2 Filipinas. El doble rasero

La ocupación estadounidense de las Islas Filipinas se produjo como consecuencia de las operaciones militares contra España durante la guerra de 1898. Para muchos estadounidenses prominentes, el establecimiento de una colonia en Filipinas era la extensión lógica del «destino manifiesto» de la nación, del papel de liderazgo que debía jugar en la escena mundial. Además, la expansión se suponía que tendría importantes ventajas comerciales para las empresas estadounidenses, que desde allí podrían abrirse camino con facilidad en los grandes mercados asiáticos. La única pega eran los filipinos, en los que nadie había pensado, y no pareció que vieran con buenos ojos pasar de ser administrados por los españoles a serlo de los estadounidenses.

Con la firma formal del Tratado de París el 10 de diciembre de 1898 se hizo evidente la intención de los Estados Unidos de quedarse las islas. Una de las cláusulas era que se las compraban a España por 20 millones de dólares a pesar de que, en la práctica, ya no las controlaba y los filipinos se habían declarado una república.

La situación de Cuba transcendió a todos los ámbitos de la vida estadounidense de la costa Este. En la viñeta «Una víctima patética», *publicada en el* Detroit Journal, *David Benet Hill, senador por Nueva York de 1892 a 1897, aparece como un reconcentrado mientras Richard Croker, un corrupto político de la ciudad, de origen irlandés, caracterizado como Weyler, le mantiene bajo control. Estados Unidos, que tan crítico se había mostrado con el general español, no tardaría en aplicar contra la población civil filipina unos métodos mucho más crueles que los utilizados en la isla caribeña.*

El presidente McKinley explicó sus motivos para quedarse con Filipinas con gran celo misionero y sentido paternalista: «Una noche se me ocurrió —no sé muy bien cómo— que no podía devolver Filipinas a España, que sería cobarde y deshonroso; que no se lo podíamos dejar a Francia o Alemania —nuestros rivales comerciales en el Oriente— que también sería deshonroso y además un mal negocio; que no podíamos dejárselo a los filipinos, que no eran aptos para el autogobierno, y que extenderían la anarquía y el desgobierno de una forma aún peor de lo que lo había hecho España, y que no nos quedaba otra solución que ocuparlas nosotros, educarlos, civilizarlos, cristianizarlos y, por la Gracia de Dios, hacer por ellos lo mejor que pudiéramos, como prójimos nuestros que son y por los que Cristo también murió».

Las hostilidades en Manila entre combatientes de la resistencia de Aguinaldo y las tropas estadounidenses comenzaron el 4 de febrero de 1899. Por entonces había unos 40 000 soldados en las islas; en 1902 ese número había aumentado a 126 000. Durante la primera fase de la guerra, los hombres de Aguinaldo fueron derrotados por los estadounidenses en una serie de batallas enfocadas de forma clásica. A partir de 1900, los filipinos abandonaron los enfrentamientos directos y emplearon de nuevo las tácticas de guerra de guerrillas que tan buenos resultados les había dado contra los españoles.

A cambio, para llevar la civilización a Filipinas, los comandantes estadounidenses recurrieron a combatir a los insurgentes con inusitada brutalidad. Durante una década esa fue la benevolente forma de inculcar a la población el futuro imaginado por McKinley.

El 25 de diciembre de 1901, el general de brigada James Franklin Bell, recién ascendido hacía apenas tres meses desde su puesto de coronel, decidió aplicar una variante del sistema de concentración aplicado por los españoles en Cuba, el de la destrucción total. Ordenó a todos los habitantes de las provincias de Batangas y Laguna que se reunieran por familias en pequeñas áreas dentro de sus respectivos pueblos con ropa, comida, y todo lo que pudieran cargar, y quemó el resto. Todo. Casas, jardines, carros, perros, aves de corral, ganado, desapareció bajo las llamas provocadas por el ejército estadounidense. La única excepción fueron las personas que se encontraron fuera de las «áreas de concentración». En su caso, las fusilaron.

Soldados estadounidenses posan junto a moros filipinos muertos tras la primera batalla en el interior del volcán de Bud Dajo, en la isla de Jolo, el 7 de marzo de 1906. La mayor parte de las 600 víctimas eran mujeres y niños sacadas a la fuerza de su aldea

El hambre y la enfermedad se cobraron enseguida la vida de miles de personas en los campos. Entre enero y abril de 1902, hubo 8350 muertos entre los 298 000 detenidos; esos meses algunos campamentos perdieron hasta el

20 % de la población. Bell insistió en que había construido esos recintos para «proteger a los nativos amistosos de los insurgentes y asegurarles un suministro constante de alimentos mientras se les enseñaba las normas sanitarias adecuadas». No era esa la opinión de muchos de sus oficiales, que se limitaban a referirse a los campos como los «suburbios del infierno».

Buena prueba de ello es la carta que le envió su hijo al reverendo W.H. Walker, que este llevó al *Boston Daily Globe* y se publicó el 5 de mayo de 1902. Describía con precisión cómo fueron ejecutados 1300 prisioneros en unas pocas semanas y las actividades que habían rodeado la operación. «Un sacerdote filipino —decía—, escuchó sus confesiones durante varios días y luego fue colgado enfrente de ellos. Después se eligió a veinte prisioneros para que cavaran las fosas comunes y al terminar les dispararon». El joven Walker lo justificaba: «Para evitar que los presos disminuyeran las raciones de los soldados y estos no se murieran de hambre, la única solución era matarlos».

La fila para recibir un cuenco de arroz en el campo de Bauan, provincia de Batangas, durante la concentración. La ciudad estaba guarnecida por la Tropa K del 1.º regimiento de caballería estadounidense.

Para Bell, una consecuencia inevitable de las guerras —y se lo contaba a todo el que estaba dispuesto a oírlo—, era que «los inocentes, en general, tenían que sufrir por los culpables». Esa afirmación la acompañaba de otro razonamiento propio: «dado que todos los nativos son traicioneros, es imposible reconocer a los que están dispuestos a hacer el mal de los que lo desean de forma pasiva, pero no se atreven a actuar». En consecuencia, todos debían ser detenidos y, la mayoría, juzgados. Con la aplicación de su política, la cifra de muertos civiles pudo llegar a los 100 000 según algunas estimaciones.

Acusado de utilizar métodos inapropiados, el presidente Theodore Roosevelt, sucesor de McKinley, acabó con todas las críticas a su general el 30 de mayo de 1902, cuando en el cementerio de Arlington, el día del veterano, abordó ante una gran multitud y decenas de periodistas el tema de Filipinas.

Prisioneras filipinas en el campo de concentración de Batangas, donde se había reunido en especial a los residentes ricos e influyentes de la provincia. Hasta 50 presos —hombres, mujeres y niños— se apretujaron como sardinas en pequeñas habitaciones de 10 metros de largo por 5 de ancho durante meses. Fueron obligados a formar grupos y a quemar sus propias casas, hasta que aceptaron ayudar a las fuerzas estadounidenses.

En su indignado discurso defendió al ejército de Estados Unidos destinado en el archipiélago de los cargos de «crueldad», definió el conflicto como uno librado entre las fuerzas de la «civilización» y la «barbarie», describió a los filipinos como «mestizos chinos», e insistió en «que esta es la guerra más gloriosa en la historia de nuestra nación».

Después de unos meses en Filipinas, Bell fue ascendido a general de división y galardonado con la Medalla de Honor del Congreso por su acción del 9 de septiembre de 1899 cerca de Porac, en la provincia de Pampanga. Posteriormente lo designaron comandante de la infantería y caballería de la escuela de Fort Leavenworth, en Kansas, donde implantó los planes de reorganización que lo hicieron darse a conocer como el fundador del método moderno de instrucción en el ejército de Estados Unidos.

En el libro *Historia de Kentucky y de los hombres de Kentucky*, obra del coronel Erasmus Polk Johnson publicada en 1912, se dice de Bell: «Su carácter abierto, franco, de generosa disposición y buen corazón, le han hecho ganarse una gran cantidad de amigos, tanto en el ejército como fuera de él. Para sus amigos, sus afines y sus primos de todo Kentucky, su título y sus hazañas son aún menores que su lealtad y amabilidad». Es curioso que eso lo dijeran los mismos estadounidenses que cinco años antes habían acusado al general Valeriano Weyler de «carnicero».

Soldados del 35.º regimiento de infantería de los Estados Unidos someten a un filipino a la «cura de agua» para intentar conseguir información sobre las guerrillas. El método consistía en inclinar la cabeza de la víctima hacia atrás y verter agua de forma continua en su boca y nariz de forma que no pudiera expectorarla ni respirar. De esa forma parecía que se ahogaba hasta que se desmayaba. En ese momento se le ponía de lado, lo que permitía que recobrase el conocimiento y estuviese dispuesto para seguir.

En cuanto a Filipinas, no alcanzaría su independencia hasta el 4 de julio de 1946. Eso sí, Roosevelt declaró el final oficial de la insurrección 44 años antes, el 4 de julio de 1902, aunque ni siquiera pudo incluir en su proclama a las tribus moras, que nunca estuvieron dispuestas a dejar las armas.

Como en el caso de Cuba, el coste global de vidas por las medidas estadounidenses en Filipinas fue enorme, pero difícil de cuantificar. Para las fuentes autóctonas «en los quince años que siguieron a la derrota de los españoles en la bahía de Manila en 1898, fueron asesinados más filipinos por las fuerzas estadounidenses que por los españoles en los 300 años de colonización. Más de 1 500 000 murieron de una población total de 6 000 000».

Según una estimación estadounidense los militares filipinos muertos fueron unos 20 000 —16 000 con total seguridad y cuantificados—. En el caso de los civiles se presume una cifra que varía entre los 250 000 y 1 000 000. Siempre incluidos los muertos por la desnutrición y los de una epidemia de cólera que asoló las islas durante la guerra.

1.3 Sudáfrica. Un cambio en las reglas del juego

En la historia militar, las dos guerras que los británicos mantuvieron contra los colonos holandeses de Sudáfrica —los bóeres—, constituyen un anacronismo: se parecen más a algunas de las primeras campañas africanas ocurridas entre 1940 y 1941, durante la Segunda Guerra Mundial, que a las de la Primera, mucho más próxima.

Hubo el mismo espacio para maniobras sobre campo abierto, rápidos cambios tácticos similares, asedios, énfasis en el individuo como instrumento bélico, campos de concentración y, sobre todo, un sentimiento generalizado en ambos bandos de que no era una lucha incondicional por la existencia de la misma civilización, sino más bien un desesperado juego de profesionales que pugnaban abiertamente, con sus propias normas y condiciones especiales, exclusivamente por defender su forma de vida. Una vida de la que los negros, ganara quién ganara, iban a continuar siendo meros espectadores.

El primer enfrentamiento de lo que los bóeres llamarían Vryheidsoorloë, o «Guerras de liberación», tuvo lugar entre el 16 de diciembre de 1880 y el 23 de marzo de 1881. Se desencadenó a partir de que *sir* Theophilus Shepstone, comisionado por Henry Herbert, que por entonces era Secretario de Estado británico para las colonias, ignorase la Convención de Sand River que habían firmado los bóeres con su país el 17 de enero de 1852 para asegurar formalmente la independencia del Transvaal, y anexionase la región el 12 de abril de 1877.

La guerra comenzó tras declararse el Transvaal independiente del Reino Unido de forma unilateral, y poner bajo asedio a todas las guarniciones británicas de la región. Durante meses los combates se sucedieron con mayor o menor intensidad, hasta que el gobierno británico de William Gladstone, humillado e incapaz de involucrarse más en una guerra que daba por perdida, firmó una tregua el 6 de marzo para, 17 días después, rubricar el tratado de paz definitivo. Con él se concedía a los bóeres el autogobierno del Transvaal, bajo la teórica supervisión de los británicos. Acababa de nacer la República Sudafricana, en afrikáner *Zuid-Afrikaansche Republiek*, o ZAR.

Prisioneros británicos capturados por los bóers. La fotografía está tomada cerca de Dundee, Sudáfrica —muy próximo a Ladysmith—, por Reginald Sheppard.

El segundo enfrentamiento entre las dos partes fue más largo y con consecuencias más graves. Cuando en 1886 se descubrió en la cordillera de Witwatersrand, en el Transvaal, el mayor filón de oro del mundo, miles de colonos británicos cruzaron en oleadas la frontera desde la Colonia del Cabo. El tamaño de Johannesburgo, en el centro de la veta aurífera, se disparó y se transformó en un núcleo de infraviviendas de un día para otro, a medida que los extranjeros —*uitlanders* en holandés—, se establecían en las inmediaciones de las minas. Esos forasteros superaron rápidamente en número a los bóers de Witwatersrand, aunque en general siguieron siendo una minoría en Transvaal. Aun así pusieron nerviosos a los afrikáneres que, temerosos de perder el control político, se negaron a reconocerles derechos electorales e impusieron pesadas cargas fiscales sobre la industria del oro. Como respuesta, creció la presión de los extranjeros y de los propietarios británicos de las minas, encabezados por Cecil Rhodes, que promovió un fallido golpe de estado respaldado por una incursión armada apoyada por soldados de El Cabo.

Tras algunos años de tensiones, el gobernador de la Colonia del Cabo, *sir* Alfred Milner, el secretario colonial británico, Joseph Chamberlain, y los propietarios de las minas decidieron utilizar el fracaso en la lucha por los derechos de los británicos para, convencidos de que los bóeres serían derrotados rápidamente, justificar una intervención militar en toda regla que permitiera anexionar las dos repúblicas al imperio.

En septiembre de 1899, los británicos trasladaron un gran número de tropas a las fronteras bóeres para preparar su invasión, y ese mismo mes, Chamberlain presentó un ultimátum por el que exigía igualdad legal para los ciudadanos británicos residentes en Transvaal. Solo que poco antes, Paul Kruger, presidente de la República Sudafricana, seguro de que el enfrentamiento era ya inevitable, había enviado el suyo: los británicos disponían de 48 horas para retirar todas sus tropas de la frontera de Transvaal, de lo contrario la república se aliaría con el Estado Libre de Orange y les declararía la guerra. Responderle, ni siquiera se tuvo en cuenta.

El 11 de octubre los bóeres tomaron la iniciativa con ataques preventivos contra las fuerzas británicas de Natal y la Colonia del Cabo y, en rápida sucesión, obtuvieron varios éxitos. A mediados de diciembre, el ejército británico empezó a tener problemas serios —en un periodo conocido como la «semana negra», del 10 al 15 de diciembre, sufrió una serie de pérdidas devastadoras en Magersfontein, Stormberg y Colenso—, y entre el 19 y el 24 de enero de 1900, derrotado por Louis Botha en Spion Kop, tocó fondo. Hasta la llegada de gran cantidad refuerzos el 14 de febrero[4], y ya bajo las órdenes del mariscal de campo Frederick Roberts, no fue capaz de realizar contraofensivas para liberar las guarniciones sitiadas.

Una granja bóer quemada por los soldados británicos. Junto a ella, sus propietarios recogen todo lo que han podido salvar, antes de ser trasladados a un campo de concentración.

---

[4] En un momento de la guerra, los británicos llegaron a desplegar unos 450 000 soldados, entre unidades de la metrópoli y reclutas de las colonias, para combatir con no más de 80 000 bóeres.

A partir de ese momento los británicos presionaron en todos los frentes con su aplastante superioridad. El cerco de Kimberley se rompió el mismo día 15, el de Ladysmith el 28 y el de Mafeking el 18 de mayo. Entretanto, avanzaron también hacia el interior de las dos repúblicas. Bloemfontein, la capital del Estado Libre de Orange, cayó en sus manos el 13 de marzo y Pretoria, la del Transvaal, el 5 de junio. Una semana después, de los días 11 al 12, ambos ejércitos combatían en Diamond Hill, la última batalla de forma convencional que se llevó a cabo durante la guerra.

Lord Roberts dio el enfrentamiento prácticamente por terminado tras la captura de las dos capitales y la anexión al imperio de las dos repúblicas —el 28 de mayo y el 3 de septiembre pasaron a renombrarse respectivamente como Colonia del Río Orange y Colonia del Transvaal—, pero se equivocó. Aunque habían sido vencidos en el campo de batalla, los bóeres se negaron a aceptar la derrota y se reagruparon en una nueva capital, Kroonstad, donde planificaron una campaña de guerrillas con la que atacar las líneas de abastecimientos, los ferrocarriles y los tendidos telegráficos británicos.

Por entonces ya eran poco más que 26 000, formaron pequeños grupos y se refugiaron en las montañas. Desde allí promovieron una interminable lucha que se recrudeció con el tiempo. Apoyados en la amplitud de la sabana y en los suministros proporcionados por las comunidades rurales, atacaron al ejército británico en todo el Transvaal, Orange e incluso dentro de la Colonia del Cabo.

El nuevo comandante del ejército británico, *lord* Horatio Kitchener, que llevaba un año como jefe del estado mayor de Roberts —Roberts se marchó el 12 de diciembre tras considerar que el desafío protagonizado por los sudafricanos había concluido—, respondió construyendo blocaos[5], pequeños edificios de piedra edificados cada kilómetro y extendidos por todo el territorio, unidos por alambre de espino. Con ellos intentó restringir los movimientos de los guerrilleros a un pequeño espacio en el que suponía que era posible derrotarlos, pero resultaron ser solo un obstáculo menor que les proporcionó un nuevo objetivo para sus ataques de sabotaje.

Irritado por su error, Kitchener decidió tomar medidas más drásticas. Formó nuevos regimientos de caballería ligera irregular similares a los de los guerrilleros y ordenó a sus generales que se fomentaran los «centros de reclusión» que habían comenzado a crearse el otoño anterior. Luego, a partir de marzo de 1901, adoptó una brutal política de tierra quemada para privar a las áreas rurales de cualquier artículo que pudiese ser de utilidad para los rebeldes:

---

[5] Entre enero de 1901 y el final de la guerra, se construyeron cerca de 8 000 en una malla de unos 6 000 kilómetros. Junto al resto de gastos le supuso al gobierno británico un coste de 191 millones de libras, una fortuna para los estándares de 1901.

confiscó ganado, envenenó pozos, quemó más de 30 000 cosechas y granjas, y detuvo a las familias que las habitaban. En total, 116 572 hombres, mujeres y niños bóeres y cerca de 120 000 africanos negros.

Para mantenerlos presos, en una clara violación del artículo 46 de la II Convención de La Haya[6], que se había firmado en 1899, ordenó ingresarlos en los campos. «Esto llevará a los bóeres y a sus familias un inmenso sufrimiento —comentó a sus oficiales—. Cuanto mayor sea la guerra de guerrillas, mayor será el vigor con el que, por cualquier medio a mi alcance, les obligará a abandonarla. Si no cesan en su lucha contra nosotros, tanto ellos como sus familias morirán de hambre[7]».

Campo de concentración de Vereeniging, Sudáfrica. Se creó en septiembre de 1900. En octubre de 1901, albergaba 185 hombres, 330 mujeres y 452 niños. No tenía suministro directo de agua —se la vendían a los internos— y solo disponía de 24 letrinas. La mayoría de los presos vivían en tiendas de campaña. Archivos Nacionales del Reino Unido.

---

[6] Art. 46. *De la autoridad militar sobre el territorio del estado enemigo*: El honor y los derechos de la familia, la vida de los individuos y la propiedad privada, así como las creencias religiosas y el ejercicio de los cultos deberán ser respetados. La propiedad privada no podrá ser confiscada.

[7] Los bóeres eran principalmente ancianos, mujeres y niños, ya que de los aproximadamente 28 000 prisioneros de guerra, 25 630 habían sido enviados a campos en el extranjero —a Ceilán, por ejemplo—. Los africanos negros no eran considerados ni siquiera enemigos de los británicos, simplemente mano de obra.

Ya hemos visto que no era ni mucho menos la primera vez que se tomaban medidas de ese tipo, los españoles las habían utilizado en Cuba y los Estados Unidos, —que tanto los habían criticado— habían echado mano de ellas para devastar a la guerrilla durante la guerra Filipino-Americana. Pero a diferencia de esos casos, sí era una novedad que se emplearan de forma sistemática, con el objetivo de extenderse a una nación entera, y la primera ocasión también que, al aplicar sus principios, se despoblaron regiones por completo.

En total se construyeron 31 campos de concentración para los blancos desplazados[8] —Irene, Barberton, Volksrust, Bélfast, Klerksdorp, Pietersburg, Potchefstroom, Vereeniging, Turffontein, Balmoral, Nylstroom, Standerton, Heilbron, Kimberley, Bloemfontein, Middelburg, Kroonstad, Heidelberg, Krugersdorp, Vryburg, Vredefort, Brandfort, Springfontein, Bethulie, Norvalspont, Port Elizabeth, Aliwal Norte, Merebank, Pinettown, Howick y Pietermaritzburg— y 64 de trabajo para los negros. En los primeros, sus internos solo tenían que luchar por mantenerse con vida; en los segundos, además tenían que trabajar hasta la extenuación como obreros de la construcción, mineros o agricultores.

Familias boéres a la espera de recibir sus raciones de alimento en el campo de concentración de Eshowe, Zululand, en 1900. A diferencia de lo ocurrido en la reconcentración de Cuba o Filipinas, los campos habían sido levantados para un fin específico: la detención. Estaban vigilados por soldados, regidos por un funcionario civil y rodeados de alambre de espino. Fuera, no había nada.

---

[8] A veces se habla de 47. No se tiene en cuenta que los 16 primeros, anteriores a septiembre y que apenas duraron unos meses, eran de refugiados. En ellos convivían los boéres pobres con agricultores británicos.

Los campamentos estuvieron mal administrados desde el principio y llegaron rápidamente al hacinamiento en cuanto las tropas de Kitchener implantaron la estrategia de detenciones indiscriminadas a gran escala. Las condiciones eran terribles para la salud de los internos, principalmente debido a la negligencia, la falta de higiene, las malas condiciones sanitarias y la escasez de alimentos. Las raciones eran siempre escasas, pero especialmente para las esposas e hijos de los hombres que continuaban la lucha, que recibían siempre cantidades más pequeñas que las de los demás. La vivienda inadecuada, mala alimentación, falta de higiene y el hacinamiento, llevaron a la desnutrición y a la proliferación de enfermedades endémicas contagiosas como el sarampión, la fiebre tifoidea y la disentería, a la que los niños eran particularmente vulnerables. Todo ello, junto con la escasez de instalaciones médicas, aumentó de forma constante las tasas de mortalidad mientras los campos estuvieron activos.

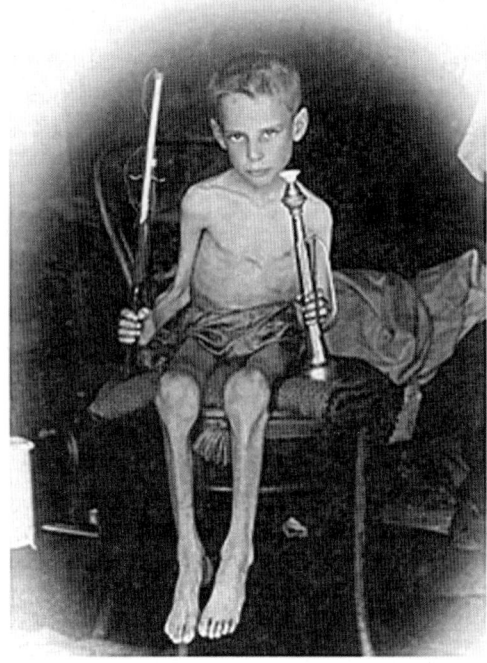

Las secuelas del hambre en Abraham Carel Wessels, un niño bóer de ocho años recluido en el campo de concentración de Bloemfontein, uno de los visitados por Emily Hobhouse. Abraham, tercero de los cinco hijos de Petronella Francina Alleta y Carel Abraham Wessels, sobrevivió a la disentería, el tifus y la neumonía que arrasó los campos hasta que fueron desmantelados. Solo en Bloemfontein, levantado a primeros de octubre de 1900 junto a la capital del Estado Libre de Orange, estuvieron ingresadas durante los 20 meses que se mantuvo activo 6322 personas. De ellas, 1695 murieron en la miseria, víctimas de las enfermedades.

Las autoridades militares, que eran muy conscientes de los requisitos esenciales de este tipo de campamentos y a menudo tenían que planificar y construir los de sus soldados, tuvieron mucho cuidado de establecer los de los boéres en los lugares más inapropiados posibles.

En Standerton el campo se levantó en ambas orillas del río Vaal, lo que aseguró que fuera muy frío en invierno y estuviera infestado de mosquitos en verano. Además, el suelo de hierba y la gran cantidad de lluvias de la zona suponía que se convirtiera en un mar de barro, incluso dentro de las tiendas.

Las mismas circunstancias se dieron en Brandfort, Springfontein y Río Orange. En Pretoria, campo Irene estaba ubicado en el lado sur de la ciudad, el más frío, mientras que el lado norte tenía un clima mucho más favorable. Balmoral, Middelburg y otros campos también se encontraban expuestos a los helados vientos del sur este para asegurarse que sus internos no pudieran resguardarse del frío.

Merebank, situado en un pantano donde había gran cantidad de insectos de diversos tipos, era de los peores. Allí el agua brotaba de la tierra de forma constante, los que cubría todo de una capa permanente de viscosa humedad.

En octubre de 1900 ya había 58 883 personas en los campos de concentración de Transvaal y 45 306 en el Estado libre de Orange. Tras la visita que realizó en julio de 1901 la Comisión Fawcett —formada solo por mujeres y liderada por Millicent Fawcett—, se consiguieran una serie de mejoras sanitarias y alimenticias en los campos bóeres que tardarían mucho en llegar a los campos de los negros. A ellos, ni la comisión, ni las continuas denuncias de la activista política Emily Hobhouse, —que puso el grito en el cielo por las penurias a las que sometían a los blancos— les prestaron nunca mucha atención.

El 21 de noviembre de 1901, Francis William Reitz, Presidente del Estado Libre de Orange y Secretario de Estado de la República Sudafricana le dirigió al Primer Ministro británico, Robert Gascoyne-Cecil, la siguiente carta: «Esta eliminación de las familias bóeres se lleva a cabo de la manera más brutal y bárbara. Está en conflicto con todas las reglas conocidas hasta ahora de la guerra civilizada. Las familias fueron expulsadas de sus casas, en muchos casos por medio de la fuerza, y sus hogares fueron destruidos y quemados con todos sus enseres. Entre estas familias había muchos ancianos, mujeres embarazadas y niños de corta edad, a los que se trasladó durante semanas en carros abiertos expuestos a la lluvia, el intenso y frío viento y el terrible calor, privaciones a las que no estaban acostumbrados. Como resultado, muchos enfermaron, y algunos murieron tras su llegada a los campamentos». Ni obtuvo respuesta, ni Gran Bretaña varió su política.

A pesar de que la guerra de guerrillas obtenía un éxito razonable, las presiones ejercidas por los campos de concentración y las nuevas tácticas pronto desmoralizaron y entorpecieron los suministros de los resistentes bóeres. En diciembre, gran parte de los internados en los campos fueron puestos en libertad, y muchos de los hombres se alistaron en dos nuevos regimientos organizados para luchar del lado británico: los *Transvaal National Scouts* y los *Orange River Volunteers*. Casi sin apoyo, las últimas guerrillas se rindieron el 31 de mayo de 1902.

Ese mismo día se firmó el Tratado de Vereeniging. Pese a la derrota, los bóeres recibieron una compensación de 3 000 000 de libras por los territorios perdidos y se les prometió cierto nivel de autogobierno. En total, la guerra había costado unas 75 000 vidas: 22 000 de soldados británicos —7792 causaron baja en batalla y el resto por enfermedad—, entre 6000 y 7000 soldados bóeres, de 20 000 a 28 000 civiles bóeres —unos 2000 hombres, 4000 mujeres y 22 000 niños[9]—, y quizá unos 20 000 africanos negros.

La devastación causada por los británicos durante la contienda y el recuerdo de los tristes acontecimientos ocurridos a las mujeres y niños bóers en los campos, permanecería durante generaciones en la memoria de los *afrikáners*. Para ellos, aquellos que por no saber conquistar a los hombres habían combatido a sus familias, no merecían más que un profundo desprecio. Ese orgullo por sus señas de identidad que se estableció tras la guerra ayudaría a formar una configuración nacional que se perpetuaría en el tiempo.

1.4 Namibia. El toque étnico

El proyecto alemán para ocupar una parte del Sur de África Occidental, la actual Namibia, se convirtió tras la Conferencia de Berlín reunida de finales de 1884 a principios de 1885 no solo en un medio de conseguir las imprescindibles materias primas que necesitaba la industria del país, sino también en una cuestión de prestigio[10]. En agosto, pocos meses después de clausuradas las deliberaciones internacionales, el canciller Otto Von Bismarck encargó al *reichskommisar* —comisario del *Reich*— Heinrich Ernst Goering, —padre de Hermann, el futuro líder político y militar del partido nacionalsocialista—, sentar las bases para establecer en la región una colonia permanente. Hasta 1890, Goering se encargó de conseguir que los jefes nativos firmaran los que se denominaron «contratos de protección».

Desde entonces, todo quedó en manos de comisarios militares, por lo general, funcionarios con experiencia en combate e ideas fijas sobre la raza y la autoridad colonial, que pronto entraron en conflicto directo con los líderes locales tradicionales.

La excepción fue el coronel Theodor Leutwein, que desde que accedió al cargo en 1894 se puso como meta personal controlar la colonia sin derramamiento de sangre. Su política era una mezcla de diplomacia y coacción militar que obtuvo buenos resultados. Se produjeron escaramuzas menores, pero nada que pasara de conflictos muy puntuales.

El problema surgió cuando África Sudoccidental, que centraba su economía en la agricultura y el pastoreo, firmemente controlados por los pueblos

---

[9] Estudios bóeres posteriores estimaron que la población blanca de Sudáfrica habría sido tres veces mayor con el tiempo sin tantas bajas civiles durante la guerra.
[10] Ver nuestro libro *Las garras del águila. El segundo Reich*. EDAF, 2011.

nativos, ofreció una alternativa de vida a decenas de miles de ciudadanos alemanes que abandonaron su país año tras año, en busca de pastos más verdes. Leutwein avisó al Departamento Colonial de lo que ocurría: «La mayoría de la población blanca del protectorado —escribió—, olvida que estamos solo en *Hereroland* —la tierra de los herero— gracias a una solución negociada. Sin embargo, actúan como si fueran conquistadores, aunque no hayamos ganado nada». Pero no le hicieron caso. Al contrario, los colonos alemanes, no tardaron en criticarlo por considerar que se mostraba demasiado indulgente con los africanos[11].

En octubre de 1903, cuando Leutwein recibió la orden de expropiar más tierras a los hereros y llevar a sus dueños a reservas para dejar más espacio a nuevos colonos, los incidentes se multiplicaron. Tres meses después, el 12 de enero de 1904, lo que comenzó como una escaramuza sin importancia en Okahandia, al Norte, acabó en rebelión generalizada de las tribus herero y nama. Los hereros mataron entre 123 y 150 soldados alemanes en un ataque sorpresa, y el gobernador se vio obligado a pedir a Berlín que le enviaran tropas con urgencia. Junto con los refuerzos llegó su sustituto, el teniente general Lothar von Trotha, un veterano de las colonias alemanas del Este de África. El káiser Guillermo II había decidido que Leutwein se andaba con demasiadas contemplaciones.

Von Trotha no tardó en poner manos a la obra. El 11 de agosto, en un feroz ataque en Waterberg, sus hombres derrotaron a más de 5000 herero que abandonaron su tierra y huyeron lejos de primera línea. Aún así, el bombardeo de la artillería continuó hasta que a los guerreros herero no les quedó otra opción que realizar una ofensiva desesperada contra la que se cebaron las ametralladoras alemanas. Luego Von Trotha ordenó a las tropas que persiguieran a los supervivientes a través del desierto de Omaheke —hoy Kalahari—, hasta que fueran aniquilados.

Muchos de los herero murieron de sed y agotamiento durante su viaje por el desierto —las patrullas alemanas llegaron a encontrar esqueletos alrededor de agujeros de 25 o 50 metros de profundidad que habían sido cavados en un vano intento de encontrar agua—, pero alrededor de 1000, a las órdenes de Samuel Maharero, lograron llegar a Bechuanalandia, la actual Botsuana, donde los británicos les ofrecieron asilo político con la condición de que no continuasen su revuelta desde suelo británico.

El 2 de octubre, puesto que seguían los ataques y como represalia por la muerte de 100 colonos a manos de los herero, el duro e inflexible Von

---

[11] La población del África Occidental alemana en 1904 era de 200 000 habitantes. 2500 eran alemanes, 2300 ciudadanos de diversos países de Europa y el resto herero, nama y bosquimanos.

Trotha presentó a sus oficiales, para que la hicieran pública, una proclama que era una auténtica orden de exterminio:

> Yo, el gran general de los soldados alemanes, envío esta carta a los herero. Los herero ya no son súbditos alemanes. Han matado, robado, cortado las orejas y otras partes del cuerpo de los soldados heridos, y ahora son demasiado cobardes para querer luchar más. La nación herero debe abandonar el país. Si se niega, la obligaré a cañonazos.
> Dentro de las fronteras alemanas, se ejecutará a tiros a todo los herero, ya estén armados o desarmados, con o sin ganado. No se le permitirá el paso ni a mujeres ni a niños. Se les obligará a volver a su pueblo; de lo contrario se disparará contra ellos.
> Tales son mis palabras al pueblo herero.
> Firmado: el gran general del poderoso *kaiser* alemán.

Es imposible saber el número de personas ejecutadas durante los dos meses que la orden se mantuvo en vigor. Tampoco se sabe qué otras comunidades africanas de ese territorio sucumbieron ante un decreto que, para todos los efectos, los jóvenes soldados alemanes llevaron a cabo con poco o ningún conocimiento de las diferencias políticas y culturales que había entre los «negros» detenidos.

Guerreros de tribus africanas al servicio del ejército alemán. Lo ocurrido con los hereros y los namas hubiese sido imposible sin su ayuda. Fotografía de Paul Hoffmann.

A finales de año, la política oficial hacia los herero, que nunca había sido realmente apoyada por Guillermo II, cambió. Una vez revocada la orden de exterminio, del asesinato indiscriminado se pasó a la captura y el encarcelamiento en campos de concentración por todo el país[12]. El resultado fue más o menos el mismo, la tasa de mortalidad en los campamentos era astronómica. Decenas de miles de personas —en su mayoría mujeres y niños— se apelotonaron en aquellos campos en los que la gran mayoría sucumbió a lo que era su «orden el día»: la violencia, las violaciones, el cansancio, las enfermedades y la malnutrición. Los prisioneros morían de hambre, trabajaban hasta la extenuación, eran golpeados, ejecutados por cualquier falta menor, o sujetos a experimentos médicos para comprobar cómo afectaba a los seres humanos la viruela y el tifus.

Miembros de la tribu herero ahorcados en Namibia. En el diario del mayor Stuhlmann —que ha llegado hasta nuestros días—, con fecha 11 de agosto de 1904 puede leerse: «nos habían dicho explícitamente de antemano que se trataba del exterminio de toda una tribu, nada vivo debía salvarse». Stuhlmann también fue el primero en utilizar el término Vernichtungskrieg, *literalmente guerra de destrucción, que fue el mismo concepto utilizado durante la Operación Barbarroja, en 1941.*

Un joven Eugen Fischer, que en 1932 se convertiría en presidente de la Sociedad de Antropología, Etnología y Prehistoria de Berlín, y junto a Erwin Baur y Fritz Lenz sería uno de los pioneros en enunciar las teorías raciales del nacionalsocialismo alemán, también utilizó a los herero para establecer las bases de sus estudios. Los analizó cuando estaban vivos y decapitó a varios de

---

[12] Se montaron cuatro campos: Swakopmund, Windhoek, Okahandja y Luderitz.

ellos una vez muertos para desecar sus cráneos y poder estudiarlos de regreso a Alemania. Informes contemporáneos describen como varias reclusas de los campos fueron obligadas a preparar los cráneos para el envío: debían hervirlos para que se despegara la carne y pelar los restos con fragmentos de vidrio y mucho cuidado. Fischer enseñaría medicina con ellos en la Universidad de Berlín, donde al menos uno de sus estudiantes, Josef Mengele, al que conoceremos más adelante, se tomaría sus enseñanzas muy a pecho.

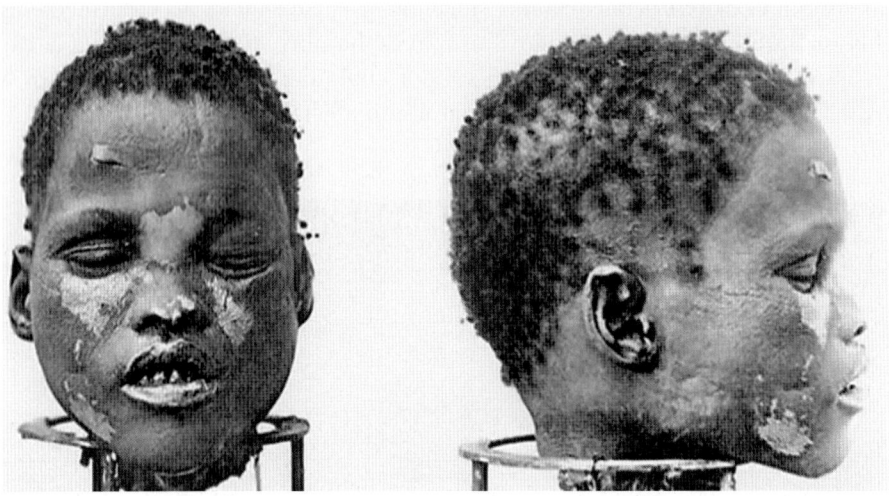

Cabeza de un prisionero herero utilizada por Eugen Fischer para sus estudios. Los cráneos de Fischer permanecieron en el hospital de la universidad de Berlín durante más de un siglo. En el 2011, cuando aparecieron en el Museo de Historia de la Medicina del Hospital Charité de Berlín y en la Universidad de Friburgo, el gobierno de Namibia solicitó su repatriación. Se identificaron veinte. Once nama y nueve herero. Cuatro de mujeres, quince de hombres y uno de niño. Se devolvieron en una ceremonia oficial en el Hospital Charité.

El régimen de campos de concentración se aplicó durante tres años y dio lugar a miles de muertos. Entre 1904 y 1907, la población herero cayó de cerca de 80 000 a unas 15 000 personas. En Namibia surgió otra innovación: los campos de trabajo. Eso permitió aprovechar a los detenidos para construir una nueva colonia alemana surgida de las cenizas de la guerra.

Según un informe de 1985 de las Naciones Unidas, el genocidio de Namibia tiene la dudosa distinción de ser el primero del siglo XX y el primero de carácter estatal organizado nunca[13].

---

[13] Algunos estudios contemporáneos anglosajones, que pretenden justificar sucesos actuales similares, hacen referencia a que el asesinato de los hereros y namas se produjo para obtener diamantes. Es imposible que ese fuera el motivo, puesto que no se descubrieron hasta bien entrado 1908.

1.4.1 Isla Tiburón

En la bahía, frente a la ciudad costera de Lüderitz, flanqueada por el desierto y el océano, se encontraba el peor de los campos del Sur del África Occidental alemana: el *Konzentrationslager auf der Haifischinsel vor Luderitzbucht*, conocido como Isla Tiburón. Un islote relativamente pequeño que años después quedaría conectado al continente mediante un estrecho terraplén. Hoy, como entonces, es un lugar estéril, con características formaciones rocosas en las que tallan figuras surrealistas los fuertes vientos del océano.

El campo, abierto en marzo de 1905, se situó en el extremo más alejado del puerto, el más expuesto a esos vientos que barren Lüderitz la mayor parte del año. A su llegada, todos los prisioneros eran clasificados en grupos según sus aptitudes para el trabajo para ser utilizados como mano de obra esclava para las autoridades militares alemanas y los colonos.

A los presos se les suministraba una comida muy escasa que consistía en arroz sin más adiciones. Como carecían de ollas y el arroz que recibían estaba sin cocer, era imposible digerirlo. Con el tiempo se les distribuyeron también los caballos y bueyes que morían en el campo, pero eso no hizo más que propagar entre ellos la disentería.

Por las noches el frío era intenso. Mucho más para personas que venían del interior, de zonas áridas y secas. El hambre, la sed, la exposición a los elementos, el trabajo, las enfermedades y la locura producían decenas de víctimas cada día. Carretas repletas de cuerpos se llevaban a diario a la playa y se enterraban bajo una fina capa de arena. Durante la marea baja los muertos quedaban al descubierto, el mar los arrastraba, y servían de comida para los tiburones, que nadaban en grandes grupos junto a la orilla.

El 28 de septiembre de 1905, un artículo en el periódico sudafricano *Cape Argus* detalló algunos de los abusos a los que eran sometidos los presos. Bajo el título *África Occidental alemana, nuevas denuncias alarmantes: horrible crueldad*, el autor entrevistaba a Percival Griffith, «contable de profesión, que debido a que se vivían tiempos difíciles, había aceptado un trabajo de transportista en Angra Pequeña, —Lüderitz—». Él contaba sus experiencias: «Hay cientos de ellos —decía refiriéndose a los internos—, en su mayoría mujeres y niños, pero también algunos ancianos. Cuando caen al suelo los soldados los golpean con un palo sin piedad, con todas sus fuerzas, hasta que se levantan. En una ocasión vi a una mujer que llevaba colgado de su espalda a un niño de menos de un año de edad y transportaba un pesado saco de grano en la cabeza. Se cayó. El cabo que mandaba el grupo los golpeó durante más de cuatro minutos. La mujer consiguió lentamente ponerse en pie y continuó el camino con su carga. No pronunció una sola palabra en todo el tiempo, pero el bebé lloraba muy fuerte».

Desde el principio las tasas de mortalidad de los hereros fueron enormes[14], y entre ellos se corrió rápidamente la voz de las duras condiciones de vida a las que se veían sometidos en aquel lúgubre lugar. Algunos, presos en otras partes de la colonia, prefirieron suicidarse antes que les deportaran a la isla. Los informes de solo los dos primeros meses —de mediados de marzo a finales de mayo— hablan ya de 59 hombres, 59 mujeres y 73 niños muertos. A pesar de esas cifras las autoridades alemanas continuaron con el traslado de nativos desde el interior, oficialmente por que no tenían alimentos suficientes en otros campos, pero en realidad para utilizarlos como mano de obra.

Se les puso a disposición del *Etappen-kommando*[15] del ejército alemán para trabajar en los proyectos de infraestructuras de toda la zona de Lüderitz: la construcción del ferrocarril para conectar Lüderitz con Aus —a 125 kilómetros—, el edificio del puerto, y la explanación y nivelación de la isla con explosivos. Los trabajos, muy peligrosos y físicamente de enorme exigencia debido a la desnutrición, condujo a que se desarrollaran a gran escala las enfermedades entre los presos y a la muerte de un enorme número de ellos.

Incluso las mujeres capturadas y no ejecutadas trabajaron para los militares como prisioneras o fueron obligadas a la esclavitud sexual como medio de supervivencia. «He visto a muchas en Lüderitz que realizan las tareas más pesadas —decía el mismo artículo del *Cape Argus*—. Tenían tanta hambre que eran nada más que piel y huesos. No les dan casi nada para comer, y muy a menudo las he visto recoger trozos de carne o verdura tirados a la basura. Si las sorprenden haciéndolo las muelen a golpes».

En agosto de 1906, ante las quejas de los colonos que veían alrededor demasiados presos, los namas que estaban en el campo de Windhoek, en el Norte, también fueron enviados a Isla Tiburón. Los llevaron primero en vagones de ganado hasta Swakopmund, en la costa atlántica, y luego por mar a Lüderitz. Samuel Isaak, el líder nama, protestó. Argumentó que su traslado no formaba parte del acuerdo por el que se habían entregado a los alemanes, pero nadie hizo caso de sus quejas. A finales de 1906, 2000 namas acompañaban a los hereros en la isla.

Por entonces, en uno de sus rutinarios informes, un técnico alemán se quejaba de que de los 1600 namas que había tenido a su cargo en un principio, le quedaban solo 30 o 40, pues todos los días tenía que prescindir de 7 u 8, que o bien habían muerto, o estaban ten enfermos —no recibían asistencia sanitaria ni tenían enfermería—, que era imposible ponerlos en pie.

---

[14] Las tasas de mortalidad producidas de 1906 a 1908 en los campos de concentración de Namibia se calculan entre el 69 y el 74%.
[15] El *Etappen-kommando* se encargaba de los suministros, alojamiento y comunicaciones del ejército imperial alemán.

La política de trabajos forzosos, ahorcamientos y palizas terminó oficialmente el 1 de abril de 1908, cuando fue revocado el estado de prisioneros de guerra para los herero y los nama. A pesar de ello ambas tribus continuaron con el trabajo en proyectos coloniales.

La decisión de cerrar el campo la tomó a principios de 1907 el mayor Ludwig von Estorff, que había firmado el acuerdo en virtud del cual los witbooi —uno de los grupos nama más beligerante, dirigido por Hendrik Witbooi—, se había rendido a los alemanes. Tras su clausura los prisioneros fueron trasladados a un área abierta muy próxima, junto a la bahía de Radford, donde las tasas de mortalidad continuaron igual de elevadas hasta que fueron reduciendo con el tiempo.

El teniente Von Durling, uno de los muchos oficiales alemanes que realizó un álbum de fotografías de su aventura colonial, rodeado de mujeres en el campo de Isla Tiburón. En 1903, 712 mujeres europeas vivían entre 3970 europeos. Las violaciones de las nativas estaban a la orden del día, aunque hasta 1904 no se presentara ante los tribunales alemanes ni un solo caso en el que se acusara a un hombre blanco de violar a una mujer africana. Para evitarlas en lo posible se creó en Windhoek, la capital del territorio, un campo de concentración separado en el que las mujeres herero fueron internadas específicamente para la satisfacción sexual de las tropas alemanas.

Se desconoce el número exacto de muertos en los campos de concentración de Namibia. Un informe de la Oficina Colonial Imperial alemana estima que fueron 7682 herero y 2000 nama los fallecidos en todos los campamentos de África del Sudoeste, de ellos una parte importante víctimas de la Isla del Tiburón. Se estima que la cifra de muertos allí fue de 3000, que junto a los muertos recluidos en otros puntos de la bahía de Lüderitz podrían superar los 4000. La gran mayoría víctimas de enfermedades fácilmente prevenibles como la fiebre tifoidea y el escorbuto, exacerbadas por la desnutrición, el exceso de trabajo y las condiciones de vida insalubres.

Von Estorff, que durante la Primera Guerra Mundial llegaría a general, escribió en un informe fechado en abril de 1907 que desde primeros de año habían muerto 1700 prisioneros, de ellos 1203 nama. Era el anexo de otro enviado en diciembre de 1906 en el que relataba que cuatro meses después de su llegada habían muerto ya 291 namas y hereros, a razón de 9 diarios[16].

Prisioneros en un campo de concentración de Namibia. La mitad de los nama, unas 10 000 personas, murieron durante el levantamiento, el resto, mientras estaban presos.

Informes complementarios de los misioneros situaron la tasa de mortalidad entre 12 y 18 personas diarias. El 80% de los presos enviados al campo de concentración de la «Isla de la Muerte», como la denominaban Von Zülow y la propia guarnición nunca salieron de allí.

Cuando la guerra acabó y los campos fueron abandonados, África Occidental se había transformado en un estado racial en el que estaban prohibidos los matrimonios mixtos y restringido la libertad de movimientos para los nativos. Tenían que llevar insignias con números y estaban obligados a trabajar para patronos alemanes. Después de la Primera Guerra Mundial, desde el momento en que el territorio se le dio a Sudáfrica como fiduciario, fueron los

---

[16] En toda la Guerra Herero, de 1904 a 1907, murieron entre 24 000 y 65 000 hereros —del 50 al 70% de la población— y 10 000 namas —el 50% de la población—. Por el lado alemán murieron 671 hombres, 4 mujeres y solo 1 niño.

sudafricanos blancos los que adquirieron el resto de tierras. Los hereros y los namas que habían sobrevivido no obtuvieron beneficio del cambio de dueños, tuvieron que soportar más humillaciones bajo el dominio británico y el *apartheid*.

1.5 Austria. Lágrimas sin sonrisas

Dados los buenos resultados obtenidos por ingleses, españoles, alemanes y estadounidenses en Cuba, África y Asia, era solo cuestión de tiempo que el sistema se pusiera a prueba en el Viejo Continente. El 4 de septiembre de 1914, nada más iniciarse la Primera Guerra Mundial, el imperio austrohúngaro puso en marcha en un valle arenoso de los Alpes, próximo a Graz, en la provincia austriaca de Estiria, el primer campo de concentración de Europa en el sentido moderno del término.

Justo antes de que estallara el conflicto, las autoridades imperiales habían comenzado la represión de los movimientos rusos y rusófilos de Galitzia, una amplia región colindante con las actuales Eslovaquia, Polonia y Ucrania, dominada subsidiariamente por la aristocracia polaca a pesar de que la población de la mitad oriental de la provincia era en su mayor parte bielorrusa y ucraniana, mezclada con amplias minorías de judíos y polacos. Ambos movimientos estaban acusados de antigubernamentales y de favorecer las actividades que, poco a poco, ponía en marcha Rusia al otro lado de la frontera.

En cuanto el emperador Francisco I declaró la guerra, comenzaron de inmediato las detenciones masivas, basadas en listas proporcionadas al *Evidenzbureau* —la Dirección de Inteligencia Militar, a las órdenes del coronel Maximilian Ronge—, por activistas políticos polacos y ucranianos, opuestos frontalmente a los simpatizantes rusos. Los ucranianos utilizaron la atmósfera bélica de temor y suspicacia para tratar de deshacerse de sus tradicionales oponentes políticos, principalmente representantes de la intelectualidad: médicos, abogados, sacerdotes ortodoxos; pero también estudiantes y, en general, obreros y campesinos políticamente involucrados. Todos eran sospechosos de simpatizar con la Triple Entente y de posible colaboración con el ejército zarista, que había entrado en Galitzia con los primeros combates y avanzaba hacia el interior del imperio. Los internaron en Thalerhof, un lejano aeródromo en el que desde 1913 se formaba a jóvenes pilotos, cuya proximidad a la estación ferroviaria de Abtissendorf lo convertía en un lugar idóneo para el objetivo que se buscaba.

No había nada, salvo las vallas de alambre de espino que cercaban el recinto junto a las pistas de aterrizaje. Los primeros días hombres, mujeres y niños durmieron a la intemperie, en el suelo. Luego llegaron varios cientos de enormes tiendas de campaña, donde los prisioneros se recostaban sobre paja. El espacio en su interior era mínimo, solo se podía descansar sentado, apoyado contra las gavillas. Cuando llovía, el suelo se convertía en una nauseabunda mezcla de barro y paja plagado de insectos. Sobre todo, chinches, piojos y pulgas. Había enormes cantidades. Luchar contra ellos se convirtió desde el principio en una de las actividades primordiales de los internos.

El campo austrohúngaro de prisioneros Graf-Thalerhof, construido durante la Primera Guerra Mundial. Según los registros austriacos, el 9 de noviembre de 1914 alojaba 5700 rusófilos de 151 aldeas de la región. En mayo de 1917 unas 20 000 personas habían estado recluidas en él durante periodos más o menos largos. Solo en el primer medio año de su funcionamiento murieron cerca de 3000.

Miembros del Parlamento de Galitzia presentaron a las autoridades del campo numerosas quejas a causa de las antihigiénicas condiciones de vida y la falta de alimentos —durante los primeros días a los prisioneros no se les dio de comer—. «En dos semanas han muerto 9 personas» —escribieron—. Solo sirvió para que, tras una cuidadosa inspección, se les proporcionara un trozo de pan y una taza de un mejunje que los responsables del campo denominaban café, obtenido al quemar granos diversos de cereal mezclados con tierra. Para conseguir cualquier otra cosa estaba la cantina de los soldados, que enseguida organizó un lucrativo mercado negro de tabaco, medicinas, alimentos y productos de aseo personal a precios exorbitantes.

Por supuesto, conseguir dinero era difícil, pero para resolver ese problema —y aunque parezca una broma— acudió en ayuda de los presos la burocracia imperial. En el momento en que los funcionarios fueron informados de la nueva ubicación de los detenidos, a los jubilados, sacerdotes y maestros de la escuela pública les llegaron puntualmente sus salarios y pensiones pendientes.

Todos los presos tenían la obligación diaria de hacer sus necesidades, lavarse, comer y dormir. En las letrinas, en realidad un palo colgado sobre un agujero, no podían pasar más de 2 o 3 minutos. A los que no les daba tiempo a marcharse los soldados los empujaban entre risas. El que tropezaba o se caía, quedaba cubierto de heces.

Los guardias castigaban a menudo las faltas mediante una tortura que denominaban Anbinden —atado—, el mismo método que se utilizaba en el ejército alemán y austriaco para sancionar los delitos. Consistía en colgar dos horas de un poste al condenado con las manos por encima de su cabeza, sin que apenas tocara el suelo, durante varios días sucesivos. Era vejatorio y muy molesto, pero en esa época no se consideraba que fuera algo excesivamente cruel. Hay que recordar que hasta mayo de 1917 el ejército alemán permitía como castigo que los soldados fueran azotados en público por los suboficiales.

A finales de septiembre, cuando ya habían fallecido por agotamiento más de 20 personas, se comenzó a servir una incomible sopa en la que flotaban todo tipo de inmundicias. Esa sería desde entonces la cena más habitual. A esas alturas los internos ya eran más de 6000. De ascendencia rusa o bielorrusa —alrededor de un 30 %—, pero también judíos y refugiados de guerra polacos. Muchos, aunque fueran inocentes, llevaban tiempo encarcelados por distintas razones políticas o religiosas —el maltrato, las detenciones masivas o el asesinato sin juicio de presuntos espías y traidores eran la norma— y fueron enviados al campo desde diversos puntos del imperio en vagones de ganado, tras recorrer largos y agotadores trayectos.

El 11 de noviembre, cuando ya había comenzado a nevar y la tierra estaba helada, llegó el material para construir 30 burdos barracones de madera que los propios internos tuvieron que levantar. Ni siquiera se mejoró la alimentación o las pésimas condiciones sanitarias. No había camas ni mantas, debían seguir durmiendo sobre paja.

Por entonces ya eran 6680 personas las que debían compartir las pésimas condiciones del campo. Sin embargo, las autoridades pensaron que no eran suficientes y decidieron duplicar su número de ocupantes. Ese mismo mes comenzó una epidemia de tifus que se prolongó hasta marzo del año siguiente y acabó con la vida de más de 1300 presos.

En enero de 1915 se decidió no aumentar la capacidad del campo y mejorar sus condiciones para evitar que se produjeran más casos de cólera y disentería. Se construyeron instalaciones de baño, lavado y desinfección y se convirtió el primitivo campamento en zona de aislamiento, con una enfermería. Esas medidas permitieron reducir la alta tasa de mortalidad, pero poco más.

Tropas del ejército austrohúngaro ejecutan a civiles serbios en el invierno de 1915. La represión austriaca durante la Primera Guerra Mundial se centró en los serbios, los lemkos —habitantes de los Cárpatos Orientales— y todas las etnias rusófilas. Normalmente, tras las ejecuciones de los hombres, mujeres, niños y ancianos eran enviados de forma provisional a campos de concentración. En los cuatro años que duró el conflicto Serbia perdió el 27 % de su población total y el 60 % de su población masculina.

Solo se produjo algún cambio a raíz de las inspecciones que comenzaron a realizar los generales del ejército a partir de mediados de 1915. Gracias a ellas se consiguieron colchones y estufas para los barracones y mejorar algo la alimentación. A partir de entonces, algunos de los que habían sido detenidos ilegalmente, sin orden de ningún tribunal, y ya llevaban cerca de un año en el campo, fueron puestos en libertad sin juicio. A otros los llamaron para servir en el ejército y los destinaron al frente italiano.

Durante el año y medio siguiente, entre 10 000 y 20 000 personas —según hagamos caso de fuentes austriacas, polacas o rusas—, pasaron por el campo de concentración. La mayoría de ellas pasaron allí poco tiempo. Tras una rápida investigación, ancianos, mujeres y niños eran puestos en libertad; a los jóvenes, invariablemente, los enviaban al frente. Si resultaban sospechosos, se quedaban en el campo. Más de 7000 personas pasaron allí más de un año, de ellas entre 2500 y 3000 rusos y unos 1900 lemkos de 153 aldeas distintas.

El 21 de noviembre de 1916, al morir su tío abuelo Francisco José I, Carlos I ocupó el trono. Ordenó que se organizara una comisión de investigación y la revisión de los miles de casos de personas detenidas sin juicio. El 3 de mayo de 1917 el campo de concentración cerró definitivamente sus puertas. Solo el hospital se mantuvo en funcionamiento desde octubre hasta el final de la guerra para tratar a los prisioneros rusos e italianos. Los cuarteles no se desmantelaron hasta 1936. Por entonces se exhumaron 1767 cadáveres que se volvieron a enterrar en una fosa común en Feldkirchen, una pequeña y próxima localidad austriaca.

Hoy, en su lugar, está el aeropuerto de Graz-Talerhof. Fuera del edificio de la terminal una placa en ucraniano, alemán e inglés, recuerda a todas las víctimas de la Primera Guerra Mundial que perdieron la vida en Thalerhof. En sus proximidades, en una rotonda entre pinos, se encuentra una pequeña capilla en homenaje de las miles de víctimas del primer campo de concentración en Europa.

1.6 Italia. Ensayo imperial

La Conferencia de Berlín, que había organizado la distribución de África y dejado las que se consideraban mejores zonas bajo el control de las potencias de primer orden, situó al reino de Italia, que no gozaba ni remotamente de ese estatus, al margen del reparto colonial.

Italia decidió entonces procurarse por sí misma un imperio y puso sus ojos en la amplia meseta de Cirenaica, en el noreste de la actual Libia, junto al Mar Mediterráneo, que desde principios del siglo XVI era conocida como Bengasi, una de las posesiones del extenso Imperio Otomano. Se desconocían por entonces sus ricos recursos energéticos y no tenía mayor relevancia desde el punto de vista geoestratégico, por lo que al resto de países le importaba poco si cambiaba de manos.

El gobierno tuvo que esperar de todas formas hasta 1911 para poder aprovechar al mismo tiempo su proximidad al deseado territorio y la debilidad turca. En septiembre declaró la guerra y ocupó Cirenaica con cerca de 100 000 efectivos de su ejército.

No fue un enfrentamiento largo ni especialmente sangriento[17]. De hecho, los italianos, con armas más modernas, derrotaron a los turcos y a sus

---

[17] El suceso más grave se produjo el 23 de octubre de 1911, las tropas italianas fueron atacadas en Sciara Sciat por unos 10 000 efectivos turcos y árabes, mientras marchaban por el oasis de Mechiya. Dos compañías fueron capturadas en un cementerio próximo y murieron más de 500 bersaglieri. Sus cadáveres aparecieron clavados en los árboles con los ojos y los genitales mutilados, al parecer en represalia por de-

aliados árabes con relativa facilidad. El 15 de octubre de 1912, nada más firmada la paz, Italia declaró las tierras conquistadas un protectorado. Tres días después el Imperio Otomano se las cedía oficialmente junto a Trípoli, que se rebautizó como Tripolitania[18].

Soldados del regimiento de montaña Alpini pasan junto a los cadáveres de guerreros libios tras el asalto al reducto Lombardía, del 12 al 13 de febrero de 1912.

El 17 de mayo de 1919, el gobierno italiano estableció Cirenaica como una colonia y, un año después, el 25 de octubre, reconoció al jeque Sidi Idris como líder de los senussi concediéndole el título de emir con soberanía sobre el oasis de Cufra. Un cargo que posteriormente se ampliaría también a Tripolitania. Las buenas relaciones duraron hasta que Sidi Idris se empeñó en negociar con el gobierno de Roma la independencia de los territorios a su cargo.

Mientras se realizaban los movimientos políticos, la presencia italiana en Cirenaica se afianzó en 1922 con la llegada a la jefatura del gobierno de Benito Mussolini, líder indiscutible del Partido Nacional Fascista. A pesar de la extremada pobreza de la mayor parte de su territorio, desde Roma se intentó el asentamiento de colonos en las nuevas provincias, especialmente enviados desde Sicilia y el sur de Italia. Familias enteras viajaron en busca de un mejor porvenir, esperanzadas por la promesa de recibir tierras gratuitas por parte del estado. Pero a pesar de su cercanía a Italia, el suelo de esas fincas regaladas era totalmente diferente al que estaban acostumbrados y, en gran medida, se encontraba situado en zonas desérticas o semidesérticas. Los campos más aptos para el cultivo se encontraban en el litoral mediterráneo, por lo que de inme-

---

litos sexuales contra las mujeres locales. Al día siguiente, los italianos respondieron atacando a la población del oasis de Mechiya. Durante tres días mataron a miles de personas, entre ellas mujeres y niños.

[18] En 1934, ambos territorios y Fezzan quedarían unidos bajo la denominación de colonia italiana de Libia.

diato las poblaciones nativas fueron desplazadas a la fuerza para que dejaran sus tierras a los colonos.

Los italianos nunca habían sido bien vistos, pero eso empeoró aún más las relaciones con los beduinos. Desde 1921 la presencia de Giuseppe Volpi como gobernador de Trípoli, con su política de hechos consumados, ya era una fuente de problemas, pero ahora se sumaban los de Cirenaica de la mano del general Luigi Bongiovanni, llegado en abril de 1923 para hacerse cargo de la provincia. Harto de que se incumpliesen los tratados, Sidi Idris decidió buscar refugio en Egipto y dejar que iniciara la revuelta el jeque Omar Al Mukhtar, de más de 60 años de edad.

A Italia, que no podía controlar gran parte del extenso territorio, había estado en conflicto casi constante con los senussi[19] desde su llegada a la costa libia y durante la Primera Guerra Mundial ya tuvo que sofocar un importante estallido de violencia en la región, no le pillo demasiado por sorpresa. De 1923 a 1924, sus tropas consiguieron pacificar todo el norte de la línea Ghadames-Mizda-Beni Ulid —con cuatro quintas partes de la población estimada de Tripolitania y Fezzan dentro de su área de influencia—, y las tierras bajas del norte de Cirenaica. Sin embargo, todos los intentos de ocupar las colinas boscosas de Jebel Akhtar se encontraron con la resistencia popular, dirigida por las guerrillas de Al Mukhtar.

Su perfecto conocimiento de la zona era sin duda el mayor punto a favor, pero también podía contar con el apoyo de la población rural, dispuesta a aceptar enormes sacrificios, y de la ayuda de Egipto, desde donde Idris enviaba armas y suministros. La estructura militar rebelde alcanzó un máximo de 1 500 hombres que actuaban de manera rápida, golpeaban a su oponente y escapaban cuanto antes de su alcance.

La campaña específica contra el jeque comenzó en 1928, cuando el general Pietro Badoglio sustituyó a Volpi en Tripolitania y el general Rodolfo Graziani llegó a Cirenaica como vicegobernador. De forma conjunta emprendieron duros ataques que terminaron en brutales y sangrientos actos de represión, lo que les permitió ocupar rápidamente el desierto de Sirte que separa Tripolitania de Cirenaica. Con aviones, vehículos de motor y una buena organización logística, consiguieron dominar 150 000 kilómetros cuadrados de territorio en cinco meses. Así lograron cortar cualquier conexión entre los rebeldes de Cirenaica y Tripolitania. A finales de año también obtuvieron el control de Ghibla, y sus tribus fueron desarmadas.

---

[19] Los senussi eran una orden religiosa musulmana fundada en 1833 por iniciativa de Ali al Senussi que proponía la renovación del Islam y la liberación de los países árabes de cualquier influencia europea. Desde su creación habían extendido gradualmente su influencia sobre Egipto, Cirenaica y la zona occidental del Sahara oriental.

Ese mismo año comenzaron las negociaciones entre el gobierno y Mukhtar, pero se rompieron durante el verano de 1929. A partir de ese momento Italia decidió eliminar a los rebeldes a cualquier precio para lograr el sometimiento total del territorio. En 1930, las tropas italianas conquistaron Fezzan y poco después izaron su bandera en Tummo, su región más meridional.

A partir de junio, las autoridades militares expropiaron la casi totalidad de los bienes de las zavias[20] de los senussi y deportaron a Ustica a 33 de sus líderes religiosos. Los bienes confiscados eran enormes: cientos de casas y cerca de 70 000 hectáreas de las mejores tierras de Cirenaica. Eliminadas las principales fuentes de financiación de la rebelión, Graziani decidió lanzar una gran ofensiva contra los rebeldes, convencido de que podía repetir el éxito alcanzado en Trípoli y que sería capaz de capturar enseguida a Al-Mukhtar. El día 16 se iniciaron los ataques sin ningún resultado apreciable.

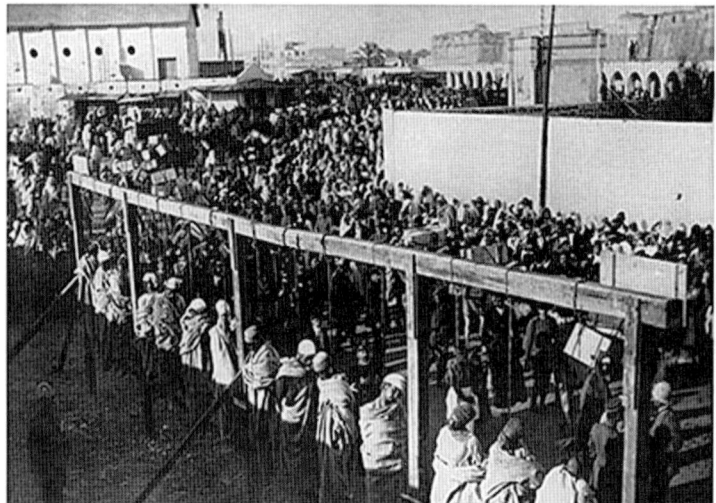

Rebeldes ejecutados por el ejército italiano en la década de 1930 en la Plaza Italia de Trípoli, Libia. El gobierno de Muamar el Gadafi la denominó Plaza Verde, hoy recibe el nombre de Plaza de los Mártires.

Puesto que las medidas tradicionales no daban ningún fruto, Badoglio decidió adoptar otros métodos, que ya hemos visto en páginas anteriores, aunque resultasen catastróficos para la población: «En primer lugar —escribió—, debemos abrir una amplia franja de territorio bien definida entre las fuerzas rebeldes y la población. No oculto el alcance y la gravedad de esta medida,

---

[20] Los senussi se organizaban en zavias, centros de poder políticos y religiosos que regulaban las necesidades administrativas y judiciales de su vida seminómada. Eran 49, distribuidas de la forma siguiente: 3 en el área de Bengasi, 2 en El Abiar, 2 en Soluch, 8 en Barce, 6 en Ajdabiya, 7 en Cirene, 11 en Derna, 4 en Tobruk, 5 en Kufra y 1 en Giarabub. Esa fue la única que no se expropió, pues su ubicación estaba reconocida como lugar santo por muchos musulmanes que no formaban parte de los senussi.

que supondrá la destrucción de la denominada población sumisa. Pero ahora debemos llegar hasta el final, incluso aunque eso suponga destruir a toda la población de Cirenaica». Para establecer la diferencia entre rebeldes y sumisos, Badoglio indicó: «es urgente reunir a toda la población en un espacio cerrado, de modo que pueda ser vigilada adecuadamente y así evitar cualquier contacto entre esta y los rebeldes. Hecho eso, volveremos a atacarlos de forma directa».

Cinco días después de esta carta, que daría lugar al inicio de las deportaciones de los árabes de Gebel, Badoglio se reunió con Graziani para organizar cómo hacerlo. No eran los únicos responsables, el ministro de asuntos coloniales Emilio de Bono, uno de los fundadores del Partido Fascista, había instado a tomar esa medida desde hacía algún tiempo, solo que nadie hasta entonces se mostró decidido a llevarla a cabo.

El día 27, comenzó la migración forzada y deportación de todos los pueblos nómadas del norte de Cirenaica. Más de 100 000 beduinos —la mitad de su población—, en su mayoría mujeres, niños y ancianos, fueron expulsados con sus animales de sus asentamientos y obligados por la policía y áscaris nativos de Eritrea a marchar por el desierto para ser reubicados en enormes campos de concentración rodeados de alambre de espinos situados cerca de Bengasi. Los rezagados que no pudieron seguir el ritmo de la extenuante marcha de más de 200 kilómetros, fueron acusados de traición y fusilados de forma inmediata[21].

Entre junio y julio se completó en dos etapas la evacuación de la fértil meseta del Gebel, que causa el vacío alrededor de Al-Mukhtar, ahora obligado a abastecerse de combustible y suministros solo en Egipto, pero Graziani consideró que no se había alejado lo suficiente a la población de los rebeldes y decidió aplicar medidas más radicales, entre ellas trasladarla a campos mucho más al Sur, una zona más inhóspita. «La ciudad de El Magrun —se publicó en la prensa italiana—, está en una llanura reseca horrible, sin ninguna sombra. Solo es para reunir a los nómadas. Graziani ha pensado que en este lugar tendrán la sensación exacta de lo que es la condenación».

La evacuación no afectó a las poblaciones del territorio. No se incluyó a los que residían en zonas urbanizadas —alrededor de 50 000 personas—,

---

[21] Uno de los pocos funcionarios que trataron de contener la furia destructiva de Graziani fue el comisionado Giuseppe Daodiace, que acabó repatriado por el general. «Lo que yo no aprobaba de ellos —escribió al ministro del África italiana Giuseppe Brusasca, el 7 de enero de 1951—, y protesté muchas veces de viva voz y por escrito, era el hecho de que no se hicieran prisioneros durante los enfrentamientos entre las tropas y los rebeldes, y se disparase incluso a las mujeres y los niños. Un grupo de beduinos del que se había ordenado el fusilamiento de 36 mujeres y niños en un campo, se presentó ante mí en señal de protesta, haciéndome saber que, si hubieran sabido lo que iba a ocurrir, habrían preferido morir en el desierto».

los que vivían de forma estable en los pueblos de alrededor de la costa —entre 10 y 15 mil—, ni a los de los oasis del interior —unos 10 500—. Los primeros porque eran fácilmente controlables, y el resto porque vivían en zonas alejadas de la rebelión. Acabado el éxodo masivo alrededor del día 20 se avisó de que sería acusado de rebelde y pasado por las armas a todo el que se encontrara en las áreas restringidas de la meseta.

Se establecieron seis campos principales donde finalmente quedarían recluidos durante más de tres años: Abyar; Agedabia, en Ajdabiya, con 10 000 personas; El Agheila, con 10 900; Marsa Brega, en Brega, que reunió a 21 117; Sid Ahmed el Maghrun, en El Maghrun, con 13 500 y Soluch, con 20 123, en Suluq, y otros nueve más pequeños —Derna, Apollonia, Barce, Driana, Sidi Kalifa, Suani y Terria, Nufilia, Coefia y Guarscia—.

Campo de concentración de Sidi Kalifa, Bengasi, en 1932. Estuvo activo de 1930 a 1933. Lo componían 130 tiendas de campaña modelo Leonardo da Vinci -en pésimas condiciones, rotas y desgastadas-, de 30 metros cuadrados de superficie y 2,5 metros de altura en su punto más elevado. Cada tienda podía albergar a 4 personas, sin embargo el campo tenía más de 650 internos.

Badoglio propuso convertirlos en asentamientos permanentes, pero se lo impidieron las deprimentes condiciones de vida de los internados, que ni siquiera tenían las mínimas condiciones económicas para sobrevivir pese a que la propaganda del régimen fascista declaraba que eran oasis de la civilización moderna, higiénicos y regulados de manera eficiente. «El campo es cuadrado, como una fortaleza romana —publicó *El Extranjero*—, donde reina el orden y la limpieza. Cada lado mide mil doscientos metros. En el interior hay ocho partes, dispuestas de tal manera que, al frente de cada una hay espacio libre para dar cabida a los animales. Los grupos en que se dividen tienen de quince a veinte tiendas. Están numeradas y se sabe a las personas que albergan. Repartido así, por calles anchas y tiendas, todo está claro para los nativos». Mucho más crueles son los testimonios de los supervivientes, que hablan de solo un pedazo de pan duro o un puñado de arroz o harina como alimento, palizas diarias, ejecuciones y miedo a que las mujeres fueran violadas por los etíopes o los italianos.

En realidad, las condiciones sanitarias de los campos eran pésimas: albergaban a los beduinos hacinados junto con sus camellos y el resto de animales y disponían solo de servicios médicos rudimentarios. Soluch y Sid Ahmed el Magrun, con más de 33 000 personas solo disponían de un médico para ambos campos. En esas condiciones, como era habitual, el tifus y otras enfermedades se extendieron rápidamente.

Tropas italianas reparten agua en el campo de concentración de El Agheila. Durante la «pacificación» de Libia mantuvo una población media de unas 11 000 personas.

Sin ayuda interna, Graziani trató de aumentar el aislamiento de los rebeldes, y bloqueó los suministros que les llegaban desde Egipto mediante un largo entramado de alambradas que cubrían casi 300 kilómetros, desde el Golfo de Sullum hasta más allá del oasis de Giarabub. A pesar de ello le llevó otros 15 meses acabar con el levantamiento.

Mukhtar fue reconocido y capturado por una patrulla el 11 de septiembre de 1931, tras un bombardeo sobre el oasis de Kufra, el último bastión de los senussi. Lo trasladaron de inmediato al puerto de Apolonia y de allí a Bengasi. Internado en el campo de Soluch, lo ahorcaron tras un consejo de guerra el día 16, ante cerca de 20 000 prisioneros obligados a presenciar su ejecución. Su muerte puso fin a la resistencia. Una semana después, el día 24, Badoglio proclamó que Libia estaba pacificada.

No por eso se puso en libertad a los beduinos, se aprovechó para «civilizarlos» e integrarlos en la Italia fascista. Sobre todo a los niños que habían quedado abandonados. Para todos ellos se preparó una comida especial: té y pan por la mañana; una sopa para el almuerzo y otro trozo de pan en la cena; dos veces a la semana se les daba un trozo de carne. Era poco, pero mucho más de lo que recibían los adultos. A cambio los varones recibieron lecciones prácticas de agricultura, con la intención de hacerlos sedentarios, mientras que las niñas siguieron cursos de corte y confección. Muchos acabarían por formar diez años después, iniciada la Segunda Guerra Mundial, los regimientos libios que, integrados en el ejército italiano, combatirían contra los británicos en el Norte de África[22].

Internos del campo de concentración de Soluch, en Libia, esperan el momento en que se les distribuya alguna ropa para cambiarla por sus harapos, infestados de chinches y pulgas.

En total, los campos alojaron en tres años a unos 79 000 internos, casi un tercio de la población de Cirenaica. El 55 % murieron de hambre y enfermedades, en condiciones miserables. A la monarquía italiana no le pareció un mal recurso, lo volvió a utilizar en 1935 cerca de Mogadiscio, en Somalia, para acabar con la insurrección etíope. En ese campo, Danane, de unos 6000 presos fallecieron 3175 tras seis años sometidos a una situación deplorable.

---

[22] Por ejemplo la 1.ª y 2.ª divisiones libias, con 6 batallones de infantería cada una, o la agrupación Maletti, con otros 5 batallones también de infantería. Todos formaban parte del Grupo Divisionario de Libia, a las órdenes del general Sebastiano Gallina.

2

Holocausto

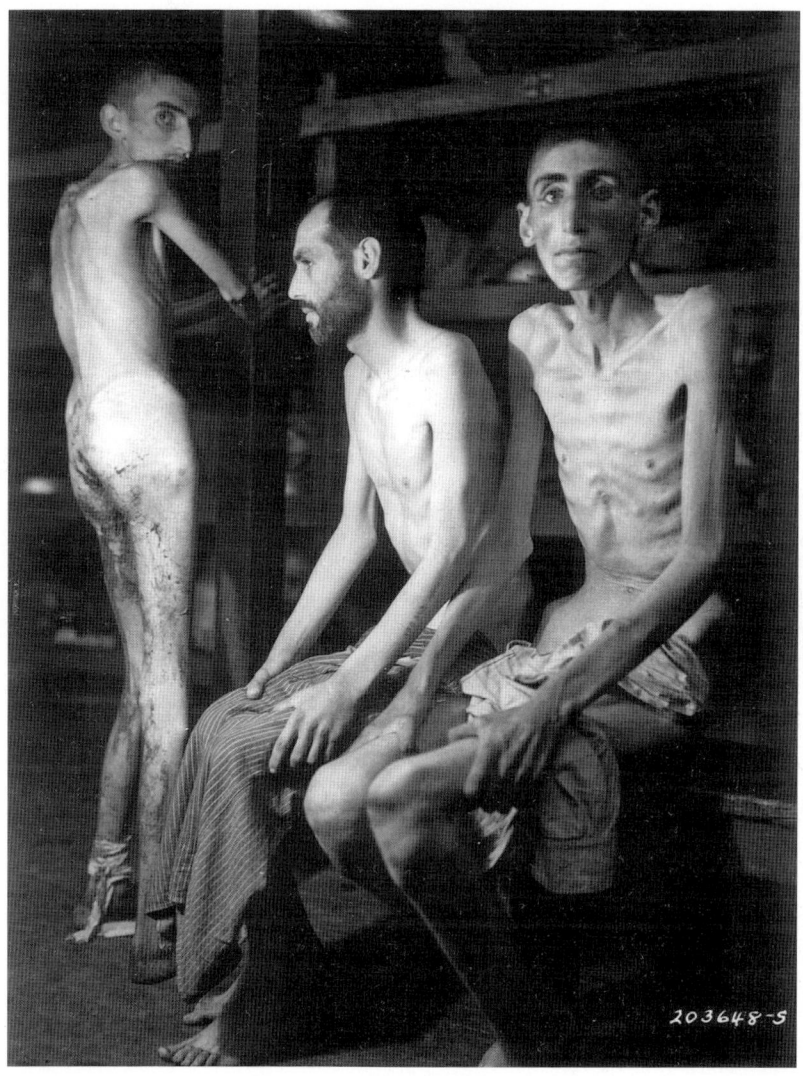

Presos de Buchenwald liberados el 14 de abril de 1945. Ese día llegaron también los primeros fotógrafos de la 166.ª compañía de señales estadounidense, con el fin de obtener imágenes de lo ocurrido e informar al mundo. Los supervivientes empezaron a dejar el campo en grupos, de mayo a agosto de ese año

Todo esto te daré si postrándote me adoras.

Mateo 4, 9.
Tercera tentación a Jesús, tras mostrarle todos los reinos o gobiernos del mundo y su gloria.

Si algo tienen en común los psicópatas es la habilidad para hacerse pasar por gente normal y corriente.

Kevin Dutton

2.1 En manos del destino

El estado policial que instauró Adolf Hitler en Alemania el 2 de agosto de 1934, cuando tras la muerte del presidente Hindenburg asumió simultáneamente las funciones de canciller y presidente, para declararse a sí mismo *führer* —máxima jerarquía del estado y jefe supremo de las fuerzas armadas del *Reich*—, tuvo una prolongación evidente en la necesidad de un sitio seguro donde recluir a sus opositores.

El lugar elegido fue el recién creado —se inauguró el 22 de marzo de 1933—, campo de concentración para prisioneros políticos próximo a Dachau, una pequeña localidad a escasos kilómetros de Múnich. Por entonces, lo suficientemente alejada del principal núcleo urbano de la católica Baviera —aunque hoy sea casi uno de sus barrios—, como para asegurarse las mínimas miradas indiscretas, pero tan próxima que no obligara a largos desplazamientos.

Los acontecimientos que se sucedían en el *konzentrationslager* de Dachau —los campos se denominaban también por su abreviatura KL o KZ—, fruto de 4 meses de obras de edificación en una antigua fábrica de pólvora y 18 de terror aplicado en las calles con arrestos «preventivos» realizados de puerta en puerta, eran mucho más funestos que la comedia que Heinrich Himmler, jefe de las brutales SS encargadas de cimentar el régimen, desarrollaba en el castillo medieval de Wewelsburgo, en Westfalia. Dachau no era producto de las excentricidades de un loco; no era un lugar donde se «reeducase» a los «díscolos»; ni siquiera un sitio donde intentar aplicar esos estatutos lejanamente basados en los ejercicios espirituales de San Ignacio de Loyola que Himmler intentaba imitar asiduamente en la sede de su Orden con secretos rituales. Dachau era algo mucho más simple y trágico: un lugar donde reinaba el mal.

Claro que eso no era lo que pensaba el primer jefe de ese centro de castigo, el coronel Theodor Eicke, un veterano soldado con mínimos estudios que creía firmemente en la disciplina más cruel, y para el que la única manera de tratar con los hombres, ya fuesen amigos o enemigos, era la dureza despiadada. Con Eicke al frente se pasó de la brutalidad indisciplinada de la policía y las milicias SA, al espanto planificado de las SS. Los resultados de sus métodos causaron tan buena impresión a Himmler que lo nombró el 30 de enero de 1934, SS *brigadeführer* y, el 4 de julio, inspector de los campos de concentración y comandante de una unidad recién creada, la SS *Totenkopfverbände*, por entonces un grupo independiente bajo sus órdenes directas destinado solo a la custodia de los campos. Como inspector, dependía de la Oficina Central de Seguridad del *Reich* dirigida por Reinhard Heydrich, del que hablaremos más adelante, y particularmente de la Gestapo; como comandante de la *Totenkopfverbände*[23], recibía órdenes directamente de Himmler. En ambos casos, mientras obtuviese buenos resultados, tenía absoluta libertad de acción.

Los primeros guardias de Dachau fotografiados en el verano de 1933. A pesar de sus normas el campo se presentaba por entonces como un modelo penal. Recibió visitas de funcionarios de prisiones estadounidenses e incluso de dignatarios internacionales.

El sistema de entrenamiento que desde ese momento instituyó el flamante *brigadeführer* para el personal de los campos —y se mantendría hasta el final, incluso aunque él ya no estuviera al frente—, puso en marcha una gran parte de la brutalidad absoluta y la deshumanización característica de las SS. Eicke fue el que entrenó, por ejemplo, a Rudolf Hoess, más adelante comandante de Auschwitz, posiblemente el campo cuyo nombre ha quedado más unido al genocidio judío.

Hoess se unió a las SS en 1933, y no era más que un simple guardia de Dachau en 1934. Si creemos sus memorias, que escribió después de la guerra mientras esperaba ser procesado en una cárcel polaca, una de las maneras más frecuentes con las que Eicke endurecía a sus hombres era hacerles desfilar

---

[23] Es muy frecuente confundir la SS *Totenkopfverbände* —guardianes de los campos—, con la 3.ª división de las *Waffen* SS *Totenkopf* —una unidad de combate—. Lo único que tenían en común, con independencia de valores éticos o morales, era la calavera de plata sobre fondo negro de sus solapas y que muchos de los hombres de la 3.ª división provenían de la SS-TV. Ver nuestra obra *Polvo y terror. Las Waffen SS*. EDAF, 2013.

mientras contemplaban los salvajes azotes que se daban a los prisioneros. Por otra parte muy similares a los que se administraban a los marineros desobedientes de la *Royal Navy* durante el siglo XVIII y principios del XIX, o a los esclavos de las infinitas plantaciones americanas y africanas.

Quizá está afirmación sorprenda a algunos lectores, y piensen que establecemos una comparación, pero no es así. Hay una creencia general —avivada mucho por el cine estadounidense— de que la SS y, sobre todo, la rama de esta que controlaba los campos de concentración, estaba formada por sádicos patológicos; pues bien, quién crea esto se engaña a sí mismo con respecto a los instintos básicos de la naturaleza humana. Son pocos los auténticos psicópatas declarados que se encuentran en cualquier sociedad, y solo algunos estarían realmente empleados en los campos como personal fijo. El resto, hasta los algo más de 40 000 individuos que formaban la plantilla —y eso lo hace mucho más tenebroso—, eran personas «normales». Las mismas que aterrorizaban a sus presos con interrogatorios especiales en sitios tan funestos como las celdas berlinesas de Prinz-Albrecht Strasse 8. Las mismas que intervinieron en actos atroces cometidos por uno y otro bando fuera de los campos. Las mismas que, menos de 100 años antes, en África y en América, eran capaces de castigar hasta la muerte a un hombre con sus propias manos, por el mero hecho de ser de un color diferente.

Es cierto, y eso no puede negarlo nadie, que muchos de los guardias o los interrogadores de la Gestapo gozaban continua y patológicamente con lo que hacían, pero la mayoría de los hombres y mujeres que tenían como trabajo guardar directamente a los presos no eran más que seres toscos, insensibles y poco inteligentes. Precisamente por eso los habían elegido y les habían dado un entrenamiento especial destinado a ponerles en condiciones de llevar a cabo el trabajo que tenían que realizar. Los indujeron a despreciar a los presos y, poco a poco, como en cualquier aprendizaje, se acostumbraron a realizar rutinarios actos de brutalidad contra ellos. No tardaron en familiarizarse con la sangre, la carne lacerada o los gritos de las víctimas atormentadas.

Para la práctica totalidad de los guardianes o guardianas, los campos fueron la oportunidad de alcanzar un rango y un nivel de confianza en las SS al que jamás habrían podido llegar en otro servicio cualquiera. Muchas de sus víctimas, que ingresaban anonadadas ante el dudoso anuncio de que su reclusión se prolongaría «hasta nuevo aviso», eran social e intelectualmente superiores, y por lo tanto sentían hacia ellas una aversión envidiosa. Por su parte, muchos de los prisioneros recién llegados a los campos de concentración pensaron a menudo que revelar su alta condición social, profesional o intelectual, podría proporcionarles algún modesto privilegio durante su cautiverio. Se equivocaron. Solo sirvió para recibir mayores castigos de sus guardianes y un inmediato destino a realizar las tareas más repugnantes que pudieran encontrarse.

Hoess, por seguir con el mismo ejemplo, era un prototipo de esos hombres y mujeres que la elitista nueva aristocracia de las SS necesitaba para desempeñar los trabajos más inmundos y no mancharse las manos. Había participado en un asesinato brutal en 1923 y lo habían liberado en 1928, a pesar de que su condena era de 10 años de cárcel. Su progreso en la SS, fruto de su violenta personalidad, fue de una acusada rapidez. De guardia pasó en 1935 a jefe de bloque y en 1936, a suboficial. Ese mismo año ascendió a segundo teniente y, dos después, lo nombraron comandante del recién establecido campo de Sachsenhausen. Allí permaneció hasta que se fue a dirigir Auschwitz el 30 de abril de 1940. Bajo sus órdenes se organizaron todas las actividades del siniestro recinto hasta diciembre de 1943, cuando fue destituido por protagonizar un escándalo sexual con una prisionera política austriaca: Eleonore Hodys.

Walter Martin Sommer, un sádico patológico que desde febrero de 1938, cuando solo tenía 23 años, convirtió las celdas de detención del campo de Buchenwald en su reino de tortura y asesinato. Según el juez Morgen[24], que lo detuvo por corrupción y excesiva brutalidad, tenía en su habitación sus instrumentos privados de tormento y, a veces, guardaba los cadáveres de sus víctimas bajo la cama. Degradado y trasladado a un batallón de castigo de primera línea de las Waffen SS, sobrevivió a la guerra. No lo juzgaron hasta 1959. Falleció en prisión en 1988.

Hodys, que no era judía y realizaba parte de las labores del hogar en la casa que los Hoess tenían en Auschwitz, se convirtió en mayo de 1942 en su amante. Cuando el comandante se enteró que estaba embarazada, en febrero de 1943, la encerró en una celda para que muriera de hambre. Toda esa infor-

---

[24] A partir de julio de 1943, y durante más de un año, una comisión especial de las SS con plenos poderes formada por los jueces Konrad Morgen y Gerhard Wiebeck, investigaron denuncias de corrupción y malversación de fondos en la mayor parte de los campos.

mación les llegó enseguida a los jueces Morgen y Wiebeck que, de momento, no tardaron en destituir a Hoess, al que además se acusó de corrupción y malversación de fondos. En 1944, Hodys, enferma de tuberculosis, acabaría por testificar ante las SS contra Hoess[25], que había vuelto a Auschwitz por deseo expreso de Himmler para supervisar el asesinato de 430 000 judíos húngaros.

Hoess y su familia. De 1940 a 1944 vivieron en una casa de dos pisos tan próxima a Auschwitz que podían ver los bloques de prisioneros. Un paraíso con cocineros, niñeras, jardineros, chóferes, costureras, peluqueras, limpiadores. Todos, internos de los campos. En abril de 1945, cuando la guerra llegaba a su fin, huyeron al Norte. Se separaron. Su esposa se llevó a los niños y esperó el momento oportuno para escapar a Sudamérica. Hoess fue detenido a 6 kilómetros de la frontera danesa cuando intentaba reunirse con ella. Extraditado a Polonia lo ejecutaron en Auschwitz el 16 de abril de 1947.

Relaciones de ese tipo eran las que, según Eicke, atentaban contra las bases mismas del complejo sistema de campos. «Los prisioneros —decía—, deben ser siempre considerados hostiles y mantenerlos en un estado de sumisión total». Era deber de los guardias demostrarles esa hostilidad. El estado de degradación por falta de higiene en el que las SS mantenían a sus presos tenía precisamente esa finalidad. Era el resultado de una política premeditada que no solo servía para humillarlos y mortificarlos, sino también para que tuvieran un aspecto repugnante a ojos de sus vigilantes. Tenían que ser vistos como miseria humana, que era como se les consideraba ideológicamente; por lo tanto, azotarlos hasta la sumisión, revolcarlos por el suelo, fusilarlos a la menor provocación o, más adelante, llevarlos a las cámaras de gas, constituía un acto

---

[25] Su declaración original se conserva en el *Institut fuer Zeitgeschichte* —Instituto de Historia Contemporánea—, que dispone de sedes en Berlín y Múnich.

de «autopreservación higiénica» administrado por seres humanos de pureza racial sobre una subespecie contaminada. Según la doctrina de la SS eso no constituía ningún acto de sadismo, sino la demostración de una sana inteligencia. Proceder así era la decisión lógica de cualquier persona, que debía de sentir asco ante toda criatura considerada como veneno de la especie humana.

Ese, y no otro, fue el mayor crimen del Nacionalsocialismo: esos principios estuvieran implícitos en su política desde sus inicios, y se le permitió aplicarlos tanto en la vida diaria como en los campos. Con independencia de a quienes albergasen.

Gracias al decreto firmado por Hitler «para la protección de las personas, el Estado, la defensa de los actos de terror comunistas y los que amenazan la seguridad de la Nación», que entró en vigor el 28 de febrero de 1933 —un día después del incendio del *Reichstag*[26]—, Dachau no tardó en quedarse pequeño. Le correspondió entonces el dudoso honor de sumarse al sistema de campos de detención preventiva a Esterwegen, al que siguieron por orden de Hermann Goering, ministro de interior en el estado federal de Prusia, Börgemoor y Neusustrum. Los tres estaban en Emsland, la región de la Baja Sajonia que hace frontera con los Países Bajos. Hasta la década de 1950, poco más que un remoto páramo sin apenas vías de comunicación.

Los trabajos en Esterwegen —el primero de los 15 campos que se construyeron en la zona—, junto a la pintoresca población del mismo nombre con casitas bajas de piedra y adornados pórticos, comenzaron durante el verano de 1933. Sus funciones cambiaron con los años, como un reflejo del desarrollo progresivo de la dictadura nacionalsocialista. A los primeros opositores al régimen —reales o considerados así por los tribunales— condenados a la «reeducación», se les sumaron todos aquellos desafortunados que los juzgados municipales consideraron personas insociables y buena mano de obra para desempeñar los extenuantes trabajos agrícolas con que se pretendían desarrollar los pantanos de Emsland.

Los años pasaron y los campos proliferaron: Sachsenhausen, próximo a Berlín, en 1936; Buchenwald, junto a Weimar, en 1937; Flossenburgo, en el Alto Palatinado, y Mauthausen, cerca de Linz, Austria, en 1938; y Ravensbruck —«Puente de los cuervos»— el siniestro campo exclusivo para mujeres próximo a Furstenburg, en los pantanos de Mecklenburg, en 1939. La mayoría se desdoblaron en centros subsidiarios, lugares de detención de menor tamaño adscritos al campo principal, que funcionaba como su «cuartel general».

---

[26] El incendio, provocado, permitió al canciller Hitler declarar el estado de emergencia, y animó al presidente Paul von Hindenburg a abolir la mayoría de los derechos fundamentales de la constitución de 1919 de la República de Weimar.

El rápido aumento del número de campos de concentración fue consecuencia directa de las operaciones militares dedicada a ampliar el «espacio vital»: la anexión austriaca de marzo de 1938; la incorporación de la región de los Sudetes checos en septiembre; el inicio del programa de detención de judíos en noviembre y la invasión de Bohemia y Moravia en marzo de 1939. Si hacemos caso de los registros que mantenían las SS, a primeros de enero de 1937 «solo» se trataba a unos 8 000 prisioneros; a finales de año, 10 000. Tras las sucesivas oleadas de arrestos después de los acontecimientos de 1937 a 1939, en agosto de ese año, antes de iniciarse la guerra, se había llegado a los 25 000.

Miembros de las SA reciben a prisioneros políticos en el campo de concentración de Oranienburg, Alemania, en 1933. En julio del año siguiente, cuando las SA fueron eliminadas del régimen, el campo quedó también a cargo de las SS. Poco después fue clausurado y reemplazado en la zona por el campo de concentración de Sachsenhausen. Hasta entonces ya habían pasado por sus instalaciones 3 000 reclusos.

Desde principios de noviembre de 1937, solo cuatro de los campos de concentración construidos hasta entonces en Alemania continuaron como tales: Dachau, Sachsenhausen, Buchenwald, y Lichtenburg, en Sajonia, para las reclusas. El resto, pasaron a ser campos de prisioneros dirigidos también por las SS, pero controlados por la administración judicial del *Reich*. Desde ese momento, los presos políticos de Esterwegen fueron trasladados a Sachsenhausen, y sus barracones pasarían a ocuparlos tanto soldados alemanes condenados por los tribunales de la *Wehrmacht*, como miles de soldados aliados. Unos y otros realizarían trabajos forzados en la industria del carbón y el armamento y, a partir del segundo semestre de 1942, se dedicarían también a desescombrar tras los bombardeos aliados.

En los últimos años de la década de 1930, al mismo tiempo que se aumentaba considerablemente el número de campos, comenzó a extenderse entre el pueblo alemán, como «un rumor», que eran centros brutales. Por esa misma época se liberó a muchos presos políticos tras un «tratamiento terapéutico de adaptación» y se les prohibió taxativamente contar su experiencia so pena de volver a ser detenidos para una «rehabilitación adicional». Eso llevó a dos situaciones distintas que, paradójicamente, tuvieron el mismo final: Los que guardaron silencio, acrecentaron los rumores; los que hablaron, por muy cautelosos que fueran, ayudaron a hacer de esos centros de detención la forma de sanción más temida del régimen. Lo que aumentó el temor de oponerse abiertamente al gobierno de Hitler.

La experiencia de casi tres meses en Sachsenhausen de Sigmund Weltlinger[27], que en 1949 sería miembro fundador y presidente de la Sociedad para la Cooperación judeocristiana en Berlín, es una buena muestra de los que ocurría esos primeros años:

> Vinieron a buscarme unos señores muy amables —contó Weltlinger— que me dijeron, «usted ha sido soldado en el frente —se refiere a la Primera Guerra Mundial—, no puede ocurrirle nada. Estará en casa esta noche. Por si acaso, coja lo que más necesite para su aseo personal y afeitado». Me lo creí, y me fui con ellos, pero en cuanto llegamos a Sachsenhausen empezaron los golpes y los empujones. Alguien agarró a un hombre alto y fuerte y él le dijo, «suélteme». Lo cogieron entre tres, lo ataron a un bloque de madera y el comandante del campo lo castigó con 25 latigazos. Entonces vino un SS con un enorme látigo de cuero de buey y comenzó a golpearlo. Al principio solo se quejó un poco, pero luego, con aullidos de dolor, pidió que se detuvieran. El comandante le gritó: «¿Me vas a dar órdenes? Vamos a empezar de nuevo». Le frotaron las heridas con sal y pimienta y, tras otros tres latigazos, se desplomó chorreando sangre. Se lo llevaron a rastras, inconsciente o muerto. Nunca lo vimos de nuevo. Nadie volvió a protestar.

---

[27] Nacido en Hamburgo y de religión judía, Weltlinger fue detenido en la persecución de noviembre de 1938, tras la «Noche de los cristales rotos. Puesto libertad en marzo de 1939, pudo vivir en Berlín hasta 1942. A partir de entonces se ocultó con su familia en una casa de la capital alemana propiedad de unos amigos cristianos.

2.1.1 Punto sin retorno

El comandante del campo era el único responsable de los presos y de su uso como mano de obra[28]. En teoría debía aunar un claro conocimiento técnico de los asuntos militares y económicos con la óptima dirección de grupos de personas, de las que debía lograr el máximo rendimiento. A sus órdenes tenía a varios oficiales como jefes de departamento y a un número indeterminado de suboficiales y tropa, —el que se consideraba adecuado en cada caso—, todos de las SS, encargados de desempeñar las funciones asignadas a cada una de las secciones —comandancia, departamento político, detención previa, administración y sanidad—.

Un kapo pasa lista en Sachsenhausen durante el invierno de 1939 a 1940. Por el símbolo de su pecho son presos políticos o comunes. La fotografía está tomada por la unidad de propaganda de las SS. Nadie tenía permitido hacer filmaciones, tomar fotografías o realizar registros sonoros en un campo sin la autorización del Reichsführer-SS, el jefe de la policía alemana, el jefe de la Policía de Seguridad y el SD o el Inspector de Campos de Concentración.

Para organizar un gran número de presos con el mínimo de guardias, las SS echaron mano de los kapos, nombre con el que se conocía a los *funktion-shäftling*: prisioneros del campo elegidos para supervisar el trabajo forzado o

---

[28] Se rango era el de comandante de un regimiento de las SS. *Reglamento de campos de concentración*. Orden secreta n.º 5 firmada por el *Reichsführer*-SS.

realizar las tareas administrativas. Su presencia permitía minimizar los costes al conseguir que los campos funcionaran perfectamente con mucho menos personal a sueldo.

Una vez seleccionados se enfrentaban a sus compañeros de prisión con las mismas o mayores ganas que los guardias, con el fin de mantener su situación privilegiada —tenían alimentos, cigarrillos y alcohol y no realizaban trabajos duros—, ya que si les retiraban de su posición volvían a ser presos ordinarios y a quedar en manos de otros kapos. Muchos de esos «funcionarios» fueron reclutados entre las filas de violentas bandas de criminales, conocidas por su brutalidad hacia el resto de los presos políticos, religiosos y raciales. Pero no todos. En Buchenwald, por ejemplo, los kapos fueron al principio presos comunes, pero después de 1939 los presos políticos comenzaron a sustituirlos. En Mauthausen, por el contrario, fueron casi siempre presos comunes hasta poco antes de la liberación del campo. Incluso en Auschwitz y muchos otros campos, hubo gran cantidad de kapos judíos.

En cualquier caso, su actitud, siempre y cuando realizaran sus funciones, fue tolerada y alentada por las SS, que los convirtió en una parte esencial del sistema. Es más, en relación con las prisiones actuales el número de guardias que tenían contacto real con los prisioneros era exageradamente pequeño, por lo que sin esa segunda jerarquía de los kapos —en ocasiones hasta un 10 % de los internos—, hubiese sido imposible el mantenimiento diario sin problemas.

Como se partía siempre de que algunas razas eran «superiores» y otros «inferiores», las SS acudían a veces a criterios raciales para elegir a los funcionarios de prisioneros. La categoría del grupo al que pertenecía el individuo a elegir también era un importante factor a tener en cuenta, y el conocimiento de idiomas extranjeros una ventaja. Sobre todo cuando aumento la población internacional de los campos y se prefirió que los que desempeñaban el trabajo tuvieran un cierto nivel de educación.

El puesto más importante que un kapo podía alcanzar era el de *lageráltester* —jefe o responsable del campamento—; le seguía el *blockältester* —jefe o superior de un bloque o sección— y el *stubenältester* —jefe de barracón—. El o la *lageráltester*, bajo el mando directo del comandante del campo, tenía que poner en práctica sus órdenes, garantizar que las rutinas diarias del campamento se realizaran sin problemas y satisfacer las normas superiores. También desempeñaba un papel clave en la selección de otros reclusos como funcionarios, mediante recomendaciones a la SS. Aunque en ese caso la elección final solo dependía del comandante y sus oficiales.

El *blockältester* mantenía al día los registros, tenía que asegurarse de que las reglas fueron seguidas en su sección y era responsable de los prisioneros que vivían en ella. El *stubenälteste* controlaba la higiene, la desinfección, y el orden de cada barracón. Fuera del campamento los equipos de trabajo eran supervisados por un *vorarbeiter* —capataz—, un kapo, o un *oberkapo* —kapo principal—. Ninguno dudaba en empujar a sus compañeros de prisión, castigarlos o golpearlos hasta la muerte.

Un preso ambicioso podía tener una buena «carrera» en el campo como favorito de las SS y ser promovido a kapo, *oberkapo*, e incluso a *lageráltester*. Con la misma facilidad, cualquier conflicto con las SS, por mínimo que fuera, podía hundirlo de inmediato en un infierno.

Kapos judíos, tanto hombres como mujeres, en el campo de Belzec, Polonia, a 160 kilómetros de Varsovia. Sus condiciones de vida eran muy distintas a las del resto de los presos. Belzec comenzó a funcionar como campo de exterminio, con tres cámaras de gas de monóxido de carbono, el 16 de marzo de 1942. Fue desmantelado el 8 de mayo de 1943, el terreno se deforestó y se convirtió en una granja.

En el sistema penitenciario alemán —como ocurría en el de buena parte del mundo—, los presos no podían llevar una vida ociosa. Parte de su «tratamiento terapéutico ideológico» era el trabajo. De inmediato se incorporaban a actividades como cultivar la tierra, ampliar los campos ya existentes, construir nuevos, o realizar infraestructuras. No había que ser muy listo para comprender que, si crecía el número de presos, esa mano de obra podría convertirse en algo de provecho para las SS, de forma que la organización pudiera autofinanciarse en vez de depender de los fondos del estado. Desde el mismo momento en que se adoptó esa idea, el objetivo principal de los campos se convirtió en algo mucho más práctico y sofisticado que la regeneración de unos ideales o la separación de razas y, por eso mismo, significativamente más tenebroso.

La jornada laboral —de 10 a 11 horas diarias incluso en el caso de trabajos muy pesados—, era similar en todos los campos, aunque fuera el comandante de cada uno el responsable final de decidir los horarios de diana y apagado de luces. Comenzaba sobre las 5:00 en verano y media hora después en invierno. Los kapos, a golpes y gritos, conducían a los prisioneros hacia la zona de aseo, en la parte central de los barracones. Centenares de hombres devorados por pulgas y piojos. Allí se iniciaban las peleas para poder utilizar los agujeros de las letrinas y lavarse en las grandes pilas en apenas media hora. Sin jabón, solo con algunas toallas sucias y empapadas.

Vestidos con lo poco que tenían, los presos recibían el café del desayuno: cuarto de litro de agua coloreada con achicoria o cualquier otra semilla tostada. Pocos minutos después debían presentarse al primer recuento. Una vez terminado, se reunían en *kommandos* y se dirigían a sus lugares de trabajo escoltados por los kapos encargados. El campo se quedaba prácticamente desierto.

Los prisioneros solo descansaban una hora al mediodía para tomar una sopa aguada de nabos o col, con alguna patata o zanahoria. Se regresaba del trabajo a las 18:00 o las 19:00, según la distancia a recorrer, para formar en la plaza central y realizar el segundo recuento. Luego recibían la cena: un trozo de salchicha o salchichón, o un pequeño pedazo de margarina, y un pan cuadrado que tenían que repartirse entre varios. En ocasiones la zanahoria era sustituida por cualquier hortaliza, la margarina por un trozo de queso fresco y el salchichón por otro embutido. Era el menú de 2300 calorías diarias por preso —hombre o mujer— establecido en Berlín. Muchas menos de las 3500 o 4000 necesarias para hacer frente al trabajo extenuante al que se les sometía. En el caso de los enfermos o los que estaban en periodo de cuarentena, la ración se reducía a la mitad. Solo en contadas ocasiones la comida del domingo podía mejorar algo. Esa combinación de explotación laboral y falta de alimentación era la mayor causa de mortalidad. Entre 1940 y 1945 la esperanza media de vida de un preso se mantuvo siempre entre 5 y 9 meses.

Entre las 20:00 y las 21:00, momento en que se apagaban las luces, debían entrar en el barracón. Dormían en estrechas literas de tres pisos de tablones de madera que se amontonaban unas junto a otras. La mayoría compartidas por tres o cuatro reclusos.

Muchas veces los kapos y los guardias irrumpían de noche en los barracones y obligaban a los prisioneros a salir al exterior para realizar ejercicio físico o someterles a algún otro castigo. Como cualquier cosa que dependa del libre albedrío de una mente trastornada, era peligroso para todos: los presos podían morir o quedar lesionados para siempre; los kapos y los guardias, perder sus privilegios o encontrarse de repente en primera línea del frente ruso, si el comandante no lo consideraba procedente[29]. Al fin y al cabo eran una fuente de beneficios.

---

[29] 1.ª sección del *Reglamento*: «Todo contacto con los prisioneros, por mínimo que sea, que no corresponda al ejercicio de sus funciones está estrictamente prohibido y provocará la expulsión inmediata de las filas de las SS, la detención preventiva y, de ser necesario, el envío a un campo de concentración».

La mayoría de los grandes campos de concentración tenían una cantina donde los presos mejor situados podían comprar cigarrillos y otros artículos. Un cigarrillo solía costar de 10 a 20 pfennings y cada preso recibía entre 50 pfennings y 4 *reichmarks* a la semana, según su nivel de competencia.

Trabajos forzados en Mathausen con el granito obtenido de su propia cantera. En agosto de 1940 comenzaron a llegar al campo exiliados españoles de la Guerra Civil deportados por Francia. En total serían unos 7300. A su uniforme se le cosió un triángulo azul de apátridas con una S —Spanien—.

A finales de 1941 Himmler mandó crear diez burdeles en los campos, el primero en Mauthausen y el mayor en Auschwitz. Las mujeres, unas 200, que en su mayoría procedían de Ravensbrück, fueron seleccionadas en función de su apariencia, con una media de edad de 23 años. Tenían que ser arias o eslavas. No se admitían judías. Al principio se las convenció de que «otorgaran sus favores sexuales» con la promesa de que serían puestas en libertad en un plazo máximo de seis meses, lo que nunca se hizo realidad. Luego ya solo fue a cambio de algo más de comida, algún regalo de los presos o menos malos tratos por parte de los guardias.

Una vez seleccionadas en Ravensbrück se las presentaba desnudas a los oficiales de las SS y a los médicos del campo para su inspección. Después, se las alimentaba para que ganaran algo de peso y se les daba útiles de aseo, maquillaje y ropa. La mayoría fueron sometidas a esterilizaciones para evitar embarazos que, de producirse, se interrumpían. Para sobrevivir, las nuevas tenían que atender a un mínimo de 3 y un máximo de 15 reclusos por noche, entre las ocho y las diez, domingos por la tarde —el momento considerado de descanso para el resto de los internos—, incluidos.

Auschwitz. «Arbeit macht frei» —«El trabajo os hará libres»—, que se puede encontrar en varios lugares de algunos campos de concentración, por ejemplo, en las puertas de entrada, parece particularmente cínico desde el punto de vista actual, pero era una forma de pensar habitual en todas las sociedades de la década de 1930. Solo Buchenwald, con el lema «Jedem das Seine» —«A cada uno lo que se merece»—, en su puerta principal, muestra la auténtica filosofía aplicada por el nacionalismo.

Una visita a una de las pequeñas habitaciones con el espacio mínimo para una cama de que disponían los *Sonderbaracke* era un privilegio reservado a muy pocos. Para ello tenían que rellenar formularios, someterse a controles médicos, aplicarse pomadas en los genitales para evitar enfermedades de transmisión sexual y «perpetrar el acto» en un plazo máximo de 20 minutos. Tumbados —no se permitía ninguna otra posición— y bajo la atenta mirada de un guardia desde una mirilla. Los arios podían fornicar con arias, los eslavos con eslavas, sin mezclas. Los judíos, prisioneros políticos, soldados enemigos, gitanos y homosexuales, estaban excluidos.

2.1.2 *Las razones económicas*

A principios de 1934, Oswald Pohl, de 42 años, un oscuro oficial de escaso rango de la intendencia naval, que acababa de incorporarse a las SS como *standartenführer*, se hizo cargo por orden de Himmler del SS *Wirtschafts-Verwal-*

tungshauptamt —abreviado SS-WVHA—, la sección responsable de la administración, finanzas, sistemas de suministro y proyectos empresariales de la *Allgemeine-SS*, lo que podríamos denominar la «gestión de negocios» de la organización. A la larga, su mayor rival sería Heydrich, que despreciaba esa opción de ganar dinero mediante el trabajo esclavo y consideraba que los campos de concentración debían ser centros de castigo y, más tarde de liquidación. Himmler por el contrario, fiel seguidor de esa elemental política de Hitler que consistía en dividir para ganar, se limitó a apoyar las dos opciones y a esperar.

Pohl[30] se encargó enseguida de organizar dos grandes empresas: Deustsche Ausrüstungswerke —para la industria de armamentos— y Deustche Erd- und Steinwerke —canteras—, para emplear a los obreros en obtener piedra, picar grava y fabricar ladrillos y cemento. Con ellas, el control y la administración de los campos crecieron en complejidad durante los años anteriores a la guerra. Ni Wilhelm Frick, el principal político nacionalsocialista, que ejerció como Ministro del Interior desde enero de 1933 hasta agosto de 1943[31], ni Franz Gurtner, Ministro de Justicia, pudieron nunca pedir cuentas de su funcionamiento a las SS ni a la Gestapo.

El alquiler de los enormes recursos de mano de obra se convirtió en un negocio de gran envergadura. La SS-WVHA controlaba todo el ciclo de producción, desde la extracción de materias primas hasta la fabricación y distribución, ya fuera directamente —a través de una compleja red de empresas ficticias creadas por Pohl— o con su intervención en empresas de propiedad privada, en las que se negoció el uso en sus fábricas de mano de obra esclava.

Todas las firmas comerciales, pero especialmente las dedicadas al ramo de la guerra, fueron alentadas, por no decir obligadas, a que solicitasen a la Oficina Económica Principal la mano de obra sin cualificar que necesitasen. El precio era de 4 a 8 marcos diarios por cada hombre empleado, según la utilidad de cada uno. El coste de mantenimiento por prisionero se estimó en la insignificante cantidad de 30 pfennings por día, ya que su vestuario era andrajoso y por alimentos recibían únicamente los necesarios para vivir.

Los contratos establecían el número de presos necesario, el tipo de trabajo que realizaban, el número de guardias de las SS que se asignaba para su custodia, la comida y el alojamiento que los presos debían recibir y, sobre todo, la cantidad diaria que las empresas debían pagar a las SS por los pri-

---

[30] Pohl, acusado de crímenes de guerra en los juicios de Núremberg por su relación con el funcionamiento de los campos de concentración fue ejecutado en la prisión de Landsberg el 7 de junio de 1951.

[31] Obra de Frick son las leyes de esterilización forzada, por ejemplo.

sioneros. Decenas de compañías como Heinkel, IG Farben[32] —*trust* que dio lugar en la posguerra a BASF, Hoechst, Agfa o Bayer—, Junkers, Krupp, Messerschmitt, Salzgitter AG o Siemens-Schuckertwerke, se beneficiaron de ese sistema. En lugares como el complejo Mauthausen-Gusen-Sankt Georgen y sus subcampos anejos, Pohl gestionó con éxito y total fiabilidad la producción de las principales empresas de armamento —fue el caso de Messerschmitt GmbH o Steyr-Daimler-Puch— y sacó adelante los contratos para confeccionar la ropa y equipos que necesitaba la *Wehrmacht*.

Karl Otto Koch, comandante de Buchenwald, y su esposa, la célebre supervisora del campo, Ilse Köhler. La cuestión económica era primordial para las SS. Como hemos comentado, en julio de 1943 el juez Morgen investigó 800 casos de malversación en todos los campos de concentración. Dieron lugar a 200 acusaciones y numerosas condenas. La más famosa, la de Koch, que fue ejecutado en el mismo Buchenwald por desfalco y el asesinato de dos prisioneros que eran testigos clave contra él.

Si los obreros morían en el trabajo, apenas importaba. Nuevos cargamentos llegaban constantemente. Para evitar su molesto traslado y alojamiento, las empresas construyeron plantas especiales en las cercanías o dentro de los campos. En sus mejores momentos Himmler llegó a plantearse la construcción de fábricas propias de las SS, pero el proyecto nunca llegó a ver la luz.

---

[32] El conglomerado internacional de empresas químicas reunido en IG Farben, que se mantuvo activo como tal hasta 2003, fue el que vendió a las SS el pesticida Zyklon B —cianuro de hidrógeno cristalino— que se utilizó como gas letal en los campos de exterminio. Tuvieron alquilados a las SS entre 50 000 y 400 000 trabajadores a un precio especial. En 1945 los archivos de IG Farben, en los que constaba las firmas que lo formaban y con las que mantenía vínculos —entre ellas algunas estadounidenses que no cesaron sus relaciones a pesar de la guerra—, desaparecieron para siempre.

Una vez iniciada la guerra, la presencia de estos trabajadores llegó a aceptarse en todas partes. Deportados polacos se podían encontrar por toda Alemania reemplazando a los campesinos alemanes, trabajando tranquilamente con la sola vigilancia de un tolerante granjero. Eran los afortunados, los que normalmente eran tratados con humanidad aunque no percibieran salario alguno. Peor suerte tuvieron a los que les tocó en cuadrillas para la construcción de carreteras o fortificaciones, trasladados a menudo desde sus lugares de origen a Europa Occidental, Francia e incluso las islas del Canal de la Mancha, o los que tuvieron que realizar agotadoras jornadas en los polígonos industriales de los campos.

Trabajadores de Dachau en la fábrica que BMW mantuvo en el campo hasta 1945. La fotografía, en la que a todos se les ve en perfectas condiciones físicas, está tomada por la unidad de propaganda de las SS.

En febrero de 1942, puesto que con la invasión de la Unión Soviética las SS también habían obtenido el control operacional de la mayoría de las manufacturas y minería soviética en los territorios ocupados, el WVHA fue ampliado para poder controlar las ya numerosas empresas comerciales de que disponía la organización. Se crearon cinco departamentos —*amter* o *amtsgruppe*— principales: El Amt A, dedicado a finanzas, derecho y administración; el B, a suministro, administración y equipos; el C, a edificios y obras; el D, a campos de concentración —bajo la supervisión del SS *gruppenführer* Richard Glücks[33]— y el W, que controlaba la economía en general.

A partir de ese año, con la orden principal de ampliar la contribución de la SS al esfuerzo de guerra mediante el uso de trabajos forzados en proyectos

---

[33] Glücks, un burócrata mediocre, sustituyó a Eicke el 18 de noviembre de 1939, cuando se fue al frente con su división de las SS. Se mantuvo en el cargo hasta el final de la guerra. A pesar de que se da por supuesto que se suicidó el 10 de mayo de 1945, nunca ha llegado a probarse.

de armamento, fabricación y construcción, el Amt W se convirtió en la división más grande y valiosa del WVHA. Gracias a disponer de un suministro ilimitado de mano de obra esclava proporcionada por los campos de concentración estaba en condiciones de producir y entregar grandes cantidades de productos de forma barata y rápida para el mercado alemán.

Un grupo de oficiales de las SS visitan una mina de carbón próxima a Auschwitz entre agosto y septiembre de 1944, coincidiendo con el periodo más letal del campo. De izquierda a derecha, tras ver como ejercían su labor los trabajadores esclavos, un hombre desconocido, el doctor Heinz Baumkoetter, Gerhard Gerber, el doctor Enno Lolling —apenas se le ve—, Karl Hoecker —comandante de Auschwitz I—, el doctor Eduard Wirths y Alfred Trzebinski. Álbum fotográfico del SS *obersturmführer* Karl Hoecker.

Inicialmente a los presos que trabajaban en los *arbeitslager* —campos de trabajo— se les dio mejores condiciones que de costumbre. Pero desde finales de 1942, el Amt W exigió conseguir tasas más altas de producción sin aumentar las raciones de alimentos o la prestación de mejores condiciones de vida. Como resultado, los guardias de las SS echaron mano de una desproporcionada brutalidad para conseguir que las *strafkompanies* alcanzaran sus objetivos.

En 1945, dependían de la SS-WVHA más de 500 empresas en toda Alemania, con algunos productos como el agua mineral Apolinar o la fina porcelana de Allach, en exclusiva. Además, a través de cualquiera de sus unidades subsidiarias, buena parte de sus compañías gestionaba la mayoría de la tierra y bosques; las canteras; las fábricas de cemento, ladrillos y materiales de construcción; las panaderías y los complejos de procesamiento de carnes y pescados; la fabricación de armas, ropa militar y accesorios; los talleres de pequeñas reparaciones; la edición de libros y revistas; el diseño y producción de muebles de madera; la adquisición y restauración de arte y la producción de acero laminado.

Heinrich Himmler, segundo por la derecha, durante su visita en marzo de 1941 a las obras de construcción en Auschwitz de IG Farben. Las primeras pruebas con Zylon B se realizaron el 3 de septiembre de ese año sobre 600 prisioneros de guerra soviéticos y 250 prisioneros enfermos o débiles, en el sótano del edificio 11 del campo original.

También se comerciaba con los cadáveres: la grasa humana era destinada a la elaboración de jabón; los huesos calcinados y reducidos a polvo se destinaron a fabricar fosfatos o Auschwitz, por ejemplo, vendió 60 toneladas de cabello a la firma Alex Fink, productora de fieltro. Beneficios que, en la fase más horrible y criminal del Holocausto, Pohl y Walther Funk, ministro de economía del *Reich*, sumaban a los objetos de valor incautados a los reclusos a su llegada a los campos de exterminio, como relojes de oro, anillos, empastes dentales de oro, gafas, o dinero. Todo se enviaba a Berlín en cajas marcadas por el WVHA para su procesamiento en el *Reichsbank*, dirigido por Emil Puhl. Entre agosto de 1942 y enero de 1945, llegaron a la capital alemana un total de 76 transportes del WVHA.

Himmler estaba entusiasmado con esos dividendos y decidido a ampliarlos. No tanto con la política de exterminio en sí. Su posición en cuanto a los campos era doble, y como tal hay que entenderla. Cuando visitó Auschwitz por primera vez el 1 de marzo de 1941, su principal interés fue el desarrollo económico del trabajo esclavo. De hecho su viaje fue para inspeccionar las posibilidades de alojar a la mano de obra que necesitaba IG Farben. Por el contrario, durante su segunda visita, el 17 y 18 de julio de 1942, decidió presenciar el «proceso» —un eufemismo para denominar el exterminio— de un grupo de improductivos prisioneros judíos[34]. Aquello le produjo náuseas. ¿Por qué estuviera en contra? No. Porque no era un sistema limpio, y sus costes comenzaban a dispararse.

2.2 La cuestión racial

El 1 de septiembre de 1939, las tropas alemanas cruzaran la frontera polaca. Pocas semanas después, la política del *Reich* hacia los judíos cambió de la emigración voluntaria a la deportación forzosa.

El día 21, tras una reunión con Himmler en Berlín, las órdenes que Heydrich trasladó a su personal fueron terminantes: reunir a los judíos y gitanos en las ciudades en Polonia con buenas conexiones ferroviarias para facilitar su expulsión de los territorios que se habían incorporado directamente al *Reich* y, desde allí, su traslado al Gobierno General —la parte de Polonia ocupada pero no incorporada—, junto a otras personas consideradas despreciables.

Se pretendía liberar espacio para los 250 000 polacos de estirpe germana procedentes de la zona del país que se habían quedado los soviéticos, y eso suponía desplazar a 500 000 judíos hasta el Gobierno General, que se sumaban al 1 500 000 que ya estaban allí. Una repentina acumulación de gente «indeseada» que no se había previsto tan bien como se suponía. Muchos fueron asesinados, otros encerrados en guetos, y el resto enviados como mano de obra a los ya abarrotados campos, que por más que en el territorio conquistado se empezaran a construir otros nuevos lo más rápido posible, se habían quedado pequeños.

Polonia, a diferencia de otros territorios ocupados, se convirtió a partir de ese invierno en un estado esclavo en el que los intereses de los ciudadanos se subordinaron completamente a los de sus dominadores. Desde ese momento, los polacos se convirtieron solo en mano de obra para realizar trabajos pesados.

El 18 de octubre, para encontrar una solución al problema de los desplazamientos, la oficina de Heydrich puso en marcha el Plan Nisko. Se había

---

[34] Estaban operativos por entonces en Birkenau las cámaras de gas «La casa roja» —Búnker 1—, desde marzo, y «La casa blanca» —Búnker 2—, desde principios de abril. La demostración a la que asistió Himmler fue en Búnker 2.

desarrollado a finales del mes anterior y pretendía crear una gran «reserva judía» entre las ciudades de Lublin y Nisko, en el Gobierno General, con varios campos de concentración y de trabajos forzados. Aunque quedaba muy bien sobre el papel, el 23 de marzo de 1940 la idea se abandonó por razones pragmáticas: era cara e ineficaz. Habría que tomar otras medidas.

Desinfección de nuevos internos en el campo de Buchenwald, en otoño de 1939. En su mayoría procedían ya de las deportaciones de judíos de la recién ocupada Polonia.

Eses cálido verano, mientras varios miembros del gobierno británico consideraban en secreto la opción de una paz negociada y la embriagadora euforia de la victoria sobre Francia le permitía a Alemania pensar que había ganado la guerra, Heydrich y sus SD comenzaron a pensar en el futuro. Parecía el instante perfecto para volver a intentar llevar a la práctica nuevas vías que solucionaran el problema de todos los judíos y polacos del Tercer *Reich*, que ahora había ampliado enormemente sus fronteras.

Si lo de la «reserva judía» era una idea que se había revelado imposible de llevar a cabo, con la derrota francesa, el concepto de embarcarlos a todos con destino a su posesión colonial de Madagascar parecía la panacea para los frustrados ingenieros demográficos alemanes. Claro que tampoco es que fuese algo muy original, desde finales del siglo XIX se había propuesto en varios panfletos antisemitas que trataban el futuro de los judíos europeos, no solo en Alemania, sino también en Francia, Gran Bretaña y Holanda, e incluso los gobiernos de París, Londres y Varsovia, habían jugado con esa idea de reasentar a sus judíos en la isla durante buena parte de la década de 1930[35]. El problema era que la planificación práctica era lenta.

---

[35] Un memorando previo presentado a Heydrich en 1937 por sus expertos en temas judíos, preveía lograr la «dejudaización de Alemania» mediante la emigración a países con un «bajo nivel cultural», lo que evitaría el surgimiento de «nuevos centros conspirativos mundiales» en otros más avanzados. Además de Madagascar, se abogó como posibles áreas futuras por Ecuador, Colombia o Palestina.

Heydrich informó de inmediato a Himmler acerca de las nuevas posibilidades. Himmler, a su vez, le presentó a Hitler un memorando sobre el «tratamiento de poblaciones extranjeras en el Este» que preveía, «por medio de la emigración a gran escala, ver completamente extinguido de Europa el término *judío*». Por entonces Himmler, por «propia convicción», aún rechazaba «los métodos bolcheviques de aniquilación física de un pueblo por no considerarlo propio de los alemanes y, además, imposible», por eso abogaba por la migración forzosa como una posible solución no genocida. Sin embargo, en su sugerencia se solapaba la maquiavélica idea de que cualquier asentamiento colonial carecería probablemente de las condiciones básicas necesarias para la supervivencia de todos los judíos deportados, lo que implicaba la muerte de buena parte de ellos. En cualquier caso, Hitler comentó que el memorando era «muy bueno y correcto» y, durante las semanas siguientes, hizo referencia en numerosas ocasiones el proyecto «Madagascar».

Los primeros planes concretos no fueron elaborados por la RSHA, sino por el nuevo experto en temas judíos del Ministerio de Exteriores, Franz Rademacher, un joven diplomático de carrera que acababa de regresar de su primer destino en Montevideo. Presentó un informe sobre el proyecto a su jefe, el subsecretario Martin Luther, el 3 de junio de 1940, algo menos de tres semanas antes de la rendición oficial francesa en Compiègne. La solución que proponía preveía que Madagascar sería puesta bajo la administración de un gobernador policial alemán que estaría subordinado a la administración del *reichsführer* SS. Con esa estrategia se les garantizaría a los judíos una administración propia en ese territorio y quedarían «en manos alemanas» para garantizar «el buen comportamiento futuro de sus camaradas de raza en América». En resumen, una toma de rehenes.

Heydrich se enteró de inmediato de los planes del Ministerio de Exteriores. Quedó consternado de que alguien se hubiera atrevido a aventurarse en un terreno que consideraba bajo su jurisdicción y actuó con rapidez. El día 24 escribió una carta al ministro de exteriores, Von Ribbentrop, recordándole que, en enero de 1939, Göring le había puesto a él a cargo de coordinar la emigración judía, y exigiéndole que le incluyera en cualquier deliberación futura sobre la planeada «solución territorial». También le recordó que sus políticas de migración forzosa iniciadas en septiembre de 1939 habían tenido mucho éxito, y le indicó que era él, y no el ministerio, quien estaba en la situación idónea para organizar esa necesaria «solución final territorial» que acabaría por completo «con el problema de unos tres millones doscientos cincuenta mil judíos actualmente bajo control alemán».

Heydrich ni siquiera esperó la respuesta de Von Ribbentrop. De inmediato, la RSHA inició los preparativos para un plan exhaustivo de deportación. De acuerdo a sus órdenes, el todavía SS *sturmbannführer* Adolf Eichmann y su equipo, encargados de las deportaciones, comenzaron a recopilar información meteorológica y geográfica sobre Madagascar en el Instituto Tropical alemán de Hamburgo y en el Ministerio de las Colonias francés. También consultaron a representantes de las dos mayores compañías navieras alemanas, Hapag y Norddeutsche Lloyd, acerca de cómo creían que se podrían solucionar las cuestiones relacionadas con el transporte.

¿Cúal era la razón de Heydrich para tomarse tan en serio el proyecto de un gigantesco campo de concentración en Madagascar? Que prometía ser un gran avance respecto al problema judío, pero también que le ofrecía una salida al prolongado conflicto que mantenía con Hans Frank, el poderoso y peligroso gobernador del Gobierno General, que no estaba dispuesto a aceptar más deportados en su territorio. Frank, encantado de que las deportaciones ya no le afectaran, recibió el «Plan Madagascar» con un «enorme alivio».

Familias judías holandesas y alemanas embarcan en un tren en el campo de Westerbork, Holanda, para ser deportadas. El campo lo construyó en 1939 el gobierno holandés para recibir judíos alemanes. A partir de 1940, vigilado por la policía del país, se utilizó como campo de tránsito con destino al Este. Los viajeros no sabían que el ferrocarril, construido especialmente, terminaba en Auschwitz. Salieron de Westerbork 93 trenes.

Evidentemente, Von Ribbentrop aceptó la jurisdicción de Heydrich y dio instrucciones a Rademacher para que continuara con los preparativos en el «mayor acuerdo posible» con la RSHA. En su «Plan para la Solución de la Cuestión Judía» del 2 de julio, Rademacher preveía la creación de un «estado policial» en Madagascar bajo una jurisdicción autónoma —pero controlada por las SS—, con su propia policía y administración postal. Sin embargo, el poder real permanecería en manos de la Policía de Seguridad de Heydrich, la única con «la experiencia necesaria para tomar aquellas medidas punitivas indicadas que pudieran ser necesarias a cuenta de acciones hostiles contra Alemania por parte de los judíos de los Estados Unidos».

Los judíos serían los responsables financieros de todo el proceso de asentamiento en la isla, y todo su capital en Europa sería administradas por un banco europeo especial creado para ese propósito. Todo el proyecto, desde la fase de planificación logística hasta la gestión del estado policial en la isla, sería responsabilidad de Heydrich, al que Göring amplió una vez más el alcance de sus poderes en cuestiones de emigración judía.

La RSHA preveía que, después de que se llegara a una rápida y brillante finalización de la guerra, se embarcaría rumbo a Madagascar a varios millones de judíos más, durante los cinco años siguientes. Los primeros envíos de deportados consistirían principalmente en granjeros, albañiles, artesanos, trabajadores y médicos por debajo de los cuarenta y cinco años que, mediante trabajo forzado, se encargarían de conseguir inmediatamente que las zonas inhóspitas de la isla fuesen habitables. A diferencia de Rademacher, Heydrich pensaba limitar el autogobierno judío a la creación de estamentos que llevasen a cabo las tareas específicas que les encomendasen las SS.

Es sencillo ver que el proyecto anticipaba claramente un enorme número de víctimas mortales entre los deportados, e implicaba un consciente intento de exterminio mediante el esfuerzo físico. Daba igual. Siguió su curso. El 30 de octubre, en una circular dirigida a todos los cuarteles generales de la Policía de Seguridad de Alemania, se describían los «planes para el reasentamiento de todos los judíos que vivían en la esfera de influencia alemana que, después de alcanzar la paz, se llevarían a cabo mediante una evacuación a ultramar». Un mes después, en diciembre, Eichmann le dijo a Bernhard Lösener, el experto racial del Ministerio del Interior, que el «Plan Madagascar» seguía sobre el escritorio de Heydrich a la espera de su aprobación.

Ahí podía seguir, porque en realidad era bastante improbable que pudiera ponerse en práctica. Desde el primer momento, su realización no dependía únicamente de la derrota de Francia, sino también de que se concretase la esperada paz con Gran Bretaña, lo que habría permitido a los alemanes utilizar su flota mercante para las deportaciones previstas. A partir del fracaso de la *Luftwaffe* en la Batalla de Inglaterra y el abandono del plan de invasión alemán de las Islas Británicas, se desestimó también el «Madagascar», puesto que no se podían asegurar las rutas marítimas desde Europa al océano Índico.

La frustración de Heydrich creció inmensamente ese otoño. Era la segunda gran solución territorial que se había ideado y abandonado en apenas un año. Pero si Madagascar ya no era una opción, se pensaría en otra medida.

A lo largo del resto del año y hasta la primavera siguiente, continuaron las deportaciones poco sistemáticas de judíos desde las zonas fronterizas del *Reich* hacia el Gobierno General. De inmediato, las SS comenzaron también a expulsar a los judíos, gitanos, asociales y nacionalistas de la Francia ocupada. Entre el verano y el invierno de 1940, los alemanes deportaron a más de 47 000 personas de Lorena y a otras 24 000 de Alsacia. Además, a otras 71 000 que habían huido de la región durante la invasión, se les impidió regresar.

El barracón de las mujeres en el campo de concentración de Drancy, en las afueras de París, el verano de 1940. Uno de los recintos donde fueron reunidos todos los judíos por las autoridades francesas, a la espera de su traslado a otros destinos.

En las vecinas regiones alemanas de Baden y Sarre-Palatinado, las autoridades locales aprovecharon la oportunidad para librarse de sus judíos. Le propusieron a Himmler que los deportase a la Francia de Vichy, la parte del país que no se había ocupado y cuyo gobierno se le había «cedido» al mariscal Petain. No hubo que repetirlo. El 22 de octubre los escuadrones de policía de la RSHA se abalanzaron sobre los judíos de ambas regiones. Con apenas dos horas de antelación, se ordenó a los deportados que hicieran sus maletas, de no más de cincuenta kilos, para ser trasladados a Francia en trenes. El 22 y el 23 de octubre, 9 trenes, 2 desde Sarre-Palatinado y 7 de Baden, repletos hasta los topes, partieron con más de 6000 judíos alemanes. Las redadas se produjeron «sin fricciones ni incidentes» y «apenas fueron percibidas por la población».

Las autoridades de Vichy los internaron en campos de la frontera francoespañola y se quejaron al Ministerio de Exteriores alemán, que no tenía ni idea de lo ocurrido. Heydrich subrayó que había actuado sin avisar a nadie a partir de una orden del *führer* y Von Ribbentrop se limitó a ordenar que la protesta francesa fuese tratada de «manera dilatoria».

Desde el punto de vista de todos los interesados, estos éxitos y deportaciones a pequeña escala no resultaban satisfactorios. Había que encontrar una «solución total» de la cuestión judía. En noviembre y diciembre de 1940, al mismo tiempo que Hitler tomaba la decisión de caer sobre la Unión Soviética al año siguiente, Heydrich recibió, vía Göring, la orden de Hitler de preparar el primer borrador de un «proyecto de solución final» que se llevaría a cabo finalizada la guerra. Aunque se desconoce la redacción exacta de la propuesta presentada a Göring durante una reunión de dos horas el 24 de enero de 1941, puede imaginarse su contenido a partir de varios documentos presentados con anterioridad.

Un memorando de Eichmann del 4 de diciembre, planteaba cómo veían Heydrich y su círculo la «solución de la cuestión judía» en ese momento. Ya no se menciona Madagascar. En su lugar, se habla del «reasentamiento de los judíos» de la Europa controlada por Alemania en un «territorio aún por determinar». Un proyecto que afectaría a «unos cinco millones ochocientos mil judíos». Un aumento considerable si se compara con la cifra de cuatro millones de judíos mencionada por la RSHA el verano anterior. Entre los deportados se incluían ahora a los de los estados aliados de Alemania en el sudeste europeo y los que vivían en las colonias francesas.

Un segundo informe, escrito en enero de 1941 por Theodor Dannecker, el experto en temas judíos de Heydrich en París, indica igualmente hasta qué punto se habían desarrollado los planes en el verano de 1940: «De acuerdo con la voluntad del *führer* —escribía—, después del final de la guerra, hay que llegar a una solución final de la cuestión judía dentro de la parte de Europa dominada o controlada por Alemania. El jefe de la Policía de Seguridad y el SD ya ha recibido órdenes del *führer* para preparar un proyecto de solución final. Debe implicar la total expulsión de los judíos sobre la base de los planes previos y un detallado programa de asentamiento».

Dado que Hitler ya había tomado la decisión de atacar a la Unión Soviética, es casi seguro que Heydrich contemplase al Gobierno General como un simple punto de reunión para las deportaciones a gran escala de las áreas de la Unión Soviética que serían conquistadas en breve. Solo que no podía hablar abiertamente de eso, sin comprometer el secretismo que rodeaba los preparativos de la «Operación Barbarroja».

El 26 de marzo, apenas unas semanas después de la primera visita de Himmler a Auschwitz, Heydrich se reunió con Göring, Plenipotenciario para el Plan Cuatrienal y Presidente del Consejo de Ministros para la Defensa del *Reich*, para discutir tanto sus propuestas de enero como su futura jurisdicción en los territorios de la Unión Soviética que se conquistasen. Göring aprobó las propuestas, pero «con una enmienda relativa a la jurisdicción de Alfred Rosenberg, nombrado ministro para los Territorios Ocupados del Este».

Miembros de las SD realizan un control sobre los judíos en las calles de Varsovia, Polonia, en mayo de 1941. Pocos meses después, se puso en marcha la «solución final». Los controles fueron sustituidos por arrestos indiscriminados.

Heydrich volvió a presentar su borrador revisado sobre los judíos el 31 de julio, cuando Göring le encomendó formalmente la tarea de iniciar los «preparativos organizativos, técnicos y materiales para la completa solución de la cuestión judía en el área de influencia alemana en Europa, tal y como se le había encomendado en enero de 1939». Para entonces, la época de las expulsiones masivas a los campos de concentración, ya se había acabado hacía dos meses sin los resultados esperados. Era el momento de buscar una alternativa.

Ese verano Heydrich aún contemplaba la «solución final» en términos de reasentamiento forzoso en el extremo más alejado de la esfera de influencia alemana, Siberia incluida. En el contexto de esos traslados, si morían de hambre, sed o agotamiento incontables deportados, le era absolutamente indiferente. Aunque eso era inherentemente destructivo y criminal, todavía no había comenzado a pensar en resolver su problema mediante el asesinato sistemático. La transición gradual hacia el genocidio tendría lugar mientras los blindados alemanes corrían sin freno por las extensas y polvorientas llanuras soviéticas y sus comandos especiales —los *einsatzgruppen*— llenaban de cadáveres el terreno conquistado.

Asesinatos en masa en Vinnytsia, Ucrania, en 1942, a cargo de los einsatzgruppen. *Hubo cuatro grupos, el A, B, C y D. El A, asignado al Grupo de Ejércitos Norte, hasta el 23 de marzo de 1942 al mando del general Walter Stahlecker, ubicado en los países bálticos; el B —Grupo de Ejércitos Centro—, comandado por el general Arthur Nebe hasta octubre de 1941, operaba en Bielorrúsia; el C —Grupo de Ejércitos Sur—, liderado por el general Otto Rasch hasta octubre de 1941, en Ucrania y Rusia Cental; y el D, del general Otto Ohlendorff hasta junio de 1942, desplegado en Besarabia, Crimea y el Cáucaso.*

2.3 El oficio de matar

En otoño de 1941 las actividades de las SS estaban dedicadas ya a tres actividades principales: mantenimiento de la seguridad del estado a cargo de la SD y la Gestapo; explotación de la mano de obra forzosa, y desarrollo mediante los campos de concentración de una operación de genocidio que iba en incremento. Estas dos últimas solapadas en ocasiones, ya que los eslavos, por ejemplo, estaban considerados gente despreciable y se les explotaba hasta la muerte. También era obligación de las SS desarrollar cualquier procedimiento con el que se pudiera lograr una máxima pantalla de seguridad en el movimiento de los prisioneros, la mayor parte de los cuales implicaban enormes recorridos en sus desplazamientos hasta los campos de concentración. Viajaban como cargamentos especiales, amontonados y en vagones de carga —de ganado o de cualquier otro tipo—, que les ocultase de la curiosidad pública.

Una vez que judíos, eslavos, gitanos y prisioneros rusos estuvieron encarcelados en nuevos campos levantados tan rápido como fue posible, se imponía tomar medidas secretas sobre lo que se iba a hacer con ellos. El 13 de octubre, cuando ya se había realizado la primera prueba con Zyklon B, el jefe de la policía y de las SS de Lublin, Odilo Globocnik, recibió una orden verbal de Himmler. El *reichsführer*, que daba ya por hecha la caída de Moscú, le instaba a que iniciara de inmediato los trabajos de construcción en Belzec, en territorio del Gobierno General, de un campo de exterminio. La orden, basada en la experiencia previa de los centros de eutanasia forzada, se anticipaba en tres meses a la conferencia de Wanesse[36], donde se discutirían los términos que darían lugar a la «solución final».

Sobibor, al este de Polonia, el primer campo de exterminio en ponerse en funcionamiento. En octubre de 1943, 17 meses después de su apertura y tras un sangriento levantamiento fallido de los presos, los alemanes cerraron el campo, nivelaron el terreno y plantaron árboles para ocultar su ubicación. No se encontró hasta 2012.

El nuevo campo, construido en secreto por la Organización Todt —la encargada de las obras del *Reich*—, comenzó a funcionar en marzo de 1942. Globocnik, al que se le dio el control absoluto de todo lo referente a sus actividades, recibía sus órdenes directamente de Himmler y Heydrich, y no del *gruppenführer* Glücks.

---

[36] En Gross Wanesee, a las afueras de Berlín, se reunieron el 20 de enero de 1942 un grupo de funcionarios del gobierno y jerarcas de las SS liderados por Heydrich. Por primera vez fijaron en secreto la coordinación de las diversas autoridades para el asesinato sistemático de los judíos y demás «indeseados».

A mediados de año ya habían sido construidos en tierras polacas otros dos campos similares: Sobibor, bajo la dirección del *hauptsturmführer* Franz Stangl, que estuvo operativo en mayo, y Treblinka II, a las órdenes del *obersturmführer* Irmfried Eberl, que se puso en julio en funcionamiento. Ese mismo mes también comenzó su actividad mortal Maly Trostenets, en las afueras de Minsk, en la Unión Soviética, dirigido por el *hauptsturmführer* Karl Streibel.

A partir de ese momento, los asesinatos de judíos por las unidades especiales, que hasta entonces se contaban en miles o decenas de miles, comenzaron a incrementarse rápidamente a centenares de miles, en un ritmo diabólico de vagones repletos de hombres, mujeres y niños destinados a las cámaras de gas, que hacían funcionar a la máquina del exterminio a la máxima potencia.

Quizá las palabras sobre esta tema que mejor definan la posición que mantuvo el *Reich* sean las aberrantes opiniones que Himmler —un hombre que defendía «la creencia en un Dios que hacía a los alemanes ser mejores que los marxistas»—, pronunció en el castillo real de Posen, Polonia, mucho más tarde, el 6 de octubre de 1943, ante 60 mandos responsables de las SS y el Partido:

> Lo que le suceda a un ruso o a un checo no me importa lo más mínimo. Lo que las naciones puedan ofrecernos en forma de buena sangre de nuestro tipo lo tomaremos, si es necesario, secuestrando a sus hijos y educándolos aquí con nosotros. Si las naciones viven prósperamente o mueren de hambre me interesa solo desde el punto en que los necesitemos como esclavos. Si 10 000 mujeres rusas mueren de extenuación cavando una trinchera anticarro, me interesa solamente por lo que respecta a que la trinchera sea terminada para Alemania. Tenemos que enfrentarnos con la pregunta ¿qué hacemos con las mujeres y los niños? Yo no me siento autorizado solamente para «extirpar» a los hombres. No puedo solo arriesgarme a eliminar al hombre y permitir que los niños crezcan con el sentimiento de venganza, frente a nuestros hijos y nietos. Estamos obligados a llegar a la tremenda decisión de que esta gente debe desaparecer de la faz de la tierra.

Según Felix Kersten, su masajista y confidente, «Es la maldición de la grandeza —le decía Himmler en privado— que debe pasar por encima de los cadáveres para crear nueva vida».

Igual que los kapos habían resultado imprescindibles para la organización de los campos, en los de exterminio se creó un nuevo puesto, los *sonderkommandos* —en alemán unidad especial—. Grupos de trabajo integrados por internos que colaboraron en la eliminación de los cadáveres de los prisioneros asesinados. No hay que confundirlos con los *SS-sonderkommandos*, unidades formadas con miembros de las diversas oficinas de las SS entre 1938 y 1945.

HOLOCAUSTO

En la mayoría de los casos, cuando eran elegidos para ese trabajo no se les comunicaba las tareas que tendrían que llevar a cabo, y hubo ocasiones en que descubrieron entre los cuerpos amigos o familiares. Hoy, acusados por muchos sectores de colaboradores, su actuación sigue siendo un punto de controversia al estudiar el Holocausto. Es cierto que no tenían forma de rechazar ese trabajo salvo mediante el suicidio, pero no lo es menos que, puesto que los alemanes los necesitaban, se mantuvieron en relativa buena forma física con unas condiciones de vida mucho menos miserables que el resto de los reclusos.

Los brutales «hiwis» de Karl Streibel[37] *de hilfswillige, literalmente «dispuestos a ayudar»—, soldados soviéticos y voluntarios ucranianos, lituanos, letones y estonios, que sirvieron como guardianes en los lugares de trabajos forzados, los guetos, los trenes de transporte de prisioneros y los campos de exterminio.*

Debido a su profundo conocimiento de todo el proceso de asesinato en masa, sus miembros se consideraron *geheimnisträger* —portadores de secretos— y, como tales, se les mantuvo aislados del resto de prisioneros. Dormían en sus propios barracones mucho menos hacinados, y se les permitió utilizar los alimentos, medicamentos o cigarrillos que llevaban a su llegada al campo los destinados a las cámaras de gas. Además, a diferencia del resto, tampoco solían sufrir los arbitrarios asesinatos al azar que pudieran realizar los guardias. En

---

[37] Streibel desapareció junto a sus hombres el 12 de abril de 1945. Fue localizado en 1970 y llevado a juico en Hamburgo. En 1976 se le absolvió de cualquier delito por falta de pruebas y quedó en libertad, Falleció en 1986.

consecuencia, los miembros de un *sonderkommando* tenían, en teoría, mayores posibilidades de sobrevivir en esos campos de muerte que los demás reclusos.

Algunos de los 120 miembros del sonderkommando *1005 del campo de Janowska, Ucrania, posan junto a una máquina trituradora de huesos —en origen, trituradora de piedras—. Una vez rociados de combustible e incinerados totalmente los cadáveres, se aplastaban los restos contra una fina red en busca de objetos valiosos —se lograron reunir más de 100 kilogramos de oro provenientes de dentaduras y joyas diversas que las víctimas escondían en sus oquedades antes de ser asesinadas—. Luego, los huesos eran pulverizados con la máquina y, junto con las cenizas, dispersos por la tierra para lograr su total ocultación.* Museo Memorial del Holocausto de los Estados Unidos.

Dado que una de las principales premisas del alto mando de las SS era mantener en absoluto secreto la «solución final», lo que en principio les pareció a los miembros de los *sonderkommandos* una posibilidad de sobrevivir se volvió enseguida en su contra. Para que lo que habían visto nunca alcanzara el «mundo exterior» la mayoría de los miembros del grupo, salvo que tuvieran alguna habilidad especial que los hiciera necesarios, fueron también gaseados con regularidad —podían desempeñar su cometido de tres meses a un año, o en ocasiones algo más—, y sustituidos por recién llegados a los campos.

Una de las primeras tareas de los nuevos *sonderkommandos* era encargarse, sin saberlo, de los cadáveres de sus predecesores. Desde el inicio de sus actuaciones hasta la liquidación de los campos de exterminio existieron unas 14 generaciones de *sonderkommandos*, denominados en algunos lugares *arbeitsju-*

den —judíos para el trabajo—, o incluso *hilflinge* —ayudantes—. En Auschwitz-Birkenau los «escuadrones especiales» llegaron a formarlos 400 personas en 1943 y, cuando los judíos húngaros llegaron allí deportados en 1944, su número aumentó a más de 900, para intentar obtener la máxima productividad de las cámaras de gas.

Los psicópatas asesinos de Treblinka II —Treblinka I, a 2 kilómetros, era un campo de trabajo forzado—. De izquierda a derecha, Paul Bredow —disparaba a los judíos con su pistola como pasatiempo—, Willi Mentz —vestido con bata de médico ejecutaba a los judíos ante una zanja en llamas y los arrojaba dentro—, Max Möller —trabajaba junto a Mentz— y Josef Hirtreiter —les partía la cabeza a niños de 1 y 2 años contra las paredes de los vagones[38]*—. Treblinka II era un infierno que ni siquiera disponía de barracones para los presos. Según llegaban los separaban por sexos, los obligaban a desnudarse, los cortaban el pelo y los asesinaban o los llevaban a las cámaras de gas.*

La primavera de 1942, un hecho cambió radicalmente el exterminio previsto. Desde septiembre del año anterior, Heydrich compaginaba sus responsabilidades en la seguridad del estado con el alto cargo de *reichprotektor* de Bohemia-Moravia, por encima del débil Konstantin Von Neurath. Su éxito en destruir la resistencia y cualquier tipo de oposición mediante una represión

---

[38] Bredow, nunca fue detenido, falleció en 1945, acabada la guerra, en un accidente de tráfico. Mentz fue detenido en 1965, condenado a cadena perpetua, lo pusieron en libertad en 1978, falleció ese mismo año. Hirtreiter no fue acusado hasta 1951, puesto en libertad en 1977, murió al año siguiente. Möller desapareció una vez finalizada la guerra.

brutal resultó tan aplastante, que, paradójicamente, fue la causa de su asesinato. El 27 de mayo, cuando se trasladaba como cada día desde su domicilio en las afueras de Praga hasta su despacho oficial en el castillo Hradcany, dos comandos checos entrenados en Gran Bretaña, los sargentos Jozef Gabcik y Jan Kubis, le tendieran una emboscada. Ingresado en el hospital Bulovka de Praga, pareció en principio que sus heridas no eran mortales y se recuperaría, pero al cabo de unos días, su estado se complicó repentinamente, se le declaró una septicemia, sufrió un colapso general y murió el 4 de junio.

Proceso de selección. Las SS dividen en junio de 1944 el transporte de judíos húngaros llegado a Auschwitz-Birkenau en dos grupos. Sus actividades, incluida la colaboración de otros presos en buenas condiciones físicas —a la derecha de los oficiales—, fueron meticulosamente documentadas por los fotógrafos de la organización.

El fallecimiento del principal valedor de la «solución final», unido a los reveses en el frente oriental ralentizó los asesinatos. En octubre, Himmler ordenó a Globocnik que en el plazo de un año se cerraran todos los campos salvo Auschwitz y Majdanek, se repartieran entre ambos todos los internos y se hiciera desaparecer cualquier señal de su existencia. Desde ese momento, y salvo una trágica prueba en Ravensbrück, serían los únicos en los que se utilizaran las cámaras de gas.

2.3.1 *El juramento de Hipócrates*

El hecho de que la causa de la muerte de Heydrich se anotara como «infección de herida» —en el cuerpo lacerado del *reichprotektor* se encontraron incluso restos de la crin de caballo usada como relleno de los asientos—, inició una agria y trágica polémica: el médico de Hitler, Theo Morrell, denunció como mala praxis el uso de sulfamidas por parte del doctor Karl Gebhardt, —cirujano jefe de las *Waffen* SS—, para tratar al herido. Eso dio lugar a que Gebhart se instalara en el campo de Ravensbrück junto a la dermatóloga Herta Oberheuser[39] y se dedicara a experimentar con las prisioneras para demostrar que su tratamiento con sulfamidas al *reichprotektor* no había sido equivocado.

A sus 77 presas seleccionadas como cobayas, en su mayoría polacas, las denominadas *kaninchen* —conejos—, les cortaban la piel, los tendones y los músculos en enormes heridas y luego se las infectaba con estreptococos, gangrena gaseosa y tétanos para intentar curarlas. En otros casos se interrumpía la circulación de la sangre atando los vasos sanguíneos circundantes a la herida y se agravaba la infección insertando en ella restos de vidrio, madera o tierra. O, para estudiar la regeneración de huesos, músculos y nervios, y su trasplante, se extraían secciones a las víctimas que permitieran comprobar los efectos de una lesión similar.

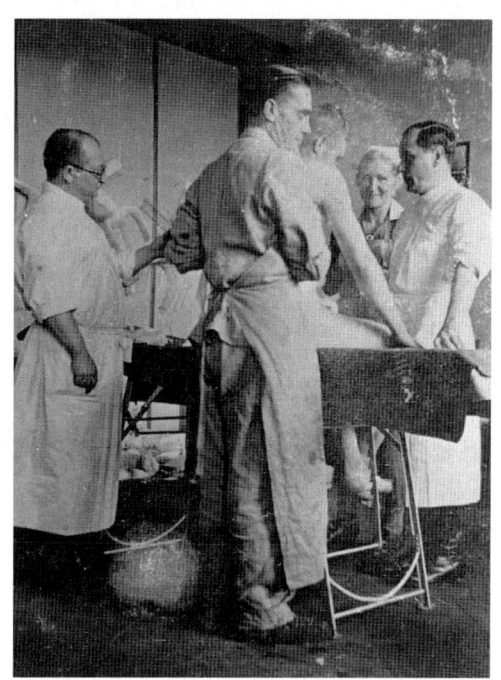

El ginecólogo Carl Clauberg, a la izquierda, y su equipo, en Auschwitz. Himmler encargó a Clauberg dos objetivos: acabar con la infertilidad de las mujeres arias y la esterilización del resto. Para sus experimentos utilizó a 1000 mujeres judías. Su intención era obtener resultados que le permitieran lucrativos contratos de la industria farmacéutica y consolidar su posición política. Capturado en 1945 por los soviéticos, fue condenado a 25 años de cárcel, pero puesto en libertad en 1955. Volvió a ejercer la medicina, fue arrestado en Alemania y llevado a juicio. Falleció el 9 de agosto de 1957.

Luego, algunos casos recibían de nuevo tratamiento con sulfamidas y fármacos de características parecidas, con el objeto de determinar su eficacia. Otros se dejaban tal cual, para ver su evolución. Las pruebas provocaron la muerte, la mutilación, o discapacidades permanentes en las detenidas, pero ni eso ni sus atroces sufrimientos eran un problema, si no la prolongación de una constante en los campos: la experimentación con humanos.

---

[39] Fue la única mujer del grupo de doctores enjuiciados en Núremberg hallada culpable. Sentenciada a 20 años de cárcel fue puesta en libertad pasados solo 10. Falleció en 1978.

Los primeros casos se produjeron en Dachau a partir de 1941 bajo la supervisión del doctor Sigmund Rascher. Miembro de las SS, pero adscrito al cuadro médico de la *Luftwaffe*, se dedicó a experimentar la hipotermia en los prisioneros para establecer en cuanto tiempo descendía la temperatura corporal a un grado tal que ocasionara la muerte. Su intención era aplicar los resultados en los pilotos que fueran derribados. Uno de sus estudios forzaba a los sujetos a resistir el máximo posible en un tanque de agua helada. A los seleccionados, judíos o eslavos jóvenes y saludables, los desnudaban, les introducían firmemente una sonda en el recto para medir su temperatura corporal, los vestían de uniforme o con uno de los trajes de prueba y los sumergían en el agua helada para ver cuánto tardaban en congelarse. Otro de sus experimentos, mucho menos complicado, suponía simplemente mantener a la intemperie por varias horas y con temperaturas bajo cero a los prisioneros desnudos. En ambos casos se supo que la mayoría de los sujetos perdían el conocimiento y morían cuando la temperatura corporal bajaba de los 25°C.

Ahí entraba la segunda parte del plan: buscar las maneras más eficientes de resucitar a los supervivientes congelados. Un proceso tan cruel y doloroso como el anterior. Rascher publicó los resultados de sus experimentos sobre la congelación en una conferencia médica celebrada en 1942. Su estudio *Los problemas médicos derivados del mar y del invierno*, fue muy aplaudido.

Precisamente desde principios de ese año Rascher había cambiado sus objetivos. Ahora prefería utilizar a los prisioneros de Dachau para experimentos cuyo objetivo sería ayudar a los pilotos alemanes que se eyectaran a elevadas altitudes. Para simular esas condiciones de hasta 20 kilómetros de altura, se utilizó una cámara de baja presión en la que se encerraba a los reclusos. Se llegó a comentar que Rascher realizó vivisecciones humanas en los cerebros de las víctimas que sobrevivieron el experimento inicial, pero nunca llegó a probarse ni se presentaron conclusiones de esos experimentos. De los 200 sujetos que se utilizaron, 80 fallecieron durante las pruebas.

Otros trabajos, cada vez más específicos, se realizaron en Sachsenhausen y Buchenwald, desde diciembre de 1941 hasta febrero de 1945, para encontrar vacunas con que curar enfermedades contagiosas mortales. En Buchenwald gran cantidad de reclusos sanos fueron deliberadamente infectados con la bacteria del tifus. Otros fueron utilizados para determinar la efectividad de los tratamientos contra la fiebre amarilla, la viruela, el cólera y la difteria. Al 75 % de los reclusos se le suministraron las sustancias químicas que se suponía los inmunizarían y, después de un periodo de tres a cuatro semanas, se les infectó con gérmenes de la enfermedad a estudiar. El 25 % restante fue infectado sin ninguna protección previa, para comparar la efectividad de las vacunas y las sustancias químicas. Cientos de personas, más del 90 % de las víctimas, murieron.

En Buchenwald también se realizaron entre diciembre de 1943 y octubre de 1944, investigaciones sobre el efecto de varios venenos. Se administraron en secreto con la comida a varias víctimas y se esperó un poco a que hicieran efecto y fallecieran, para realizar la autopsia de inmediato. Si tardaban demasiado en morir, eran asesinadas para completar la investigación. Esos experimentos se alternaron de noviembre de 1943 a enero de 1944, cuando ya los bombardeos aliados eran constantes, con otros para evaluar el efecto de varias preparaciones farmacéuticas en las quemaduras con fósforo. Solo que en este caso a los presos elegidos se les infligían directamente las quemaduras con las sustancias extraídas de las bombas incendiarias.

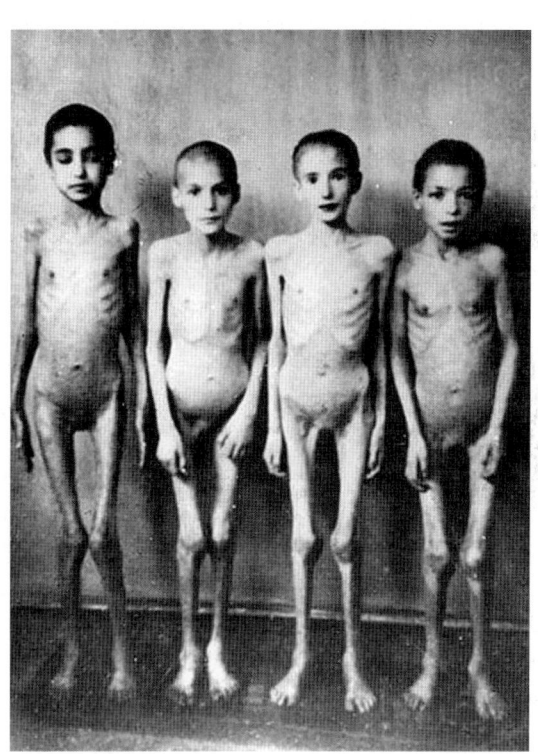

Niños y niñas de Auschwitz víctimas de los experimentos del doctor Josef Mengele. Oficial médico de la división panzergranadier SS Wiking, *con un doctorado en antropología por la universidad de Múnich, solicitó su traslado al servicio de campos de concentración en los primeros meses de 1943. Destinado a Auschwitz-Birkenau, realizó sus experimentos con niños, gemelos, enanos y personas con anomalías físicas hasta mediados de enero de 1945. Acabada la guerra consiguió huir de Alemania el 17 de abril de 1949. La fotografía está tomada por el equipo de Mengele, como estudio de campo.*

Veintitrés médicos fueron acusados entre 1945 y 1946, tras los Juicios de Núremberg de planear y llevar a cabo experimentos médicos sin el consentimiento de los afectados, tanto en pacientes de hospitales como en prisioneros en los campos de concentración, durante los que se cometieron asesinatos, torturas, atrocidades y otros actos inhumanos. Solo 7 fueron condenados a muerte y ejecutados[40].

---

[40] Viktor Brack, Karl Brandt, Rudolf Brandt, Karl Gebhardt, Waldemar Hoven, Joachim Mrugowsky y Wolfram Sievers.

2.3.2 *El campo de las mujeres*

Entre 1939 y 1945 estuvieron presas en Ravensbrück, del que dependían un gran número de campos satélites, unas 132 000 mujeres de más de 40 países, sobre todo de Polonia, Alemania, Austria y Rusia —españolas, estuvieron internadas unas 400, exiliadas de la Guerra Civil—. La mayoría no eran judías, si no prisioneras políticas, gitanas, enfermas mentales o «asociales». Mujeres como la austríaca defensora de los derechos de la mujer, miembro de la Resistencia y socialdemócrata, Rosa Jochmann; o Läthe Leichter, la más destacada feminista socialista de la Viena Roja en la entreguerra. Internadas entre otras cosas por haberse negado a pertenecer a una asociación nacionalsocialista, haber copulado con un judío o trabajado en un burdel. Es decir, por ser consideradas «inútiles» según los principios del gobierno. Algunas, llegaron con sus hijos, la mayoría exterminados, al igual que los cerca de 20 000 hombres que a partir de abril de 1941 fueron destinados a un anexo especial.

Trabajos forzados para las reclusas en Ravensbrück, el gran campo de concentración para mujeres a unos 90 kilómetros al norte de Berlín. Las primeras deportadas, algunas con sus hijos, llegaron en junio de 1939.

Como los hombres, estaban agrupadas según su condición —delincuentes comunes, judías, gitanas, políticas, homosexuales o testigos de Jehová—, marcadas en su ropa con un triángulo invertido de diferente color e, igual que todos los deportados, fueron trasladadas al campo de concentración a bordo de trenes en condiciones infectas. Apiñadas, espalda contra espalda, sin sitio para sentarse y con un cubo en medio del vagón para hacer sus necesidades que se volcaba constantemente con el traqueteo.

Una vez en su destino recibían una ducha de desinfección, les rapaban el pelo al cero y les realizaban un humillante, exhaustivo y antihigiénico control ginecológico para inspeccionar todos los rincones de su cuerpo. Luego las daban un traje a rayas como el del resto de los prisioneros, las asignaban un número con el que a partir de ese momento se las conocería y las ingresaban en la zona de cuarentena. Allí, bajo un frío intenso, morían las primeras, las más débiles.

Elfriede Rinkel, de junio de 1944 a abril de 1945 guardia de Ravensbruck, junto a su perro. A menudo los perros eran azuzados contra los niños o las internas, si no cumplían las órdenes con suficiente rapidez. Rinkel, una de las 3500 jóvenes, solteras y sin educación, principalmente de Alemania y Austria, que fueron empleadas en los campos como aufseherinnen —*guardianas*—, *consiguió marcharse a Estados Unidos al terminar la guerra y se estableció en San Francisco. Allí se casó con un judío al que logró ocultar su pasado.*

Desde ese momento, al sufrimiento generalizado de todos los presos tenían que añadir los de su propia condición de mujer: experimentos médicos, abortos forzados, esterilización y prostitución forzada. Las embarazadas tenían pocas o ninguna esperanza de sobrevivir. Los recién nacidos eran secuestrados, exterminados o dejados morir de hambre, y ellas agonizaban por las malas condiciones higiénicas del parto o se volvían locas por la impotencia de presenciar el asesinato de sus hijos. Muchas a las que se los quitaron no supieron durante años qué pasó con ellos. Los buscaron una vez acabada la guerra con la ayuda de la Cruz Roja. Algunas tuvieron suerte y los encontraron en orfelinatos, pero otras jamás volvieron a saber de ellos.

La jornada en Ravensbrück dirigido al principio por Max Koegel, uno de aquellos primeros guardias de Dachau[41], y desde el 20 de agosto de 1942 hasta su liberación por el *sturmbannführer* Fritz Suhren, comenzaba a las cuatro de la mañana. Se pasaba lista, se repartía el café y, a las 5:30, divididas por brigadas, las presas acudían a realizar labores agrícolas, a trabajar al complejo de Siemens & Halske, —que producía los componentes electrónicos destinados a las bombas volantes V1 y V2—, o a las cercanas fábricas de armamento y manufacturas textiles[42]. Doce horas después, extenuadas, volvían a sus barracones para recibir sobre las 20:00, antes de ir a dormir, el plato de sopa que marcaban las ordenanzas.

Internas polacas liberadas en abril de 1945 del campo de concentración de mujeres de Ravensbruck, hablan con una doctora soviética, a la derecha.

Al mes morían, de promedio, 1000 mujeres debido a las pésimas condiciones higiénicas, la tuberculosis, la disentería o el tifus. El crematorio para incinerar a las fallecidas, que se habían convertido en un problema, se terminó en abril de 1943. Cuando a finales de noviembre de 1944 se desmantelaron las cámaras de gas de Auschwitz, en un intento de esconder sus actividades a las tropas soviéticas, se montó una improvisada en Ravensbrück, ya en la fase final del campo, con algunas de esas partes y varios de sus antiguos encargados. En total, fallecieron de hambre, enfermedades, agotamiento, frío, o asesinadas por los guardias, entre 30 000 y 50 000 mujeres; unas 6000, en la cámara de gas.

---

[41] Koegel fue ascendido y enviado a dirigir el campo de exterminio de Majdanek.
[42] A finales de 1944, para ahorrar tiempo, Siemens construyó barracones en la propia factoría para alojar a las trabajadoras forzosas. Las condiciones de vida eran las mismas que en el campo. Los capataces se encargaban de que las mujeres débiles y enfermas que no cumplían su cupo de trabajo fueran devueltas a Ravensbrück donde, generalmente, las ejecutaban.

Principales campos de concentración del III Reich (I)

Campo	Función	Localización	Creación	Liberación	Víctimas
Auschwitz	Concentración Exterminio	Oswiecim (Polonia)	26.5.1940	Evacuado el 18.1.1945; liberado por los soviéticos el 27.1.1945	1 100 000
Belzec	Exterminio	Belzec (Polonia)	17.3.1942	Desmontado en diciembre de 1942	600 000
Bergen-Belsen	Detención Concentración	Hannover (Alemania)	Abril 1943	Liberado el 15.4.1945 por los británicos	35 000
Buchenwald	Concentración	Buchenwald (Alemania)	16.7.1937	11.4.1945, auto-liberado y ocupado por los estadounidenses	56 000*
Chelmno	Exterminio	Chelmno (Polonia)	7.12.1941	Cerrado en marzo de 1943; reabierto y desmontado en julio de 1944	320 000
Dachau	Concentración	Dachau (Alemania)	22.3.1933	Evacuado el 26.1.1945; liberado por los estadounidenses el 29.4.1945	32 000
Mittelbau-Dora	Subcampo de Buchenwald	Nordhausen (Alemania)	27.8.1943	Evacuado el 1.4.1945; liberado por los estadounidenses el 9.4.1945	20 000
Drancy	Detención	Drancy (Francia)	Agosto 1941	Liberado por los aliados el 17.8.1944	-
Flossenbürg	Concentración	Flossenbürg (Alemania)	3.5.1938	Evacuado el 20.4.1945; liberado por los estadounidenses el 23.4.1945	30 000
Gross-Rosen	Subcampo de Sachsenhausen	Wroclaw (Polonia)	Agosto 1940	Evacuado el 13.2.1945; liberado por los soviéticos el 8.5.1945	40 000
Janowska	Concentración Exterminio	L'viv (Ucrania)	Septiembre 1941	Desmontado en noviembre de 1943	50 000 a 200 000**
Kaiserwald-Riga	Concentración	Meza-Park (Letonia)	1942	Evacuado en julio de 1944	-
Koldichevo	Concentración (Gueto)	Baranovichi (Bielorrusia)	Verano 1942	Desmontado el 17.12 1943	22 000
Majdanek	Concentración Exterminio	Lublin (Polonia)	16.2.1943	Evacuado en julio de 1944; liberado por los soviéticos el 22.7.1944	360 000

* En cursiva, la cifra estimada.

** 200 000 fue la cifra establecida por la Comisión Estatal Extraordinaria soviética.

Principales campos de concentración del III *Reich* (II)

Campo	Función	Localización	Creación	Liberación	Víctimas
Majdanek	Concentración Exterminio	Lublin (Polonia)	16.2.1943	Evacuado en julio de 1944; liberado por los soviéticos el 22.7.1944	360 000
Mauthausen	Concentración	Mauthausen (Austria)	8.8.1938	autoliberado; ocupado por los estadounidenses el 5.5.1945	120 000
Natzweiler-Struthof	Concentración	Natzweiler (Francia)	1.5.1941	Evacuado en septiembre de 1944	12 000
Neuengamme	Subcampo de Sachsenhausen	Hamburgo (Alemania)	13.12.1938	Evacuado el 29.4.1945; liberado por los británicos en mayo de 1945	56 000
Plaszow	Concentración	Cracovia (Polonia)	Octubre 1942	Evacuado en el verano de 1944; liberado por los soviéticos el 15.1.1945	8 000
Ravensbrück	Concentración	Berlín (Alemania)	15.5.1939	Evacuado el 23.4.1945; liberado por los soviéticos el 30.4.1945	50 000
Sered	Concentración	Sered (Eslovaquia)	1.12.1941	Liberado por los soviéticos el 1.4.1945	-
Sobibor	Exterminio	Sobibor (Polonia)	Marzo 1942	Desmontado en octubre de 1943	250 000
Stutthof	Concentración	Danzig (Polonia)	2.9.1939	Evacuado el 25.1.1945; liberado por los soviéticos el 9.5.1945	65 000
Theresienstadt	Concentración	Terezin (Rep. Checa)	24.11.1941	Entregado a la Cruz Roja el 3.5.1945; ocupado por los soviéticos el 8.5.1945	33 000
Treblinka	Exterminio	Treblinka (Polonia)	23.7.1942	Desmontado en abril de 1943.	750 000
Vaivara	Concentración Tránsito	Vaivara (Estonia)	Septiembre 1943	Desmontado el 28.6.1944	-
Westerbork	Tránsito	Westerbork (Holanda)	Octubre 1940	Liberado por los canadienses el 12.4.1945	-

2.4 Liberación

En 1944, la masiva ofensiva soviética de verano en el Este de Bielorrusia aniquiló al Grupo de Ejército Centro alemán y permitió a las fuerzas del Ejército Rojo llegar el 24 de julio al primero de los grandes campos de concentración: Majdanek, junto a Lublin, en Polonia. Había sido construido en octubre de 1941 y desde abril de 1943 funcionaba como campo de exterminio.

Debido al rápido avance enemigo las SS solo habían podido evacuarlo parcialmente y destruir el crematorio, por lo que los medios de comunicación soviéticos pudieron ver por primera vez las atrocidades ocurridas, obtener imágenes y conseguir algunas entrevistas a prisioneros supervivientes. Una semana después, Alexander Werth, corresponsal del *Sunday Times* y de la BBC británica se unió a un grupo de periodistas aliados en una visita guiada por las instalaciones. Lo que vio le sobrecogió:

> Mi primera reacción a Majdanek —contó Werth—, fue una sensación de sorpresa. Me había imaginado algo horrible, pero no lo era. Parecía inofensivo. El campo estaba separado de la carretera por un par de cercas de alambre de espinos y no se veía particularmente siniestro, podría tratarse de cualquier establecimiento militar. Era un lugar grande, pintado de un color agradable y suave. En la avenida central había un gran edificio con el rótulo *Bad und Desinfektion II* —baño y desinfección—. Aquí, nos dijeron, trajeron a buena parte de los deportados.
>
> Su interior era de hormigón, con grifos que salían de la pared. Alrededor había bancos para poner la ropa y luego recogerla. ¿Alguno de ellos sospecharía, mientras se lavaba después de un largo viaje, lo que iba a pasar unos minutos más tarde? Después de lavarse se les pedía pasar a la habitación de al lado; en este punto hasta el más desprevenido debía haber comenzado a preguntarse ¿Para qué? La siguiente sala eran 6 grandes estructuras cuadradas de hormigón, cada una de aproximadamente 4 o 5 metros cuadrados sin ventanas. De pie, desnudos, espalda contra espalda, en grupos y por sexos, se veían obligados a meterse en esas habitaciones oscuras de hormigón para desinfectarse. Cuando cada una estaba llena con unas 200 o 250 personas, cerraban la puerta. Una puerta pesada, de acero, con un enorme perno y una mirilla circular de 12 centímetros de diámetro realizada mediante centenares de pequeños agujeros.
>
> Allí, solo iluminados por la luz que entraba por la mirilla y una pequeña lámpara en el techo, comenzaba el proceso de gasificación. Primero se bombeaba un poco de aire caliente desde el techo y luego caía

el polvo cristalizado azul pálido del Zyklon B, que en el aire húmedo y caliente se evaporaba rápidamente. De 2 a 10 minutos después, todos estaban muertos.

La BBC consideró tan increíble su reportaje que pensó que era un montaje de la propaganda soviética y se negó a emitirlo. No sería hasta la ocupación de Buchenwald, Dachau y otros campos en el frente occidental que su descripción se aceptó como auténtica.

Eso era justo lo que Himmler no quería, que el mundo se enterara de lo sucedido. Decidió retener a los prisioneros útiles para mantener la producción de armamentos mientras fuera posible[43], y ordenó evacuar todos los campos y subcampos hacia el interior del *Reich*. Ningún recluso debía caer vivo en manos de los aliados y todas las pruebas y documentos debían ser destruidos.

Soldados del Ejército Rojo en el verano de 1944 ante parte del destruido crematorio del campo de Majdanek. Ese mismo mes la NKVD, la policía política soviética, lo desinfectó, lo reformó e internó en él a millares de resistentes polacos[44].

---

[43] Algunos líderes de las SS, incluido Himmler, creían irracionalmente que podrían usar prisioneros judíos de campos de concentración como rehenes, para negociar una paz por separado en el Oeste que garantizase la supervivencia del régimen.

[44] Fue algo usual y es poco conocido. Los soviéticos reutilizaron gran parte de los campos de concentración de su sector para internar polacos y alemanes étnicos. Los británicos hicieron lo mismo en los que les correspondieron con los alemanes que había que desnazificar, y los holandeses con Westerbork.

Esos meses de verano y de principios del otoño, la mayoría de las evacuaciones se realizaron en tren, o en el caso de las posiciones alemanas de los Estados Bálticos con las comunicaciones cortadas, por barco. Sin embargo, con el invierno, los aliados llegaron a las fronteras alemanas y su aviación se hizo con el control aéreo, por lo que se decidió evacuar a la mayoría de los presos, tanto del Este como del Oeste, a pie. Cientos de miles de prisioneros exhaustos y hambrientos iniciaron largas marchas forzadas hacia el interior de Alemania. Los que no las aguantaron o no pudieron mantener el ritmo fueron de inmediato asesinados y, junto a los que murieron por el frío, el hambre y el agotamiento, enterrados en los arcenes de las carreteras.

Prisioneros de Mauthausen saludan a los miembros de la 11.ª división acorazada estadounidense tras su liberación. Sobre la puerta principal, en una pancarta escrita sobre sábanas en español, inglés y ruso, se lee: "Los españoles antifascistas saludan a las fuerzas liberadoras". Fotografía tomada el 6 de mayo de 1945 por el soldado Donald R. Ornitz, del US Army.

Los campos se desalojaron según se estrechaban los dos frentes abiertos por los aliados. De Auschwitz, Stutthof y Gross-Rosen los presos viajaron hacia el Oeste —a Buchenwald, Flossenbürg, Dachau y Sachsenhausen—, ese invierno. De Buchenwald y Flossenbürg a Dachau y Mauthausen en la primavera de 1945; y desde Sachsenhausen y Neuengamme hacia el Norte, hasta el Mar Báltico, casi hasta el último día de la guerra. El 1 de mayo, los que habían sido evacuados desde Neuengamme a la costa del Mar del Norte embarcaron en Hamburgo en los buques *Cap Arcona* y *Thielbek*; 7100 personas murieron, entre ellas 6600 prisioneros cuando los británicos los bombardearon el día 3 pensando que llevaban tropas alemanas.

Mientras los aliados avanzaban hacia el corazón de Alemania, los guardias abandonaron muchos de los últimos campos de forma precipitada. Los prisioneros que estaban demasiado débiles para marchar, o se abandonaron a su suerte o fueron asesinados apenas unos días antes de la llegada de sus libertadores. Cuando el 15 de abril Bergen-Belsen, de donde partieron los últimos transportes alemanes, fue liberado, era lo más parecido a una fosa común, lleno de cadáveres, víctimas del hambre y las enfermedades.

Las guardias de Bergen Belsen recogen tras la liberación los prisioneros muertos víctimas del tifus. El 9 de junio de 1945 los británicos quemaron el campo hasta los cimientos. Era imposible reutilizarlo debido a la epidemia de tifus y a que estaba completamente infestado de piojos.

El día 25, soviéticos y estadounidenses contactaron en Torgau, en el río Elba, en el centro del país. Berlín cayó en manos del Ejército Rojo el 2 de mayo. A la semana siguiente, las fuerzas armadas alemanas se rendían de forma incondicional. En el Oeste, el día 7. En el Este, el 9. Solo en los campos de concentración y exterminio, los 12 años del Tercer *Reich* dejaban alrededor de cinco millones de muertos.

2.4.1 El reino de Abaddon

Una vez liberados los campos de exterminio fueron numerosos los testimonios de supervivientes que detallaron los diferentes y atroces sistemas empleados para asesinar de forma masiva a los prisioneros. En esa escalada de terror sin fin, los principales fueron los siguientes:

— Ahogamientos: En algunos momentos y cuando la falta de munición se unía a suelos duros, helados por el frío, que no permitían cavar fosas comunes de forma rápida, se agrupaban varias decenas de prisioneros —hombres, mujeres y niños— a los que se les rodeaba con cuerdas o alambres y se los arrojaba a un río, lago o pantano. La muerte era inevitable.

— Cámaras de gas: Además del tipo que ya hemos descrito, se utilizaron formas menos sofisticadas de gasear a los prisioneros. Las primeras cámaras fueron habitáculos construidos de forma muy tosca, incluso de madera, en las que en apenas 25 metros cuadrados se metían de 500 a 700 víctimas. Una vez encerradas, fuera se ponía en marcha un motor diesel cuyo escape quedaba conectado al interior. El sueño mortal que producía la inhalación de monóxido de carbono era relativamente rápido, pero no lo suficiente como para no saber de forma brutal que ya no había salida.

Una variante rápida y barata era utilizar camiones con las cajas traseras hermetizadas. Dentro se colocaba a los prisioneros de pie y apretados, como si fueran a ser trasladados y, una vez cerradas las puertas traseras, se conectaba un tubo desde el escape del motor hasta la caja y el vehículo se ponía en marcha. Como en el caso anterior, el monóxido de carbono asfixiaba a los prisioneros. Cuando los camiones llegaban a las fosas comunes bastaba abrir las puertas traseras y que los *sonderkommandos*, tras arrancar las piezas dentales de oro y buscar anillos o pequeñas joyas escondidas en los orificios vaginales o anales, sacasen los cadáveres para sepultarlos en fosas comunes —lo más sencillo, pero fácil de descubrir— o quemarlos de inmediato. Un lento y difícil proceso.

Otro tipo de cámaras de las que quedó constancia en Núremberg, aunque su existencia no haya llegado a ser probada, fueron las eléctricas. Según testimonios, tenían suelo metálico electrificado; una vez estaba llena de prisioneros, se activaba la corriente eléctrica y morían electrocutados de forma terrible.

— Ahorcamiento: La forma tradicional de ejecución. Prisioneros fornidos eran obligados a talar árboles y montar con ellos toscas construcciones para colgar a los reos; en grupos eran subidos a los troncos y se les colocaba una soga alrededor del cuello para después derribar el tronco en donde se apoyaban y morir asfixiados.

— Despeñamiento: En las canteras y obras en las que trabajaban los prisioneros esclavizados, a los más débiles o agotados por la fatiga y el hambre se les empujaba al vacío para morir despeñados. A estos muertos habría que sumar los que se arrojaban voluntariamente para terminar con esa tortura de forma rápida y menos dolorosa.

Sonderkommandos *dedicados a incinerar cadáveres en una hoguera al aire libre. También era la forma de ejecutar a quienes informaban a otros presos de lo que realmente ocurría en las cámaras de gas. Si un* sonderkommando *avisaba a los recién llegados de que iban a morir, era introducido vivo en un horno crematorio y asesinado como ejemplo para los demás.* Museo de Auschwitz-Birkenau.

— El hambre: Una forma de morir de inanición era el castigo: muchos prisioneros eran encerrados en grupo y atados a las paredes de una celda para dejarlos morir de hambre.

— El martillo: En algunos campos de concentración y exterminio —sobre todo en la Polonia ocupada— se utilizó un barato sistema de asesinar en masa, similar a la guillotina: se colocaba al prisionero tumbado bocabajo y un martillo enorme accionado por una palanca golpeaba brutalmente su cabeza causándole la muerte inmediata. Se limpiaba la sangre con unos chorros de agua y quedaba dispuesto para colocar a otro prisionero.

— Fusilamientos masivos: En cualquier bosque se reunían centenares o miles de prisioneros a los que se les obligaba a desnudarse. Un grupo de ellos cavaba enormes fosas y, una vez terminadas, se reunía en torno a ellas pequeños grupos desnudos a los que se disparaba indiscriminadamente. Tras ese grupo se llevaba otro y el sistema se repetía. Pueblos y familias enteras fueron asesinadas de esta manera. Se estima que más de un millón de seres humanos.

Un grupo de mujeres polacas esperan con sus hijos el momento de ser fusiladas por uno de los einsatzgruppen. En el centro, ajeno a todo lo que le rodea, vigila un voluntario civil.

— La invitación: Era habitual que los verdugos escogiesen a un prisionero cualquiera y le golpearan. Seguidamente se le suministraba una cuerda o cinturón y se le encerraba en las letrinas o cualquier habitación «invitándole» a suicidarse. Si tras 10 minutos de espera el prisionero no se había suicidado, se le daba otra paliza. Así sucesivamente.

— Las duchas: Era común instalar en las regiones heladas duchas de campaña conectadas a bombas de presión. Los prisioneros eran obligados a desnudarse en mitad de la nieve e introducirse bajo el agua helada de las duchas, por lo que pronto morían de frío. Los SS, armados de varas y látigos, los usaban si algún prisionero intentaba salirse. Una vez que las víctimas habían fallecido, se retiraban los cadáveres para que la misma nieve los sepultase. Una variante de este método era cavar agujeros en la nieve en los que se metía hasta medio cuerpo a los prisioneros desnudos para, una vez inmovilizados, echarles cubos de agua hasta que se congelaran.

Una madre alemana protege los ojos de su hijo. A los civiles, sobre todo mujeres y niños, de las zonas próximas a los campos de concentración, el ejército de los Estados Unidos los obligó a ver las atrocidades cometidas por sus conciudadanos. En esta ocasión, el 3 de mayo de 1945, eran los cuerpos exhumados de 57 rusos asesinados por las SS y arrojados a una fosa común antes de que llegara la 95.ª división de infantería estadounidense.

Cualquiera de todos estos sistemas y muchos más inventados por mentes sádicas y depravadas se emplearían a partir de entonces en los campos de concentración repartidos por el mundo que se complace en denominarse a sí mismo «civilizado».

3

El imperio del sol

Marzo de 1942. Una familia recién llegada en el Pacific Electric *es registrada por la policía antes de ser ingresada en el Centro de Reunión del hipódromo de Santa Anita, California. Paso previo para ser enviada a un campo de concentración, por el mero hecho de ser japoneses. Durante el tiempo que estuvieron detenidos, gran parte de sus bienes fueron saqueados. Cuando los pusieron en libertad, muchos no tenían nada.*

Se debe temer solo aquello que puede perjudicar a otro; lo demás, no, que no da miedo.

Dante Alighieri. *La divina comedia.*
Infierno, Canto II, sentencia 88-90.

3.1 La tierra de las oportunidades

La mañana del domingo 7 de diciembre de 1941, a las 07:48 horas de Hawái —las 03:18 del 8 de diciembre, según la hora estándar de Japón—, Pearl Harbor, la principal base estadounidense en aguas del Océano Pacífico, fue atacada sin aviso ni declaración de guerra previa por la armada imperial japonesa.

El suceso conmocionó profundamente al pueblo estadounidense y llevó directamente a su gobierno a intervenir en la Segunda Guerra Mundial, pero también supuso el inicio de una racista, injusta y cruel persecución de civiles inocentes, cuyo único delito era su lugar de nacimiento.

Apenas una semana después del ataque, el veterano congresista demócrata por Misisipi, John Elliot Rankin[45], paladín de la segregación racial y la supremacía blanca, afirmó en la Cámara de Representantes: «Propongo que se capture a todos los japoneses de América, Alaska y Hawái, se les interne en campos de concentración y se les envíe cuanto antes a Asia. Esto es una guerra racial. La civilización del hombre blanco ha entrado en guerra con la barbarie japonesa. Una de los dos deberá ser destruida. ¡Condenémoslos! ¡Deshagámonos de ellos ahora!». Era el principio de la caza indiscriminada.

La primera demanda pública en la que se pedía internar a los japoneses la hizo el 5 de enero de 1942 John B. Hughes, importante locutor de la respetada y popular *Mutual Broadcasting Company* —una de las cuatro cadenas de radio nacionales—. Poco después, Henry McLemore, columnista de la red de periódicos Hearts —sí, el mismo que había vilipendiado a Weyler en Cuba—, decía a sus lectores: «Apoyo el traslado inmediato de todo japonés de la costa oeste a algún lugar lejano del interior. Y no quiero decir tampoco a un lugar bonito. Que los reúnan como a un rebaño y que los despachen a lo más hondo de las regiones yermas. Dejémoslos que palidezcan, enfermen, tengan hambre y mueran. Personalmente, odio a los japoneses. Y esto va por todos, sin excepción».

A primeros de febrero, una delegación de congresistas de la Costa Oeste escribió a Roosevelt para solicitarle «una evacuación inmediata de todas las personas de ascendencia japonesa, ya sean extranjeras o ciudadanos de los Estados Unidos, de la costa del Pacífico». Su labor se vio apoyada públicamente

---

[45] Rankin, que representó a su estado de 1920 a 1952, era uno de los principales apoyos del presidente Franklin D. Roosevelt. Acababa de proponer un proyecto de ley para prohibir el matrimonio interracial, privar de sus escasos derechos a los negros y reducir los de los blancos pobres.

durante una emisión radiofónica para el sur de California, en conmemoración del aniversario de Lincoln, por Fletcher Brown, alcalde de Los Ángeles.

Brown, con suma rabia, denunció «el enfermizo sentimentalismo, de aquellos preocupados por las injusticias cometidas contra los japoneses residentes en los Estados Unidos». «Si Lincoln viviese —afirmó ante su numerosa audiencia—, detendría a la gente nacida en suelo americano que guardase secreta lealtad al emperador del Japón. No hay la menor duda de que aquel Lincoln, de apacible aspecto, cuya memoria hoy recordamos y reverenciamos, hubiese detenido a todos los japoneses y los hubiese llevado donde no pudieran causar ningún daño». La suerte de los japoneses residentes en Estados Unidos, estaba echada.

«Japs —abreviatura para referirse a los japoneses— fuera de aquí, no sois bienvenidos. Largaos, esto es un vecindario blanco». Lo ocurrido con los japoneses en Estados Unidos entre 1942 y 1945, no fue más que otra muestra de la intolerancia racial de su sociedad.

En realidad, todas estas manifestaciones estaban en consonancia con el sentimiento popular. Desde inmediatamente después de lo ocurrido en Pearl Harbor, a los japoneses se les excluyó de la mayoría de los sindicatos y entre el 8 de diciembre de 1941 y el 31 de marzo de 1942 la «ira antijaponesa» produjo 36 agresiones y 7 muertes. Un sondeo realizado en enero de 1942 acababa de presentar entre sus resultados que el 93% de los encuestados eran favorables a la detención y evacuación de japoneses con pasaporte extranjero. El 59% quería que se expulsara también a los que tenían pasaporte estadounidense y solo un 25% desaprobaba expresamente esta medida.

Finalmente, Roosevelt también se vio arrastrado por la atmósfera de histeria colectiva que se extendía por la nación. El 19 de febrero firmó la orden ejecutiva N.º 9066 mediante la que autorizaba al Departamento de Guerra a crear áreas militares en las que la permanencia de civiles sería decidida por el Secretario de Guerra Henry Stimson. Un eufemismo para denominar los campos de concentración.

John L. De Witt, comandante general de la defensa del Oeste de los Estados Unidos, estableció dos áreas: La 1, que ocupaba el Oeste de Washington, Oregón, California y la mitad Sur de Arizona, y la 2, para el resto de los estados. Luego se encargó de explicarle al Secretario de Guerra que no era considerado un crimen que un civil se negase a cumplir una orden militar. Stimson lo solucionó con una ley que condenaba a todo civil que desobedeciera en un área militar a un año de prisión federal y a una multa de 5 000 dólares.

A primeros de marzo, Roosevelt firmó la Orden N.º 9102 que establecía la autoridad militar de períodos de guerra que operaría en los campos de internamiento. Los lugares elegidos para situar los 10 proyectados fueron zonas desérticas de California, Utah, Idaho, Wyoming, Colorado, Arizona, Arkansas y Georgia[46].

El día 9, la ley que privaba a todos los ciudadanos japoneses de sus derechos se presentó ante el Congreso. Solamente un senador republicano se opuso, pero nadie llegó a atreverse a votar en contra. El día 21 Roosevelt la rubricó, con la que se solucionaban de un plumazo todos los problemas éticos y legales. Para aplicarla, nombró a Milton Eisenhower, hermano del general que sería futuro presidente.

De inmediato, el FBI comenzó el proceso para internar a unos 120 000 japoneses «sospechosos» o a sus descendientes. Casi todos simples miembros de una comunidad unida por lazos de origen afines, pero que vivía su día a día de forma pacífica: sacerdotes sintoístas o budistas, obreros, pescadores, periodistas, profesores de idiomas o sindicalistas. Ninguno estuvo jamás acusado por crimen alguno. Ninguno fue procesado. La operación incluyó también la congelación de cuentas bancarias, la incautación de bienes, drásticas limitaciones en los viajes y los desplazamientos, toques de queda y otras medidas restrictivas.

El propio Stimson se encargó de aclararle a De Witt que los descendientes de italianos no era necesario que fueran molestados, y que solamente el caso de algunos inmigrantes alemanes debía ser considerado. Si eso no justifica que la medida se tomaba solo por una cuestión racial, no hay nada que pueda hacerlo.

De poco sirvió que una apelación presentada por los organismos de defensa de los derechos humanos intentara impugnar el derecho del gobierno a encerrar a personas por razones étnicas. La Corte Suprema de los Estados Unidos rechazó la petición por exigencias de la defensa nacional.

---

[46] Los diez campos fueron Manzanar y Tule Lake, en California; Poston y Gila River, en Arizona; Granada, en Colorado; Heart Mountain, en Wyoming; Minidoka, en Idaho; Topaz, en Utah; Rohwer y Jerome, en Arkansas y Crystal City, en Texas.

A fines de 1941 vivían en los Estados Unidos 280 000 personas de origen japonés: 150 000 en Hawái[47] y 130 000 en el continente. En la segunda quincena de marzo, el ejército preparó la evacuación e internamiento de casi 77 000 de ellos, ciudadanos estadounidenses pero de raíces japonesas —los *nisei*, literalmente, «segunda generación»— y de unos 43 000 más, japoneses de origen —los *isei*—, de los estados de California, Washington, Oregón y Arizona. A lo largo de toda la costa Oeste aparecieron carteles con la orden de presentarse en los puntos de evacuación: «Instrucciones para todas las personas de ascendencia japonesa» —se podía leer en grandes caracteres, en el encabezamiento—. El texto decía: «Todos los japoneses, extranjeros o no, serán evacuados en los puntos arriba citados el martes 7 de abril a las 12.00 horas». Se advertía a los evacuados que debían acarrear sus propios colchones y que solo podrían llevar lo que pudieran cargar.

8 de mayo de 1942. La familia Mochida con todas sus pertenencias, espera su traslado a un campo de concentración. Mochida dirigía un vivero y cinco invernaderos en Eden, Nueva York. Fotografía de Dorothea Lange.

En los apenas 8 días que tenían para entregarse —en algunas partes ese tiempo se rebajó a 4 días y en otras se elevó a 2 semanas—, la mayoría se vieron obligados a mal vender sus viviendas y negocios. Al enterarse de las medidas que les aplicaban y que iban a necesitar dinero en efectivo para sobrevivir, los especuladores compraron todas sus posesiones a precios muy inferiores a los de mercado. Algunos las arrendaron, pero jamás consiguieron llegar a cobrar el alquiler.

---

[47] A pesar de que la razón esgrimida para internar a los japoneses fue la de interés militar, la orden no pudo cumplirse en Hawái de forma estricta. La mayoría de la población, el 38 %, era de origen japonés y era inviable expulsarlos del servicio militar sin poner las islas en peligro. No había suficientes soldados para sustituirlos.

Lo mismo pasó con sus tierras. Poseían solo un 2 % del suelo cultivable de la Costa Oeste, pero su valor, por término medio, era 7 veces superior a la media regional. Una vez puestos en libertad, muchos dueños de plantaciones descubrieron que sus trabajadores se las habían usurpado y vendido a terceros, o que el estado las había expropiado por no pagar los impuestos.

En teoría, los bienes personales que no pudieran transportar —muebles, vajillas, vehículos—, quedarían almacenados al cuidado de las autoridades. Hasta el 80 %, según puede leerse en un informe oficial de posguerra, serían saqueados, robados o vendidos durante su ausencia.

Policía militar estadounidense, con una ametralladora pesada preparada, en el campo de reubicación provisional montado en el hipódromo de Santa Anita. Al fondo, los barracones para los internos. La fotografía está tomada el 4 de junio de 1942.

El Departamento de Estado negó siempre que fueran campos de concentración: «al contrario —publicó—, las zonas donde estas comunidades están establecidas permiten a los japoneses el poder organizarse social y económicamente con la protección de las autoridades centrales de los Estados Unidos». En un artículo publicado en septiembre de 1942 por la oficina de relaciones públicas del ejército, que los denominó desde el primer momento «campos de reasentamiento» o «asilos para refugiados», un oficial se dirigía a los estadounidenses en términos similares y añadía que «a la larga los japoneses sacarán provecho de esta terrible y dolorosa experiencia».

Lo cierto es que los recintos donde los internos pasaron una media de 3 años no eran tan bucólicos. Los rodeaban altas cercas coronadas de alambre de espinos —en ocasiones electrificadas— y disponían de torres de vigilancia con ametralladoras y guardias dispuestos a usarlas.

Los paupérrimos barracones de planta única y una sola habitación de 6 por 7 metros en los que vivían a menudo tres generaciones de una misma familia, estaban cubiertos por cartón alquitranado, lo que en la mayoría de los campos los convertía en un horno en verano y un congelador en invierno. Una bombilla era su único mobiliario, excepción hecha de aquel que los internos pudieron construirse. Algunas veces eran dos o tres familias distintas las que tenían que compartirlos, y se podían dar por satisfechas si no eran de las alojadas en establos recién «reconvertidos», donde el hedor se volvía insoportable en verano.

Los baños, compuestos por hileras de duchas y letrinas, estaban situados normalmente en el centro del campo, lo que significaba dejar aquellas chozas prefabricadas y tener que caminar hasta ellos bajo la nieve y la lluvia. Además, eran un foco de infecciones que llegaron a poner en jaque a las autoridades.

El campo de reubicación de Manzanar, en julio de 1942. Cuando los internos se manifestaron contra las condiciones de vida, y algunas palizas indiscriminadas dadas con bates de béisbol por los guardias, los soldados arrojaron granadas de humo y a continuación abrieron fuego. Hubo 2 muertos y 9 heridos graves.

A cada familia se le entregaron placas con un número grabado para cada miembro, que debían utilizar para identificarse. Todo el correo y las comunicaciones internas se censuraron. Se prohibió usar el japonés en reuniones públicas y los servicios religiosos se suprimieron. A pesar de que a los prisioneros ni siquiera se les había ocurrido poner en duda su lealtad, se vieron obligados a saludar a la bandera, cantar canciones patrióticas y declarar que la nación era «una e indivisible, con libertad y justicia para todos». Fuera cual fuera su delito, ninguna penitenciaria del estado trataba así a un preso adulto, y allí había niños, recién nacidos, ancianos y enfermos.

Sorprendentemente, en un hipócrita alarde sin precedentes, los «traidores» japoneses si eran útiles para la guerra. Al aumentar en los duros combates de la Segunda Guerra Mundial el número de bajas, se decidió alistar «voluntarios» a todos los jóvenes japoneses recluidos en los campos de concentración para completar con sus paisanos hawaianos un batallón. Pero en vez de enviarlos a luchar al Pacífico, donde no se les consideraba muy fiables, se les destinó a Europa.

Su unidad, el 100.º batallón de infantería, a las órdenes del coronel Farrant L. Turner, con todos los oficiales descendientes de japoneses, entró en combate por primera vez el 27 de septiembre de 1943 en Salerno, Italia, donde había desembarcado un día antes. Luego, participaron en los combates de Volturno y Montecassino y, el 26 de marzo de 1944, estuvieron en la cabeza de playa de Anzio. Los *nisei* avanzaron hacia la capital italiana y combatieron entre Lanuvia y La Torretto. Tras 36 horas de fieros y sangrientos combates rompieron la línea alemana y avanzaron triunfantes hacia Roma, pero recibieron la orden del general Mark Wayne Clark de detenerse 11 kilómetros antes de entrar en la ciudad eterna. El alto mando estadounidense no estaba dispuesto a que los italianos y el mundo vieran a los japoneses como libertadores de Roma.

Los retiraron del frente y los enviaron a Los Vosgos, en Francia, para unirse al 442.º regimiento de infantería, el 522.º batallón de artillería de campaña y la 232.º compañía de ingenieros de combate. Todas, unidades integradas por oficiales y tropa de origen japonés.

En total, el regimiento recibió 18 143 condecoraciones —el mayor número de medallas de toda la historia de los Estados Unidos—. A pesar de su heroísmo, sus familias seguían recluidas en los campos de concentración, y ellos no podían entrar en bares, cafeterías o restaurantes de medio país, que mantenían carteles con: «No se admiten japos».

Solo después de que el 18 de diciembre de 1944 la Corte Suprema resolviera la apelación del caso de Mitsuye Endo[48] con un fallo unánime que impedía al gobierno detener a ciudadanos estadounidenses de forma indefinida, se acabó con el Programa de Evacuación. A los dos días de concluir el proceso, el Gobierno anunció que, con excepción de algunos sospechosos, los japoneses eran libres para volver a sus hogares.

Aún no había terminado su agonía. Muy pocos quisieron a los japoneses deportados de regreso. La congresista por California, Clair Engle, declaró: «No queremos a esos japoneses de vuelta y cuanto antes nos deshagamos de ellos mejor». Un sondeo realizado por un periódico de Los Ángeles a finales de 1943 mostraba que los californianos, en una proporción de 10 a 1, votarían por impedir que los ciudadanos de origen japonés se reintegraran en sus vidas normales. En los 6 meses siguientes al desalojo de los campos se produjeron

---

[48] Endo fue seleccionado en julio de 1942 por el abogado de San Francisco James Purcell, como *nisei* asimilado, para presentar un *habeas corpus*: era cristiano practicante, nunca había estado en Japón, solo hablaba inglés y tenía un hermano en el ejército estadounidense. Los tribunales tardaron más de 2 años en emitir un fallo definitivo.

más de 30 agresiones contra la vuelta de los internados. En Fresno y otros lugares próximos, las casas de las familias recién liberadas fueron atacadas. Ese año y los siguientes, las organizaciones antijaponesas se multiplicaron en California y en toda la costa Noroeste. Se mantendrían en plena efervescencia hasta los primeros años de la década de 1950.

Nisei *del 442.º regimiento de infantería, en Los Vosgos, Francia. El 30 de octubre de 1944, en el valle entre los bosques de Biffontaine y La Houssiere, sin apoyo de blindados ni artillería, rescataron con una carga a la bayoneta al 1.º batallón del 141.º regimiento de infantería —la Guardia Nacional de Texas—, que se encontraba rodeado de tropas alemanas. Tuvieron 800 bajas para salvar a 211 hombres.*

Cuando las barreras de los campos se levantaron, los internos, a los que no devolvieron sus ahorros considerados «propiedad enemiga», no tenían nada. «Nos dieron 20 dólares y un billete para el transporte público —afirmó en 2015 en una entrevista Rosie Maruki Kakuuchi, que estuvo detenida de los 15 a los 18 años—. Pero no teníamos donde ir. Fue duro volver a empezar».

3.2 Visiones de Oriente

En 1929, las naciones que aspiraban a defender los derechos de los prisioneros de guerra firmaron la Convención de Ginebra. Entre ellas figuraba Japón. Sin embargo, nunca llegó a ratificar el documento y, en definitiva, los prisioneros de los japoneses nunca llegaron a beneficiarse de la protección prevista en las cláusulas del acuerdo.

Los oficiales y soldados del ejército imperial japonés recibieron de hecho la orden de limitarse a los reglamentos existentes, fechados en 1904, que estipulaban que los prisioneros debían ser tratados «con consideración y nunca deberían ser objeto de crueldades o humillaciones».

El problema es que es esas reglas eran de difícil aplicación, pues había algunos elementos que distorsionaban esos principios hasta hacerlos imposibles de cumplir. Por razones culturales los soldados japoneses, embrutecidos por un sistema militarista brutal que despreciaba la vida y sometía a sus hombres a un trato degradante y humillante que consideraba la rendición una cobardía suprema, y un deshonor, no estaban dispuestos a dar un trato adecuado a los miles de prisioneros con los que de repente se encontraron a partir de la guerra con China de 1937[49]. Como en otras dictaduras, la brutalidad irracional, el odio y el miedo se convirtieron en lugares comunes de la propaganda y la educación. Los errores eran considerados un fracaso o una falta de devoción al Emperador, y tenían como consecuencia castigos, frecuentemente, de tipo físico.

En el ejército, los oficiales agredían y golpeaban a los hombres bajo su mando, la mayor parte reclutas del campo, pobres y semianalfabetos, quienes hacían lo mismo a los de menor rango que ellos o a los nuevos reclutas, y así hasta los escalones inferiores de la jerarquía, donde, obviamente, se encontraban cualquier tipo de prisioneros. La conclusión era que recibían palizas constantes, humillaciones y un trato degradante.

El resultado fue espantoso. Los japoneses mataron a unos 30 millones de filipinos, malayos, vietnamitas, camboyanos, indonesios y birmanos y a algo más de 20 millones de chinos. Saquearon los países conquistados, en un proceso que se extendió de 1931 a 1945. Esclavizaron a millones de personas para trabajos forzados y obligaron a miles de mujeres a servir sexualmente a los soldados del ejército y la armada que se encontraban en primera línea[50].

A partir de la invasión de China en 1937, la falta de escrúpulos, la brutalidad del comportamiento del ejército japonés y el desprecio que tenían hacia sus enemigos, provocó que ni siquiera se llegase a la necesidad de construir y mantener grandes campos de concentración. Directamente

---

[49] Algunos antiguos samuráis establecieron, desde finales del siglo XIX, sociedades y organizaciones patrióticas, como la Sociedad del Océano Negro —*Gen'yosha* 玄洋社, fundada en 1881— y su posterior rama, la Sociedad del Dragón Negro —*Kokuryukai* 黒龍会 o Sociedad del Río Amur—, fundada en 1901. Muy activas, ayudaron a fomentar los sentimientos belicistas y a sustentar la causa ultranacionalista que llevó a Japón a la guerra.

[50] Los prisioneros de guerra de los aliados occidentales tuvieron una tasa de mortalidad del 4 %; la de los prisioneros de guerra aliados en manos de los japoneses fue de casi el 30 %. La tasa de mortalidad entre los prisioneros de guerra de los países asiáticos fue aún mayor, y solo 56 prisioneros de guerra chinos fueron liberados después de la rendición de Japón. El resto habían muerto.

se dedicaron a matar en masa a los soldados capturados. Entre 1937 y 1945, aproximadamente 3,9 millones de chinos fueron asesinados, en su mayoría civiles, como resultado directo de las operaciones japonesas y otros 10,2 millones en el curso de la guerra.

El incidente más conocido fue la «Masacre de Nankín», en China, perpetrada de diciembre de 1937 a febrero de 1938. El ejército japonés asesinó de todas las maneras imaginables, con un salvajismo inhumano, a 200 000 civiles y prisioneros de guerra. Eso si damos por buenas sus cifras oficiales. Esa barbarie continuó como algo habitual cuando la guerra en China se fundió con la Segunda Guerra Mundial. En general se estima que la doctrina de la *Sankō Sakusen* —la política de los «Tres Todos»: matar todo, saquear todo, destruir todo— usada por las fuerzas japonesas en China entre 1942 y 1945, fue responsable de la muerte de más de 2,7 millones de civiles.

Un grupo de cabezas de civiles chinos, ejecutados en Formosa. La decapitación era algo habitual en el ejército japonés. Dos tenientes, Toshiaki Mukai y Tsuyoshi Noda, compitieron en Nankín para ver quién mataba primero con su espada a 100 personas. La prensa publicó en titulares su «Récord increíble de víctimas» —Mukai 106 y Noda 105—, y anunció que prolongaban el concurso hasta llegar a 150.

Iniciada en 1940 por el Ejército de Kwantung, del mayor general Ryūkichi Tanaka, la *Sankō Sakusen* fue aplicada en el país por el general Yasuji Okamura, de forma implacable y con toda su fuerza desde 1942. Él fue quien dividió el territorio de las cinco provincias del Norte —Hebei Shandong, Shensi, Shanhsi y Chahaer— en áreas «pacificadas», «semi-pacificadas» y «no pacificadas» según los resultados obtenidos. Su política la aprobó el Cuartel General Imperial —Orden Número 575—, el 3 de diciembre de 1941.

La estrategia de Okamura incluía la quema de aldeas, la confiscación de grano y la movilización de campesinos para la construcción de viviendas colectivas. También se centraba en la excavación de grandes líneas de trincheras y la construcción de miles de fosos, murallas, torres de vigilancia y caminos. Esas operaciones estaban orientadas a la destrucción del enemigo y la aniquilación de todos los hombres «sospechosos» entre los 15 y los 60 años.

Soldados japoneses practican tiro al blanco sobre prisioneros indios tras la toma de Singapur en 1942. Con un absoluto desprecio por la vida humana, el comportamiento de las tropas imperiales niponas con quienes se rendían fue implacable y atroz.

Los efectos de la estrategia japonesa fueron aún peores debido a las tácticas militares chinas, que incluían ocultar fuerzas vestidas de civil, o el uso de civiles para disuadir a las tropas japonesas de que atacasen. Solo sirvió para animar a los japoneses a cometer aun más atrocidades, como el uso indiscriminado de armas químicas contra la población.

Además de en China, los japoneses extendieron una ola de terror por otros países ocupados —100 000 civiles muertos en Manila en 1945 o cerca de 50 000 en Singapur—. En ese sentido, es obvio que el trato de los japoneses a los prisioneros fue brutal por lo general y los casos de asesinato, por cualquier razón o causa, estuvieron siempre a la orden del día.

3.2.1 Un puente sobre el río Kwai

Los campos de concentración japoneses, —con la notable excepción de la actuación de unidades como el infame Escuadrón 731, que veremos más adelante—, tuvieron como característica principal que el destino de los prisioneros, militares o civiles, fue siempre servir de alguna utilidad a los objetivos del Imperio. Por regla general con trabajos forzados. El propio emperador Hiro Hito ratificó la decisión de eliminar las restricciones del derecho internacional —Conferencias de la Haya de 1899 y 1907— para el tratamiento de prisioneros de guerra chinos en la directiva del 5 de agosto de 1937. Esta notificación también aconsejó a los oficiales dejar de usar el término «prisioneros de guerra», pues la Convención de Ginebra exonera a los prisioneros de guerra a partir del rango de sargento de la actividad manual, y estipula que los prisioneros que realicen algún trabajo deben ser provistos de raciones extra.

Ajenos a todas estas cláusulas, y convencidos de que Asia era solamente un lugar que explotar en su beneficio, los responsables del ejército imperial permitieron que más de 10 millones de civiles chinos fueran reclutados a la fuerza por el *Kōa-in* o «Junta de desarrollo japonés en Asia» para realizar trabajos forzados.

Solo en Java, se estima que entre 4 y 10 millones de *romusha* —término japonés para trabajador manual— fueron obligados a trabajar para el ejército japonés. De ellos, 270 000 fueron enviados a otras áreas ocupadas por japoneses en el Sureste Asiático, de los que únicamente 52 000 fueron de nuevo repatriados a su isla. Eso hace suponer que hubo una tasa de mortalidad del 80%.

Muchos fueron enviados a trabajar en uno de los proyectos japoneses más conocidos de la guerra, la línea férrea para unir Rangún, en Birmania, con Bangkok, la capital de Siam —la actual Tailandia—, el denominado Ferrocarril de Birmania, también conocido como el «Ferrocarril de la Muerte», u otros nombres similares, y que no era sino un medio de transporte para apoyar a las tropas japonesas en la campaña birmana y hacerles llegar armas y suministros.

La idea de hacer un ferrocarril entre Tailandia y Birmania que se pudiera prolongar hasta la India había sido ya estudiada por el gobierno británico desde los primeros años del siglo XX, pero el coste era demasiado elevado como para que el resultado fuese rentable. Sin embargo, tras la ocupación japonesa de Malasia y Birmania, el estado mayor japonés consideró que era necesario mantener una comunicación terrestre que permitiese abastecer a las tropas que combatían en las fronteras de la India y que bloqueaban la ruta de suministro aliada a China[51].

Se pretendía inicialmente enlazar Ban Pong, en suelo tailandés, con Thanbyuzayat, ya en Birmania, a través del Paso de Tres Pagodas. Las obras se iniciaron el 22 de junio de 1942, cuando las tropas japonesas aún no habían completado la primera fase de su campaña birmana, con mano de obra forzada en condiciones de semiesclavitud. Aproximadamente 180 000 trabajadores asiáticos y 60 000 prisioneros de guerra aliados

---

[51] Japón hizo una incursión contra Tailandia el 8 de diciembre de 1941 en el marco de sus operaciones en Malasia. Para evitar una guerra abierta, Tailandia aceptó la influencia japonesa convirtiéndose en el único estado asiático independiente aliado oficialmente con Japón.

Para su trazado, los japoneses no vacilaron en desmontar tramos completos de vías en las Indias Holandesas y Malasia, y transportar todo el material hasta el interior de la jungla. El trabajo se organizó en dos secciones, una en cada país, que debían avanzar hasta encontrarse. Se unieron en Konkuita, a 18 kilómetros al sur del Paso de Tres Pagodas el 17 de octubre de 1943. Había costado la vida a 90 000 asiáticos y 16 000 prisioneros de guerra[52] de los campos adyacentes. Los prisioneros aliados supervivientes, salvo algunos que quedaron para labores de mantenimiento, fueron enviados a campos de concentración de Japón.

Prisioneros británicos y australianos en las obras del Ferrocarril de Birmania. Todavía no habían comenzado a trabajar en doble turno y aún se les ve en condiciones razonablemente saludables. A los japoneses les interesó sobre todo usar a los enemigos capturados como mano de obra, de la que estaban escasos. Nunca los trataron bien. Apenas dieron valor a sus vidas. La fotografía la tomó un preso, George Aspinall, con una cámara introducida de contrabando.

La parte más famosa de toda la línea fueron sin duda los dos puentes sobre el río Kwai. Uno inicial de madera y otro posterior de hormigón y acero[53]. El primero se terminó en febrero de 1943, y el segundo en junio. Las condiciones de trabajo de los prisioneros fueron terribles, especialmente para atravesar el Konyu Cutting, en los montes Tenasserim, con un profundo corte en la montaña de 73 metros de largo y 25 de ancho. Pronto se conoció como

---

[52] 6318 británicos, 2815 australianos, 2490 holandeses y 356 estadounidenses, además de un número mucho menor de canadienses y neozelandeses.
[53] Es el puente del libro de Pierre Boulle *El puente sobre el río Kwai*, sobre el que se hizo una famosa película muy alejada de la realidad.

Hellfire Pass, el «Paso del Infierno». Allí, un lugar en el que a la dureza de las rocas locales se unió la enorme distancia con las zonas de las que provenía el material, la falta de suministros y la escasez de herramientas adecuadas, se trabajó durante seis semanas. Siempre «alentados» por los implacables guardias japoneses, que obligaron a los prisioneros a trabajar hasta la extenuación y castigaron con brutal saña la mínima oposición o resistencia. De hecho 69 presos murieron solo de las palizas recibidas, y unos 650 más, de hambre, agotamiento, disentería y cólera. Eso sería una constante hasta 1945.

Los dos puentes los atacó la aviación aliada. La primera vez, en febrero de 1945, la *Royal Air Force* británica. Fue un éxito, pero los japoneses obligaron de nuevo a los prisioneros a trabajar, hasta reparar los daños. En abril el puente estaba de nuevo en funcionamiento, justo para recibir el segundo ataque. Esta vez lo protagonizaron bombarderos estadounidenses, que lo dañaron seriamente. Acabó por destruirlo la RAF el 24 de junio, con un potente asalto final.

Tras la rendición japonesa el trazado de la línea férrea estaba en muy mal estado y necesitaba ser reconstruido. Los británicos desmontaron casi 4 kilómetros de vía y realizaron un estudio que demostró una pobre construcción incapaz de soportar el tráfico comercial. A pesar de ello, se lo vendieron a los ferrocarriles tailandeses. La construcción, adaptación y mejora se reanudó un par de años después y el 24 de junio de 1949 se terminó la sección desde Kanchanaburi a Nong Pladuk; el 1 de abril de 1952, la siguiente, hasta Wang Pho y, finalmente, el 1 de julio de 1958, la línea llegó a Nam Tok. Actualmente hay en uso unos 130 kilómetros[54].

El caso del Ferrocarril de Birmania no fue único. Los prisioneros aliados y los trabajadores asiáticos también construyeron el ferrocarril del Itsmo de Kra, desde Chumphon a Kra Buri, y el de Sumatra, desde Pankabaroe a Moeara.

3.2.2 Al límite de la resistencia

El 16 de abril de 1943, varios miles de presos británicos y australianos —los británicos de la 18.ª división, al mando del teniente coronel S.W. Harris y los australianos al mando del teniente coronel C.H. Kappe—, fueron trasladados en tren desde Changi, en Singapur, a Bampong, Tailandia. Un viaje de aproximadamente 2000 kilómetros. Allí, organizado por los japoneses como el

---

[54] Hiroshi Abe, oficial japonés responsable de la construcción de la línea en Sonkrai, donde murieron 3 000 prisioneros, fue sentenciado a muerte como criminal de guerra. Se la conmutaron y cumplió al final 15 años de cárcel.

campo de concentración base para las obras del ferrocarril, se reunieron con otros británicos que habían llegado a finales de noviembre del año anterior.

Unos y otros fueron distribuidos en campos más pequeños a lo largo de la línea férrea proyectada. Los australianos tuvieron que realizar una marcha agotadora, muchos descalzos, hasta el campo de Neike a 280 kilómetros al Norte. Buena parte de ellos, sin apenas descanso, tuvieron que continuar hasta quedar repartidos en otros cinco campos secundarios: Shimo Songkurai, Kami Songkurai, Konkoita, Ni Thea y Changaraya.

Shimo Songkurai era el mayor. Unos 2000 hombres llegaron a ese remoto lugar de la jungla entre el 15 y el 20 de mayo. Las condiciones eran terribles. El campo consistía en dos hileras paralelos de chozas destartaladas muy juntas, sin techo, de 3 por 3 metros y medio, y 8 tiendas de campaña para los oficiales. Alojaron a 10 hombres en cada una. Se empapaban si llovía, o cuando el agua bajaba por la cercana colina, al pie de la que les habían situado, para formar un lodazal de sucio barro verde lleno de restos de bambú y todo tipo de desechos. Sobre él pasaban día y noche.

Las instalaciones de cocina eran nulas. El agua estaba restringida a un pequeño arroyo que los japoneses decidieron que solo podrían utilizar para lavarse los hombres que superaran el trabajo diario asignado. Las letrinas consistían en dos trincheras abiertas en la cara de la colina que se elevaba abruptamente sobre el campo y, cuando se llenaban de agua, filtraban su contenido hacia la zona de los barracones. La sarna era moneda corriente, y los piojos hacían apariciones esporádicas. Para ahuyentarlos, se quemaban cuñas de madera en el interior de las cabañas que producían un hedor asqueroso.

El cólera, que ya lo sufrían los *rumusha* que trabajaban en toda la región del ferrocarril, no les dejó ni siquiera instalarse. El primer caso entre ellos se diagnosticó el 16 de mayo. Como los japoneses estaban aterrorizados por esa mortal y contagiosa enfermedad, proporcionaron rápidamente inyecciones. El médico australiano, el comandante Bruce Hunt, también consiguió suero del hospital de Ni Thea, pero aunque se lo suministraron a los presos y se creó rápidamente una zona de aislamiento, el número de victimas, obligadas a vivir entre el barro estancado lleno de vómito, creció de forma alarmante. En una semana, a finales de mayo, hubo 174 nuevos casos y 51 muertes. Los fallecidos, envueltos en sábanas, fueron incinerados en una pira a 6 o 7 kilómetros del lugar habilitado como cementerio. Un espectáculo horrible.

Las tasas de disentería, malaria, beriberi y desnutrición, con todo lo que traían consigo, también eran altas. Cada día solo unos pocos cientos de hombres estaban en condiciones de unirse a los grupos de trabajo en las obras de la carretera o el ferrocarril, que se desarrollaban frente al campamento en largas jornadas sin descanso de 12 o 13 horas diarias. Con el cólera extendido de forma arbitraria, dos grupos de once hombres intentaron escapar las noches del 31 de mayo y 3 de junio. Nunca más se supo de ellos. O fueron capturados y fusilados, o murieron en la selva.

Pese a los intentos del encargado del campo, el teniente Fukuda, las enfermedades y la falta de herramientas hicieron que los trabajos previstos fueran prácticamente inviables. Fukuda acusó a los presos de fingir, y a sus oficiales de no haber contenido la enfermedad. A pesar de ello estuvo de acuerdo en suspender unos días los trabajos y organizar las primitivas instalaciones del campo. Eso realmente era bastante común, aunque las películas muestren lo contrario. La mayoría de los oficiales de ingenieros del ejército imperial japonés tenían buena relación con los oficiales presos —no tanto con los soldados— y, puesto que no podían hacer gran cosa para conseguir suministros médicos, no obligaban a los enfermos a trabajar.

Tres presos de Shimo Songkurai en 1943. Los efectos de la desnutrición se pueden ver en sus cuerpos esqueléticos. El estómago del de la derecha esta distendido por beriberi. Fotografía de George Aspinall.

Se cavaron desagües para las aguas pluviales, se construyeron letrinas cubiertas dentro del campo y, junto a los trabajadores forzados nativos, se realizaron los techos de las chozas. Las raciones, sin embargo, no mejoraron. Cuando los caminos se deshicieron durante el monzón, los carros que las transportaban tuvieron que ser arrastrados por los propios prisioneros más de 7 kilómetros con el espeso barro hasta las rodillas. Sin apenas medicinas ni agua para un mínimo aseo, y constantes lluvias monzónicas, la salud de los que sobrevivieron a la epidemia de cólera se deterioró aún más. En la mayoría de las ocasiones los enfermos de disentería ni conseguían llegar a las letrinas, por lo que el terreno llegó a hacerse impracticable y el hedor difícil de soportar.

El 19 de julio, 1350 de los 1850 presos que quedaban estaban enfermos. A finales de mes los japoneses les ordenaron marchar al Norte, al campo de Kami Songkurai n.º 3, junto al Paso de las tres pagodas, para reunirlos allí con los de Ni Thea y Changaraya. La marcha fue dantesca. Los 104 hombres sanos y 94 de los enfermos que podían caminar, arrastraban 16 camillas con cuerpos esqueléticos al límite de sus fuerzas. Dos o tres camillas más habían tenido que ser devueltas junto a los enfermos que no podían moverse y se quedaban, porque no se esperaba que sus ocupantes pudieran vivir más que otro par de horas, a lo sumo. Quinientos presos se quedaron en el hospital hasta finales de septiembre, cuando finalmente se evacuó el campo, solo 277 fueron trasladados a un hospital de la base japonesa de Thanbaya, en Birmania.

En Shimo Songkurai solo quedó un cementerio cerrado con una valla y una cruz de 2,5 metros en el centro. En la puerta de entrada, alguien había escrito: *We will rememeber them* —«Los recordaremos»—.

3.2.3 Indonesia. Vuelta de tuerca a la «concentración»

En marzo de 1942, tras tomar Singapur, el gran bastión británico en la punta de la península de Malaca, en la que se basaba la defensa de Malasia, las Indias Orientales y Australia, las eficaces unidades navales de la Armada Imperial ocuparon en una serie de rápidas campañas sin apenas oposición, además del resto de posiciones británicas y buena parte de las estadounidenses, las colonias holandesas. Eso supuso encontrarse gran número de prisioneros, tanto militares, como civiles a los que no había dado tiempo a evacuar.

No se sabe con precisión cuantas personas fueron retenidas en esos primeros meses, los japoneses no mantuvieron registros precisos, y muchos de los listados de la época se han perdido o destruido. Un número generalmente aceptado por las dos partes es el de 100 000. Por lo general, los civiles recluidos eran administradores coloniales, maestros, trabajadores que dependían de los militares, empresarios, agricultores, misioneros, personal médicos y, por supuesto, sus familias.

Los holandeses y otros occidentales de las islas vieron, en principio, sus cuentas bancarias congeladas. Luego, se les exigió pagar una cuota a modo de impuesto. Se incautaron los vehículos; las radios fueron modificadas para que no pudieran recibir emisiones extranjeras y, finalmente, todos fueron internados en campos de concentración o de trabajos forzados.

Los campos japoneses para los civiles variaban considerablemente de tamaño. El de Pangkalpinang, en Sumatra, solo tenía 4 personas. Tjihapit, en Java, 14 000. Algunos fueron segregados por sexo o raza. Otros, sin embargo, eran mixtos. El problema fue que nadie, ni las autoridades civiles japonesas, ni las militares, emitieron regulación alguna sobre cómo debían funcionar, o la manera en que debían ser tratados los detenidos.

Los japoneses establecieron un gobierno militar y dividieron las islas holandesas en tres zonas administrativas —Sumatra y Java, islas centrales e islas del este—. Sumatra, donde se encontraba la mayor parte del petróleo que explotaba la compañía Shell, se unió a la jurisdicción militar de Malasia, con Singapur como centro administrativo. Java y las islas de alrededor quedaron bajo control del ejército y las otras dos áreas administrativas, con Borneo y las Célebes, pasaron a ser dirigidas por la armada japonesa. Eso supuso diferencias considerables entre y dentro de los campamentos. Algunos se encontraban en escuelas, universidades o almacenes del centro de una gran ciudad, y las mujeres podían salir una o más por veces por semana siempre que volvieran antes de la noche; otros en lugares muy remotos de la selva. Unos los dirigía un educado y amable comandante, en otros reinaba el terror y los caprichos de un matón agresivo, ayudado por intimidantes y violentos guardias japoneses y coreanos.

Por ejemplo, en Ambarawa, en la isla de Java, un enorme y abarrotado campo para mujeres y niños menores de 10 años a los que se les permitía permanecer con sus madres —si superaban esa edad los japoneses los trataban como adultos y solían enviarlos a cualquier parte—, cada vez que veían a un oficial japonés estaban obligados a inclinarse ante él. Quién no lo hiciese era golpeado y se le quitaba la ración de comida de ese día. Si un niño hacía algo malo, era su madre la golpeada. El cambio constante de las normas hacía muy difícil la vida de los niños. Un día, era una cosa la que no se permitía; al siguiente era otra distinta. Para sobrevivir, madres e hijos se limitaban a no hacer nada y a tratar de ser invisibles todo el tiempo.

Ambarawa fue también uno de los pocos campos en los que las mujeres tuvieron que trabajar desde el primer momento. La ocupación más dura era cortar la hierba entre los barracones con solo un cuchillo de cocina. La más sencilla, pero también la más aterradora, barrer los dormitorios de los japoneses y fregar las manchas de sangre de las celdas donde se realizaban los castigos.

Todo eso cambió a mediados de 1944, cuando todos los campos pasaron a depender de la misma administración militar. Desde ese momento a los internos civiles se les consideró prisioneros de guerra y fueron tratados como tales, con un régimen mucho más estricto. Se introdujeron nuevas reglas que dificultaron aún más la vida diaria, se estableció una rutina con actividades dentro y fuera del campo y se decidió pasar lista a primera hora de la mañana y última de la tarde. A partir de ese momento, todos, en cualquier campo, también se vieron obligados a trabajar. Los hombres en labores agrícolas, o en los ferrocarriles y puertos; las mujeres en huertas dentro del campo o como costureras de los uniformes japoneses.

La combinación de falta de alimentos, falta de higiene y trabajo continuo, dejó a los internos muy susceptibles a las enfermedades contagiosas. La disentería, ictericia, malaria, fiebre tifoidea y el cólera eran también muy comunes en estos campos, al igual que la neumonía y otras enfermedades respiratorias. Además, la gente tenía que lidiar constantemente con insectos, pulgas, piojos y chinches.

Como en todo lugar en el que se ve obligado a convivir un gran grupo de personas, los residentes en el campo podía mostrar un alto grado de amabilidad y altruismo hacia los demás o practicar la corrupción, el favoritismo, los celos y la desconfianza mutua. No fue raro que unos internos se apropiaran de los escasos bienes de valor de otros —anillos de boda sobre todo—, a cambio de algo de comer o productos prohibidos, como lápices o papel. Muchos eran privilegiados que trabajaban en la cocina y tenían la ventaja de estar cerca de los alimentos casi todos los días, que no dudaron en aprovechar la oportunidad para ayudarse a ellos mismos. Para evitarlo, los internos se unieron en pequeños grupos de familiares, amigos o conocidos, con fuertes vínculos afectivos, que les permitió mayores posibilidades de sobrevivir que a los individuos solitarios. Los denominaron *kongsi*[55], en chino, como las tradicionales comunidades cantonesas.

El alojamiento tipo de una familia de tres miembros en el campo de concentración de Tjideng, Batavia —hoy Yakarta—, los años de la ocupación japonesa de Indonesia. Durante la temporada del monzón, las tierras bajas costeras donde estaba situado, sin drenaje, se inundaban y se convertían en un barrizal, foco de enfermedades. Instituto Holandés de Documentación de Guerra.

---

[55] El término *kongsi*, literalmente «salas de clan», lo utilizaban los cantoneses para referirse a una comunidad de personas con un mismo apellido, unidas para superar dificultades económicas, el ostracismo social o la opresión. Se basa en la cooperación y la consideración del bienestar mutuo.

Ambarawa, en Java. En cada barracón había un largo tablón continuo situado en paredes opuestas que se utilizaba como cama. A cada persona se le asignaron 50 centímetros de espacio. Cuando los internaron, cada detenido solo podía llevar consigo una pieza de equipaje de mano. No se permitió comida, ni agua.

Unos 25 000 presos murieron en cautiverio. Una vez firmado el armisticio con Japón, la liberación de los más de 55 000 civiles y militares holandeses que quedaban prisioneros en Indonesia planteó algunos problemas, ya que las principales facciones políticas estaban en guerra. Se ordenó enviar tropas aliadas a Batavia y Java y se rearmó a los japoneses con el fin de que controlaran la situación hasta su llegada. Como si nada hubiera pasado, a finales de noviembre de 1945, japoneses y *gurkhas* británicos, coco con codo, ya combatían encarnizadamente en Java contra las guerrillas comunistas, para restablecer la paz.

3.2.4 Bataán. «La marcha de la muerte» y los campos en Filipinas

Las tropas estadounidenses y nativas que defendían las Filipinas, presentaron una resistencia desesperada al ejército imperial, pero tras la caída de Hong Kong, Singapur y Malasia, con Birmania ocupada, las Indias Orientales Holandesas invadidas y las victoriosas tropas japonesas a las puertas de la India, quedaron aisladas y sin posibilidad de recibir ayuda. Tras una fuerte defensa de la península de Bataán, que cayó el 3 de abril, la isla de Corregidor consiguió aguantar tres meses más, pero tuvo que capitular finalmente el 5 de mayo.

Desde el primer momento se comprobó que el trato que esperaba a los supervivientes no iba a ser precisamente humanitario. Nada más alcanzado el alto el fuego, los japoneses separaron a 450 oficiales filipinos y los ejecutaron. Luego, varios días después de la rendición, 64 000 prisioneros filipinos y 12 000 estadounidenses, enfermos y mal alimentados, debilitados por semanas de lucha sin esperanza, tuvieron que iniciar una marcha de 96 kilómetros, desde Mariveles hasta San Fernando. Como los japoneses solo tenían previsto capturar 25 000 combatientes, no existía la logística necesaria para trasladar a más de 75 000.

Miles de prisioneros estadounidenses y filipinos, sin agua ni comida, reunidos poco antes de comenzar «La marcha de la muerte».

Durante tres días no facilitaron a los prisioneros comida alguna y solo se les permitió beber agua de charcos en los lados del camino. Todos los que caían, se retrasaban o desfallecían, eran ejecutados a bayonetazos o golpeados brutalmente, hasta el punto de que cuando llegaron a su destino, el campo de prisioneros de O'Donnell, casi 10 000 hombres habían muerto. La barbarie demostrada generó un escándalo en los Estados Unidos, hasta el punto de que los propios japoneses intentaron demostrar que era culpa de los oficiales norteamericanos que obligaron a sus tropas a llegar hasta el límite de su resistencia. Por supuesto no convencieron a nadie.

El teniente general Homma Masaharu, encargado de la ofensiva en Bataán y responsable final de la tragedia, fue retirado del frente poco después y designado ministro de información por el recién nombrado primer ministro de Japón, Kuniaki Koiso. En septiembre de 1945 lo arrestaron los aliados y lo llevaron a juicio por crímenes de guerra. Se le atribuyeron 43 cargos diferentes de crímenes contra la humanidad. El 26 de febrero de 1946 fue sentenciado a muerte. Lo ejecutaron el 3 de abril a las afueras de Manila.

El resto de la guerra los prisioneros fueron concentrados en varios campos entre los que destacarían O'Donell, Cabanatuan y Palawan. Miles de ellos morirían de enfermedad, hambre y malos tratos. El 1 de agosto de 1944, el ministro de la Guerra japonés emitió un comunicado relativo a los prisioneros en el que mostraba con claridad sus intenciones: «el objetivo es no permitir que escape ni uno solo, aniquilarlos a todos sin dejar rastro».

Así ocurrió. Los hospitales estaban atestados de enfermos. Faltaban la mayoría de los medicamentos, excepto aquellos que podían fabricarse a base de plantas y de hierbas locales. Se aplicaban cataplasmas de arroz sobre las heridas. Se preparaba material clínico improvisado mediante viejos botes de hojalata, trozos de vidrio y bambú. Los serruchos de cortar madera permitían amputar miembros, mientras que las cuchillas de afeitar servían como bisturís y, en numerosos sitios, había que utilizar la tela de los uniformes como vendas.

Todos los prisioneros, excepto los oficiales, solían ser golpeados. Se mataba a muchos detenidos a bayonetazos, se les decapitaba ante sus camaradas o se les hacía padecer atroces torturas. Como consecuencia de tales tratos, la mala alimentación y las enfermedades, miles de prisioneros de guerra aliados murieron en los campos, mientras que la salud de otros muchos quedó destruida para el resto de su vida.

En el campo de la isla de Palawan se produciría un suceso terrible el 14 de diciembre de 1944, cuando, estrictos cumplidores de las órdenes recibidas, los japoneses intentaron matar a los presos al creer que las tropas estadounidenses habían desembarcado. Los llevaron a todos a unos improvisados refugios antiaéreos y los quemaron vivos. A los que intentaron escapar los cosieron a bayonetazos. A pesar de ello, lograron huir algunos pequeños grupos, solo para ser en su mayor parte capturados y ejecutados tras sufrir terribles torturas.

Once supervivientes lograron contar la terrible historia de lo ocurrido. A partir de ese momento comenzaron a prepararse incursiones especiales para liberar lo antes posible al máximo número de prisioneros.

Cabanatuan, una antigua estación del Departamento de Agricultura de los Estados Unidos, y después campo de entrenamiento del ejército filipino, que recibió su nombre de la cercana ciudad de 50 000 habitantes —también lo llamaban Pangatian, por un pequeño pueblo cercan—, fue uno de los tres campos de la zona a los que se asignaron funciones hospitalarias. Ocupaba más de 40 hectáreas en forma de rectángulo de 730 metros de largo por 550 metros de ancho, dividido por una carretera. A un lado de ella se encontraban las dependencias de los guardias japoneses, mientras que al otro se hallaban las chozas de bambú de los presos y el hospital, conocido como la «Sala Cero» porque allí esperaban la muerte los presos desahuciados enfermos de disentería, malaria y otras enfermedades. Las alambradas que lo rodeaban tenían unos 2,4 metros de altura y estaban salpicadas de búnkeres y torres de vigilancia de entre 6 y 8 metros de altura.

El supuesto refugio de Palawan con los cadáveres carbonizados de los estadounidenses. La fotografía, la única existente, fue tomada por miembros del 186.º de infantería cuando capturaron Puerto Princesa, y publicada en el semanario del ejército, Yank, *el 20 de abril de 1945. De ahí nuestras dudas sobre la autenticidad de la imagen, no del hecho en sí.*

Considerado el mayor campo en territorio de las Filipinas, albergó hasta 8 000 soldados estadounidenses y un pequeño número de militares y civiles de otras naciones, desde el Reino Unido, a Noruega o los Países Bajos. Los presos eran trasladados diariamente fuera del campo y obligados a trabajar en fábricas de armas, descarga de buques o reparación de aeródromos e incluso se les enviaba a otras áreas de Filipinas, Japón, Taiwán y Manchuria para trabajar como mano de obra esclava.

En enero de 1945, visto lo ocurrido en Palawan, el alto mando estadounidense decidió evitar otro suceso semejante. Lo atacó una unidad de tropas especiales en una espectacular acción de comandos, que logró tomarlo y liberar a los 522 prisioneros que quedaban[56]. En los meses siguientes, poco a poco, se logró ocupar el resto de campos.

Tras la caída de Singapur, en febrero de 1942, había unos 123 000 prisioneros de guerra aliados en Extremo Oriente. En 1945, finalizada la Segunda Guerra Mundial, eran unos 250 000 los internados en campos de concentración diseminados por las regiones ocupadas por Japón —Malasia, Java, Sumatra y Hong Kong—, o en el propio territorio japonés.

---

[56] Véase nuestro libro sobre acciones de comandos, *La audacia en la guerra*. EDAF, 2013.

Sus condiciones de vida empeoraron tanto con el tiempo que el artículo 20 del reglamento del ejército japonés, el referido al trato a los cautivos, quedó poco más que como una parodia de la realidad; decía: «Para albergar a prisioneros de guerra, es conveniente utilizar locales del ejército, templos y otros edificios de los que no se puedan escapar. Los detenidos, deben ser respetados y vivir en condiciones que no sean perjudiciales para su salud».

Estado en el que se encontraban los prisioneros aliados del campo de Cabanatuan cuando fueron liberados en enero de 1945 por los hombres dirigidos por el teniente coronel Henry Mucci del 6.º batallón ranger *del ejército de los Estados Unidos.*

Los presos encarcelados en edificios oficiales, como la prisión central de Rangún, en Birmania, tuvieron más suerte que sus camaradas diseminados en campos situados en plena jungla. Otros, como los cautivos de Changi, en la isla de Singapur, recibieron agua y víveres en cantidad suficiente y sus condiciones de vida fueron soportables hasta que las raciones fueron reducidas a la par que tuvieron que comenzar a trabajar en diversos lugares. En cualquier caso, nada puede justificar el 43% de prisioneros de guerra muertos en cautividad en los campos japoneses.

3.2.5 El ejército caníbal

Una de las características más horribles del trato dado a los prisioneros de guerra por el ejército japonés, fue la conversión de los residentes en los campos en ganado susceptible de su consumo por parte de los desesperados soldados imperiales, que especialmente en nueva Guinea y Borneo, convirtieron el canibalismo en una práctica sistemática y habitual.

Muchas islas del Pacífico aisladas por las acciones de la armada estadounidense quedaron privadas de cualquier tipo de suministro, y sus comandantes, en muchas ocasiones, cometieron todo tipo de atrocidades con los civiles locales y soldados papuenses, que se negaron a combatir con ellos y los australianos, estadounidenses e hindúes que caían en sus manos. En estos casos, algunos de los responsables fueron llevados a juicio y condenados a partir de 1946, como ocurrió con el teniente general Yoshio Tachibana, juzgado junto a otros 11 oficiales en relación con la ejecución por decapitación de varios pilotos estadounidenses y el canibalismo de, al menos, uno de ellos, en agosto de 1944, en Chichi Jima, en las Islas Ogasawara. Tachibana fue condenado a muerte.

El teniente George W. Bush, a los mandos de su bombardero. Derribado junto a la isla de Chichi Jima, fue recogido por el submarino USS Finback. *Se salvó de la suerte corrida por sus compañeros, salvajemente torturados y devorados por los japoneses del general Tachibana, el almirante Mori y el alférez mayor Matoba en una fiesta caníbal, en la que sirvieron canapés elaborados con la carne y los hígados de los estadounidenses acompañados de sake y arroz.*

El caso es muy conocido porque uno de los aviones estadounidenses, un Grumman TBM *Avenger* que despegaron del portaaviones *USS San Jacinto* estaba pilotado por el teniente George W. Bush, futuro presidente de los Estados Unidos. Su incursión fue recibida por un fuerte fuego antiaéreo que los derribó a todos. Nueve de los pilotos cayeron en la proximidad de las costas de Chichi Jima y los capturaron los japoneses.

En el juicio, el soldado japonés Iwakawa Takashi afirmó que el primer ejecutado fue el radio operador Marve Mershon, decapitado por un golpe de *katana* por el teniente Morishita, en un espectáculo delante de la tropa. Fue el que tuvo una muerte mejor, porque el resto fueron torturados, asesinados y comidos a lo largo de varios días de las formas más imaginativas[57]. Además, en las islas Bonín no había escasez, por lo que la carne humana fue consumida en algún tipo de rito propio del *Bushido*, el código de conducta samurái para servir como adoctrinamiento del guerrero.

Realizada el 24 de octubre 1943 en Aitape, Nueva Guinea, esta fotografía se encontró en el cuerpo de un soldado japonés muerto. Muestra al soldado Reharin de las Fuerzas de las Indias Orientales Holandesas, con los ojos vendados, a punto de ser decapitado por Yunome Kunio. La ejecución fue ordenada por el vicealmirante Kamada, el comandante de las fuerzas navales japonesas en Aitape. El verdugo fue condenado a muerte por su participación en el suceso, pero vio su pena conmutada por diez años de prisión al haber actuado en calidad de subordinado. Australian War Memorial.

En algunas áreas, el final de la guerra supuso terribles condiciones de vida para los prisioneros aliados, pues los comandantes japoneses de los campos no tenían apenas raciones para sus propios hombres, y su respuesta ante tal situación estuvo a la altura de lo que se esperaba de su brutalidad. Gran número de informes, escritos y testimonios recolectados por la Sección Australiana de Crímenes de Guerra del Tribunal de Tokio, investigados por el fiscal William Webb, probaron que el personal japonés, en muchas partes de Asia y el Pacífico, cometió actos de canibalismo contra los prisioneros de guerra aliados, y no como un caso aislado[58], pues hay pruebas suficientes

---

[57] El hígado del prisionero Floyd Hall, fue ensartado en varillas de bambú, cocinado con aceite de soja y vegetales, y servido como si fuese un «pincho moruno».

[58] El historiador Yuki Tanaka considera también que el canibalismo era una actividad sistemática conducida por unidades enteras, bajo la dirección de sus oficiales. Sin embargo, para el profesor de la Universidad de Melbourne, Toshiyuki Tanaka, que encontró en los años 90 documentos que describían casos de canibalismo, se trataba de una orgía de muerte de tropas fuera de control, algo similar a lo que ocurrió en circunstancias extremas en el sitio de Leningrado.

de que era algo habitual. Por ejemplo, el prisionero hindú Changdi Ram, afirmó que: «El 12 de noviembre de 1944 el *kenpeitai* —la policía militar del ejército japonés—, decapitó a un piloto. Vi esta escena desde atrás de un árbol y observé a algunos de los japoneses cortar carne de sus brazos, piernas, caderas, nalgas y llevársela hacia sus cuarteles. La cortaron en pequeñas piezas y la frieron».

El salvajismo japonés, conocido por decenas de testimonios, llegó al extremo de despedazar a las víctimas que iban a ser devoradas por sus soldados mientras estaban vivas. En Nueva Guinea, en 1945, con las tropas japonesas aisladas y en total desintegración, todos los días se seleccionaba a un prisionero que era asesinado y sus trozos repartidos entre los soldados. Otro hindú, Hatam Ali, aseguró que «en su campo, alrededor de 100 prisioneros fueron comidos por los japoneses. El resto —contó—, fuimos trasladados a otro lugar a 80 kilómetros, donde 10 prisioneros sucumbieron a las enfermedades. Allí, los japoneses nuevamente empezaron a seleccionar prisioneros para comérselos. Los escogidos eran llevados a una choza donde se separaba la carne de sus cuerpos mientras estaban vivos. Luego, los tiraban a una fosa para dejarlos morir.

Sin embargo, el canibalismo no formó parte de los delitos juzgados por el Tribunal de Crímenes de Guerra de Tokio en 1946. Las autoridades aliadas prefirieron que las familias de los soldados capturados e internados en campos de concentración en esas zonas no supieran cuál podía haber sido el destino final de sus seres queridos.

3.3 Los maestros del horror: Escuadrón 731

Todos los ejércitos del mundo, y especialmente los de las grandes potencias, sacaron interesantes conclusiones de lo ocurrido durante la Primera Guerra Mundial, tanto por el uso intensivo de armas químicas, como por la posibilidad, que se intuía, de usar en el futuro armas biológicas.

Japón fue uno de los primeros interesados. Comenzó a desarrollar una agresiva política en China y, a partir del llamado «Incidente de Mukden[59]»,

---

[59] El 18 de septiembre de 1931, cerca de Mukden —hoy Shenyang, en Manchuria— un tramo del ferrocarril gestionado por una compañía de propiedad japonesa, fue dinamitado. Fue una ataque de «falsa bandera» llevado a cabo por oficiales nacionalistas japoneses, pero justificó la ocupación de Manchuria por el «Ejército de Kwantung», lo que produjo una seria crisis internacional, y el nacimiento en 1934 del Manchukuo, un estado títere de Japón.

ampliada su expansión militar y de cara a futuras acciones armadas de gran envergadura, puso al mando del teniente coronel Shirō Ishii, cirujano mayor del ejército, una unidad destinada a marcar un importante hito en la historia de la infamia: el Laboratorio de Investigación del Ejército sobre Prevención Epidémica.

Para sus instalaciones se eligió una gran extensión a unos 100 kilómetros de Harbin, en Manchuria, en un pueblo llamado Bei-inho. Allí se construyó un campo de concentración que disponía de una importante complejo denominado «Fortaleza Zhongma». No se escatimaron gastos en su construcción e incluso se le dotó de una línea de ferrocarril mediante la cual le pudiesen llegar todos los materiales necesarios para las investigaciones que deseara llevar a cabo.

El teniente coronel Shirō Ishii fotografiado el 1 de agosto de 1940. Nacido en Shibayama, prefectura de Chiba, el 25 de junio de 1892, estudió medicina en la Universidad Imperial de Kyoto, donde sobresalió como alumno aventajado. En 1928 realizó un viaje a Occidente donde realizó extensas investigaciones sobre los efectos de la guerra química y biológica. Es habitual leer documentos y libros en los que se afirma que, acabada la Segunda Guerra Mundial, se trasladó a los Estados Unidos para trabajar en proyectos de armas biológicas en Maryland. Es falso[60]. Siempre residió en Japón.

Sin embargo, a pesar de los esfuerzos del ejército japonés, brutal y poco dado a actuar con moderación, no se pudo evitar la fuga de una parte de los prisioneros chinos y manchúes, e incluso un ataque de guerrilleros que obligó al teniente coronel a abandonar Zhongma, y trasladarse a Pingfang, a unos 24 kilómetros al sur de Harbin. Junto a aquel remoto pueblo se construyó un campo nuevo, aún mayor, en el que se formó para la coordinación de

---

[60] *Daughter's Eye View of Lt. Gen Ishii, Chief of Devil's Brigade. Japan Times*, 29 de agosto de 1982.

estudios químicos y biológicos un grupo secreto de investigación, la «Unidad Tōgō». Quedó incorporada junto al resto al poderoso Ejército de Kwantung con el nombre de Departamento de Prevención Epidémica. Se dividió en «Unidad Ishii» y «Unidad Wakamatsu», con un mando central en Hsinking. Finalmente, en 1941, todas las unidades de investigación asociadas al grupo fueron denominadas Departamento de Prevención Epidémica y Purificación de Agua del Ejército de Kwantung. Incluía una que se haría legendaria: el «Escuadrón 731».

Originariamente el Escuadrón 731 se organizó en 8 divisiones para realizar pruebas e investigar determinadas enfermedades, armamentos y materiales. La 1.ª estudiaba la peste bubónica, cólera, carbunco y tuberculosis. Desde el primer momento empleó seres humanos para sus estudios, por lo que se construyó un campo con capacidad de hasta 400 prisioneros en el que mantener a sus «conejillos de indias». La 2.ª debía probar armas biológicas, ocuparse de su diseño y manufacturar aparatos para esparcir agentes patógenos y parásitos. La 3.ª producía proyectiles cargados con agentes patógenos, la 4.ª materiales para los experimentos, la 5.ª era la unidad de entrenamiento del personal, y la 6.ª, 7.ª y 8.ª se encargaban respectivamente de la administración, logística e intendencia.

La base del escuadrón ocupaba en total una superficie de 6 kilómetros cuadrados. Sus instalaciones disponían de más de 150 edificios en un gigantesco complejo muy bien diseñado, difícil de destruir por ataques aéreos o terrestres[61]. Además, contenía varias fábricas con unos 4500 recipientes que se utilizaban para criar pulgas, 6 calderas gigantes para producir sustancias químicas y 1800 contenedores para obtener agentes biológicos, como los 30 kilogramos del bacilo de la peste bubónica que se producían cada tres días.

Siempre se consideró la idea de emplear para cualquier tipo de experimentos con humanos a los prisioneros chinos y manchúes disponibles desde 1931, pero al producirse en 1937 el incidente del Puente de Marco Polo —situado 15 kilómetros al suroeste de Pekín—, que dio comienzo a la Segunda Guerra Chino-Japonesa[62], ya no hubo dudas: se decidió utilizarlos tanto a ellos, como a toda la población enemiga. De momento, en un proyecto

---

[61] Algunos edificios existen y siguen abiertos al público. Otros funcionan como fábricas de diversas empresas chinas. En agosto de 2003 hubo 29 hospitalizados después de que se desenterraran unos proyectiles químicos ocultos desde hacía más de cincuenta años.

[62] El 7 de julio de 1937 un incidente armado menor desencadenó una guerra abierta entre Japón y China. A menudo se olvida que de las tres potencias principales del Eje, Japón era la única que antes de 1939 ya estaba en guerra.

especial denominado «*Maruta*», —en japonés, literalmente «troncos», debido a que se decía que el centro de experimentación era un aserradero—. Para las primeras víctimas, «de prueba», no hubo que irse lejos. Se seleccionaron entre la población de la zona, mujeres embarazadas, ancianos y niños. Desde el principio fueron tratados como «cosas» sobre las que se podía realizar todo lo imaginable.

Los científicos del «731» llevaron a cabo cirugías invasivas en los cautivos, eliminaron órganos para estudiar los efectos de la enfermedad sobre el cuerpo humano y verificaron los efectos de otras con las que las desdichadas víctimas eran infectadas previamente. Las vivisecciones se realizaron sin anestésicos, porque se creía que podían influir en los resultados. En cualquier caso no los consideraban necesarios mientras los individuos a estudiar estuviesen bien atados. También se perpetraron vivisecciones en mujeres embarazadas, a menudo violadas previamente por los mismos doctores, a las que luego se les extraían los fetos para proseguir con ellos la investigación.

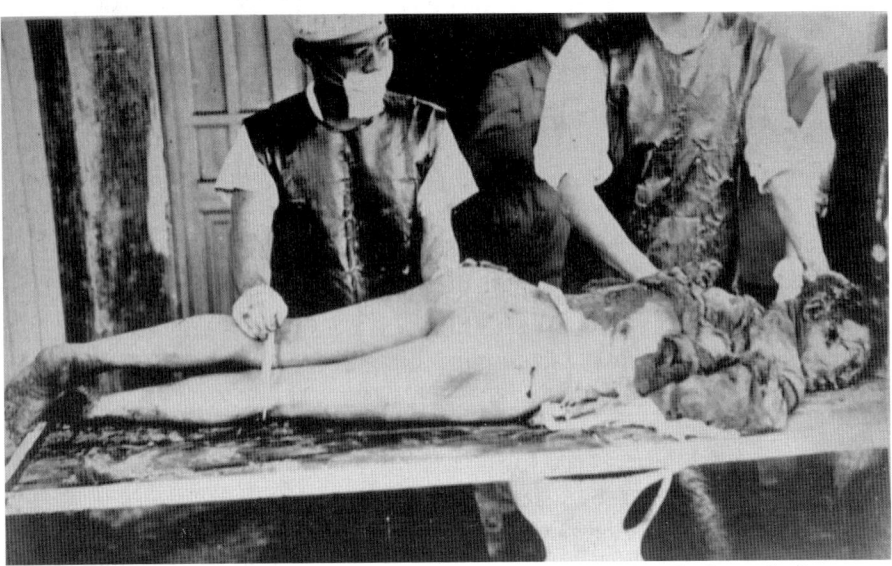

Una intervención de los médicos del Escuadrón 731 sobre una mujer china. La fotografía forma parte del conjunto de documentos del Ejército de Kwantung encontrados en una obra en construcción de Changchun, China. Solo en esos informes están relacionados 372 casos de experimentos en humanos.

Las pruebas a las que se sometió a los presos son inenarrables. Inconcebibles incluso en la más sádica película *gore* de Serie B. Las extremidades de los prisioneros se amputaban con el fin de estudiar la pérdida de sangre; los miembros se volvían a unir del lado contrario del cuerpo para comprobar qué ocurría; se congelaban y amputaban extremidades; se congelaba y descongelaba a las víctimas para analizar los efectos de la gangrena y la putrefacción o se les extraía quirúrgicamente el cerebro, los pulmones, el hígado, o el estómago, que en algunos casos llegó a ligarse directamente a los intestinos o al esófago[63].

El «éxito» de esas brutales primeras pruebas animó a los jefes del campo a ampliar sus estudios e investigaciones a los efectos de todo tipo de armas sobre personas vivas, por lo que comenzaron una serie de variados horrores y espantosas prácticas propias de las mentes más sádicas y enfermas que alguien se pueda imaginar.

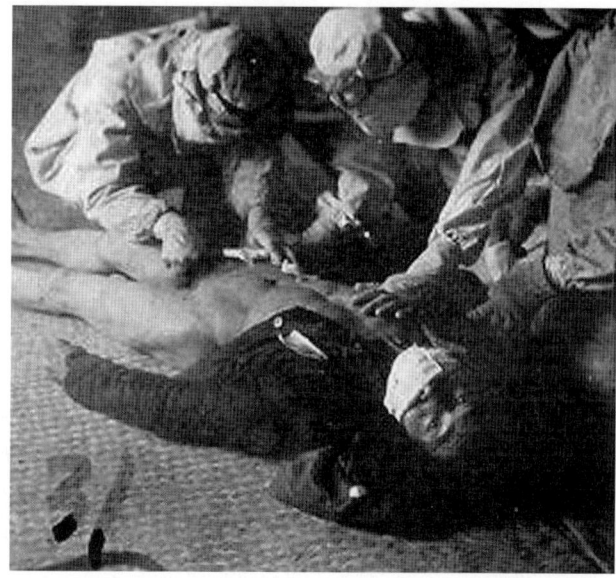

Disección en vivo de un hombre coreano por los doctores del 731. La fotografía, tomada en 1940, forma parte de la colección de la Comisión de la verdad sobre las víctimas de Corea.

Se ataron prisioneros a postes y se detonaron cargas explosivas a diferentes distancias para comprobar el efecto de la metralla sobre el cuerpo humano. Se usaron lanzallamas sobre prisioneros vivos para comprobar el daño real causado de esa forma contra «enemigos» atrincherados en casamatas o búnkeres. Se estudió desde el tiempo que tardaba una persona en morir si no comía, o si se le colgaba boca abajo, hasta lo que tardaba en llegar la embolia si se inyectaba aire en las arterias. O que ocurría si se inyectaba orina de caballo en los riñones. Se experimentó con la resistencia a la sed, al internamiento en cámaras de vacío de las que se extraía el oxígeno, a la congelación —con vistas a un ataque a la Unión Soviética por Siberia— o a la tortura. Se llegó a meter prisioneros en centrifugadoras.

---

[63] Se hicieron también sádicas pruebas de conducta, como una en el que mujeres chinas eran introducidas en tanques de agua con sus bebés. Al subir el nivel intentaban protegerlos, pero en muchos casos se comprobó que acababan por alzarse encima de sus cuerpos para intentar sobrevivir.

El avance de la guerra amplió las pruebas para investigar la resistencia a armas nuevas o futuras: se irradió con rayos X a los presos hasta la muerte, se hicieron transfusiones de sangre animal y se inyectó agua del mar para comprobar si podía sustituir a las soluciones salinas. Todo ello obligaba a mantener con vida en el campo de prisioneros a una media de 2000 a 3000 personas, de forma constante, para reemplazar los «troncos». Los restos de los «eliminados» se quemaban en grandes hornos incineradores en permanente funcionamiento.

Las primeras víctimas fueron todas chinas, manchúes y coreanas, pero la extensión de la guerra nutrió el campo de «especímenes» nuevos y variados que permitió a los psicópatas que dirigían el Escuadrón 731 seleccionarlos según sus características para los variados y diversos experimentos que se les ocurrían. A los rusos y mongoles capturados en los combates fronterizos de Khalkhin Gol[64], los siguieron vietnamitas, filipinos, indonesios y, en menor número, nativos de las islas del Pacífico y prisioneros de guerra aliados.

3.3.1 Agentes patógenos y guerra química

El espantoso catálogo de pruebas desarrollado en las instalaciones del Escuadrón 731 buscaba ampliar al máximo posible el «conocimiento», con la esperanza de que las investigaciones que se realizaban, especialmente en los campos de la guerra química y biológica, pudiesen ser empleadas de forma práctica y eficaz en los campos de batalla de Asia y, en el caso del frente chino, contra las ciudades y población civil enemiga.

Para probar las armas biológicas se empleó el habitual sistema de usar prisioneros vivos a los que se inyectó agentes patógenos o enfermedades de transmisión sexual, y pulgas, que permitieran examinar la difusión de esas enfermedades. Los parásitos, la ropa infectada y todo tipo de provisiones contaminadas se lanzaron dentro de carcasas de bombas sobre objetivos civiles en China. El resultado, como era de esperar, fue su contagio. A raíz de esas acciones indiscriminadas y de la «siembra» sobre ciudades como Nigbo o Changde del carbunco, cólera y peste bubónica elaborados por el Escuadrón 731, se considera que murieron unas 400 000 personas[65].

---

[64] Fueron una serie de graves incidentes armados entre soviéticos y japoneses, que acabaron en un desastre para el Ejército de Kwantung. Las bajas japonesas, 18 500 hombres, fueron las más elevadas de las sufridas por el Ejército Imperial desde comienzos del siglo XX.

[65] En las estadísticas más moderadas China tuvo entre 1941 y 1945, es decir, durante la Segunda Guerra Mundial, unos 15 millones de muertos. Nadie suele acordarse de ellos.

Además del grupo principal, los japoneses crearon toda una red de establecimientos o laboratorios subsidiarios dedicados a actividades que rozaban el Mal absoluto[66]. Entre ellos estaba el «Grupo de Ensayo Anta», una zona de pruebas al aire libre ubicada a 120 kilómetros de la instalación de Pinfang, en la que se encontraba el mando central de la «Unidad Wakamatsu» —Escuadrón 100—, bajo el mando del veterinario Yujiro Wakamatsu, Estudiaba vacunas para proteger la cabaña ganadera de Japón y probaba el uso de armas contra los caballos soviéticos y chinos y otros tipos de ganado. También generaba bacterias patógenas y sistemas de sabotaje biológico. Desde venenos hasta la destrucción química de las cosechas de arroz y otros alimentos básicos del enemigo.

Laboratorio de uno de los centros de agentes patógenos dependientes del Escuadrón 731. La fotografía forma parte de un grupo que se subastó en 2015 en la sala Huanchen, Pekín.

El Centro de operaciones Nankín, o «Unidad Tama» —Escuadrón 1644—, dirigía los proyectos y operaciones comunes con el Escuadrón 731, en tanto el Centro de operaciones Pekín —Escuadrón 1855— era la unidad

---

[66] El Japón Imperial ha tenido la «suerte» de que la brutalidad del III *Reich* sobre ciudadanos occidentales ha ocultado en cierto modo sus salvajadas particulares. A pesar de que lo realizado con una frialdad homicida e inhumana por sus investigadores y científicos es una muestra perfecta de lo que hubiesen hecho en Asia de haber ganado la guerra. A los japoneses y a sus aliados actuales parece que se les ha olvidado, pero a las naciones que fueron sus víctimas no.

experimental dedicada específicamente al estudio de la peste bubónica y otras enfermedades. El cuartel general de la «Unidad Nami» —Escuadrón 8604— experimentaba en la privación de alimentos y agua a humanos, así como la transmisión hídrica del tifus, algo que se consideró seriamente extender a todas las ciudades de China. Además, esta instalación sirvió como granja de ratas para aprovisionar a las unidades médicas que debían extender la peste bubónica.

El Centro de operaciones Syonan —Escuadrón 9420—, en el Singapur ocupado, nació en 1942. Dirigido por Naito Ryoichi, tuvo aproximadamente 1000 trabajadores con base en la Universidad Médica Raffles, al mando del general de división Kitagawa Masataka. Contaba con el apoyo de las comandancias meridionales del Ejército Imperial Japonés. Además, disponía de dos subunidades, la «Umeoka», especializada en paludismo, y la «Kono», encargada de los estudios sobre la peste.

Finalmente, las armas químicas se fabricaban en las instalaciones de la isla Ōkunoshima, que elaboraba gas mostaza desde 1928, y después, fosgeno, lewisita, y cianógeno. Durante los años 30, al empeorar la guerra en China, la isla en donde se hallaba la fábrica fue borrada de la mayoría de los mapas para fortalecer la confidencialidad y la seguridad, pero prisioneros del campo del Escuadrón 731 sufrieron en sus carnes las pruebas de sus «inventos[67]».

El Centro de operaciones Manchuria —Escuadrón 200— fue asociado directamente al Escuadrón 731 y también trabajó principalmente en la investigación de la peste, como el Escuadrón 571, con sede desconocida. Había además un centro de investigación nuclear del que prácticamente no se sabe nada.

Desde mayo de 1944, Shirō Ishii quiso utilizar sus armas biológicas en el conflicto del Pacífico contra los estadounidenses, pero sus tentativas fracasaron en varias ocasiones por la pobre formulación de sus planes y la intervención aliada. Tampoco su unidad fue capaz de elaborar una clara y definida doctrina de empleo táctico de sus «creaciones», lo que hizo que el estado mayor imperial no tuviese gran confianza en sus posibilidades.

La avalancha soviética sobre Manchuria el verano de 1945 acabó con todo[68]. Los responsables de las instalaciones apenas tuvieron tiempo de destruir las pruebas de sus crímenes y huir. Muchos prisioneros de guerra soviéticos

---

[67] En 1945 los documentos relativos a la planta fueron quemados, y las tropas aliadas se deshicieron del gas vertiéndolo, quemándolo o enterrándolo. Años después las víctimas de la planta recibieron ayuda gubernamental para su tratamiento, y en 1988 fue inaugurado el Museo del Gas Venenoso de Okunoshima.

[68] El hundimiento del Ejército de Kwantung durante la operación «Tormenta de agosto» es la mayor derrota de la historia de la humanidad. Una fuerza de más de 1 millón de hombres fue barrida en solo 15 días de lucha.

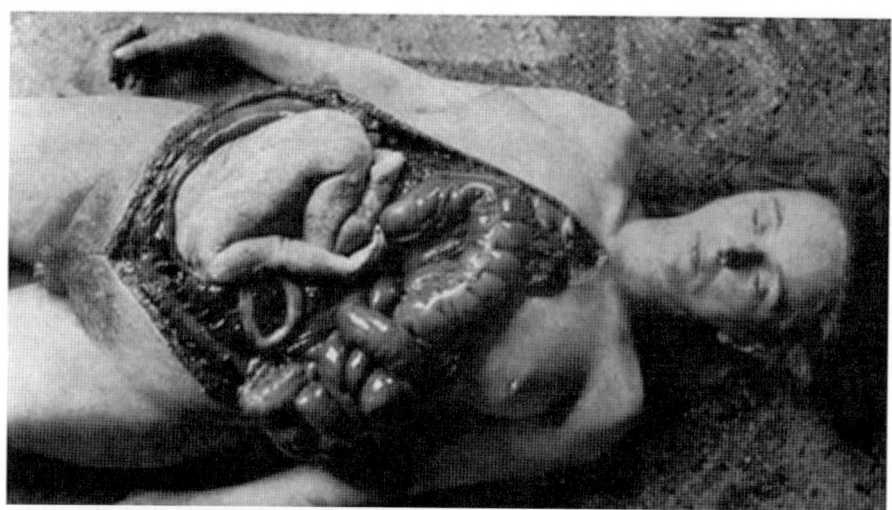
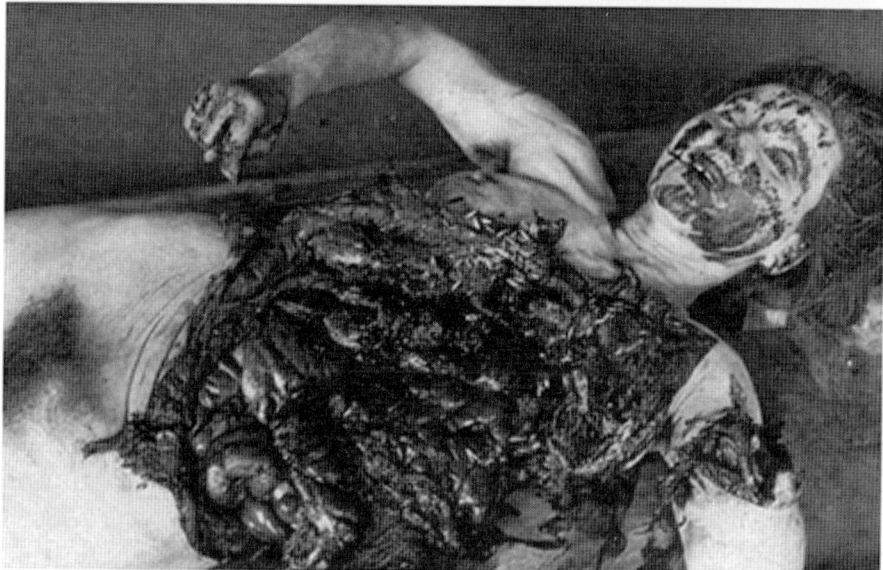

Dos mujeres rusas. La de arriba, embarazada e infectada con sífilis, sometida a una vivisección en vida sin anestesia para comprobar la eficacia de la terramicina, —un antibiótico diseñado por investigadores japoneses—, sobre el feto infectado. La de abajo, murió durante uno de los experimentos sobre los efectos de explosivos detonados junto a cuerpos vivos. Ambas fotografías forman parte de la documentación recogida por las tropas soviéticas cuando ocuparon el campo de muerte del Escuadrón 731, aportada por la fiscalía en los juicios de Jabárovsk de 1945. Ante cosas como estas fue un milagro que los soldados del Ejército Rojo no ejecutasen de inmediato a la totalidad de prisioneros japoneses.

capturados por Japón en 1939 y civiles rusos, incluidos mujeres y niños, habían sido asesinados en los experimentos químicos y biológicos, por lo que los responsables podían temer, con razón, que la venganza rusa fuera terrible, pero por extrañas razones que mueven la política a nivel mundial, no fue así.

Ante la inminente derrota el teniente coronel Shiro Ishii ordenó la ejecución de los 150 prisioneros que le quedaban y destruir con explosivos los cuarteles del Escuadrón 731 para borrar las evidencias de las investigaciones llevadas a cabo. Tras su detención por los estadounidenses, logró negociar y obtener en 1946 una completa inmunidad sobre sus crímenes de guerra ante un Tribunal Aliado en Tokio. A cambio, facilitó toda la información disponible sobre sus espantosos experimentos y los resultados obtenidos, y para ignominia y vergüenza del mundo civilizado, tanto los Estados Unidos como la Unión Soviética aprovecharon todo lo que pudieron las investigaciones de su siniestra unidad.

El doctor Edwin Hill, responsable de las investigaciones del Comando Médico de los Estados Unidos y de la planta de armas biológicas de Fort Detrick, en Maryland, emitió un informe en el que aseguraba que la información disponible «jamás podría haberse obtenido en los Estados Unidos debido a los escrúpulos respecto a experimentar con humanos». Además —aseguró—, «se logró con muy bajo coste». El 6 de mayo de 1947, el propio general Douglas MacArthur escribió a Washington para comunicar: «Tal vez puedan obtenerse algunos testimonios y datos adicionales de Ishii si se comunica a los japoneses involucrados que la información será retenida en canales de inteligencia y no será empleada como evidencia de crímenes de guerra».

Gracias a este apoyo encubierto, Ishii pudo quedarse en Japón sin ser molestado, y abrió una clínica en la cual atendía gratuitamente a una parte de sus pacientes. Según su hija, se convirtió al cristianismo en su lecho de muerte —falleció el 9 de octubre de 1959 a los 67 años de cáncer de garganta—. En el diario que llevó, no se encontró mención alguna sobre su actividad durante la guerra.

Por su parte los soviéticos procesaron a 12 líderes y científicos del Escuadrón 731 por crímenes de guerra en unos juicios celebrados en Jábarovsk[69]. Los militares de carrera encontrados culpables fueron sentenciados a penas de entre 2 y 25 años en un campo de trabajo, pero los científicos fueron «empleados» para construir instalaciones de armas biológicas en Sverdlovsk, que era lo que convenía en ese momento al estado soviético, insensible a que muchas de las víctimas fuesen rusos, asesinados de una forma atroz.

Así se escribe la historia…

---

[69] Fueron una serie de audiencias celebradas entre el 25 y el 31 de diciembre de 1949 contra varios criminales de guerra por la fabricación y uso de armas biológicas. El abogado que llevaba el caso en los juicios de Jabarovsk fue Lev Smirnov, que había sido uno de los querellantes soviéticos de los juicios de Núremberg contra los médicos nazis que habían experimentado con humanos en Auschwitz y Dachau.

4

Desolación

Presos soviéticos pican piedra en el gulag. Ni siquiera una vez cumplidas sus penas eran libres para poder regresar a sus lugares de origen. Se veían obligados a vivir en los alrededores de la prisión, donde se les encargaban trabajos comunitarios.

Oh vosotros los que entráis, abandonad toda esperanza.

Dante Alighieri. *La divina comedia.* Infierno, Canto III, sentencia 9.

4.1 Hijos de la revolución

Corría sin freno el tortuoso año 1922 cuando Iósif Vissariónovich Dzhugashvili, más conocido por Iósif Stalin[70], fue elegido el 3 de abril Secretario General del Comité Central del Partido Comunista. Le había costado, no lo podía negar, pero por fin iba a poder desarrollar las ideas que tenía para conseguir afianzar la revolución. Es cierto que su predecesor, Vladímir Ilich Uliánov, «Lenin», aun ejercía una gran influencia en las filas de sus compañeros, el resto de los dirigentes bolcheviques, pero era un hombre paciente.

La muerte de Lenin por un derrame cerebral el 21 de enero de 1924 le allanó el camino. Tras un pequeño y natural vacío de poder, el Partido Comunista se empeñó en una lucha interna en la que Stalin se enfrentó con León Trostsky, de la que salió, fortalecido y victorioso, convertido en el nuevo líder indiscutible de la Unión Soviética. Lo ayudó también, no cabe duda, el fin de las hostilidades con el último Ejército Blanco evacuado hacia el extranjero desde Vladivostok y la apertura del país a los mercados de Estados Unidos, con el consiguiente reconocimiento internacional. Eso permitió que la economía se recuperase y las deslealtades disminuyeran.

Un ejemplo claro es que el Directorio Político Unificado del Estado, la inmisericorde OGPU[71] que actuaba como policía secreta, fundada y dirigida en 1917 por el polaco Félix Dzerzhinsky, redujo su plantilla de 333 000 hombres a 93 000. También, como había menos gente a la que perseguir, la OGPU tuvo que establecer una serie de normativas y reglas que limitaran algo más las detenciones, que comenzaban a alcanzar unos límites insostenibles. Así quedaron fijados los *Principios Fundamentales de la legislación penal de la Unión Soviética*, aprobados el 31 de octubre de 1924 por el Politburó.

Durante esos años de enfrentamientos, aunque las persecuciones de disidentes se redujeran drásticamente en comparación con la etapa de la Guerra Civil recién acabada, no por eso las cifras fueron menos terribles: de los 11 453 presos políticos acusados de contrarrevolucionarios se ejecutó a 1858; de manera aislada, en Crimea, se asesinó a otros 132 exguardias blancos que habían intentado un levantamiento y, en Georgia, se fusiló a 12 578 nacionalistas que pretendían rebelarse en Chiatura.

---

[70] «Stalin» —hecho de acero—, era un sobrenombre que comenzó a utilizar a partir de 1912, cuando tenía 34 años.
[71] La OGPU, se creó el 15 de noviembre de 1923, como heredera de la Checa —en activo desde el 20 de noviembre de 1917 al 6 de febrero de 1922— y la GPU —del 6 de febrero de 1922 al 15 de noviembre de 1923—. Las tres fueron dirigidas por Dzerzhinski hasta su fallecimiento.

Una a una, fueron desmanteladas 928 organizaciones consideradas peligrosas: 675 asociaciones campesinas que se saldaron con 1 148 detenidos; 117 grupos intelectuales con otros 1 360; 85 colectivos religiosos con 1 765 encarcelados; 24 grupúsculos monárquicos con 1245 apresados; 14 agrupaciones mencheviques con 540 encausados y 13 formaciones socialistas revolucionarias con otros 204 arrestados. Se efectuaron también 81 redadas contra células anarquistas que concluyeron con 266 detenidos más, así como al encarcelamiento de 2 468 personas acusadas de ser espías del extranjero, de las cuales, curiosamente, 357 se habían sido exiliado durante el gobierno de los zares y acababan de regresar animados por el brillante futuro del país.

Un oficial del ejército asesinado en las calles de Leningrado. La revolución cumplió sin vacilar las palabras pronunciadas por Dzerzhinsky en junio de 1918: «Defendemos el terror organizado, hay que admitirlo francamente. El terror es una necesidad absoluta en los periodos revolucionarios. Aterrorizamos a los enemigos del poder soviético con el propósito de cercenar el crimen de raíz».

Hubo expulsiones y exilio forzoso a otros países de Europa para un total de 4 500 empresarios y comerciantes residentes en Moscú y Leningrado. Se dejó bajo libertad vigilada a 18 000 personas consideradas «sospechosas», se registraron 15 501 empresas y se leyeron 5 078 174 cartas, sin importar ni un ápice que se violara la privacidad de los remitentes. Aunque quizá lo que más asombrara, fuera que se encerró a 4 000 bolcheviques de la extinta GPU, que tras su etapa anterior en la Cheka habían cometido estafas y sobornos en pueblos o aldeas durante la Guerra Civil, en el recién creado «campo para propósitos especiales» de Solovkí —precisamente en el archipiélago Solovetsky que comprendía cinco islas del mar Blanco junto a Arkángel—. No por el hecho en sí de ser un gran campo de concentración, desde el inicio de la revolución habían existido otros muchos a lo largo de toda Rusia, sino porque dejaba la peligrosa sensación de que nadie estaba a salvo.

Prisioneros hacinados en las celdas del campo de Solovkí, un antiguo monasterio evacuado por los monjes tras la revolución. Llegó a tener 30 000 internos entre 1928 y 1930, dedicados, por grupos de trabajo, a fabricar ladrillos, trabajar en las labores del campo o en fábricas de tejidos, o construir barcos de pesca, carreteras y ferrocarriles.

En realidad, los campos ni siquiera era un invento bolchevique. Sus instalaciones aprovechaban los distintos tipos de campos de detención y trabajo —las *kátorgas*—, que habían estado operativos en Siberia hasta 1918, como parte del sistema penal utilizado en la Rusia Imperial. Especialmente duros por entonces eran los situados en las costas e islas del mar Blanco, con intenso frío en invierno y agobiante humedad en verano, lo que hacía que debido a los grandes lagos próximos, acometieran a los presos grandes nubes de molestos mosquitos. De hecho una de las prácticas de castigo más arraigadas era atar al reo desnudo junto a los bosques para que le picaran durante días.

Los enfrentamientos en el seno del Partido Comunista terminaron definitivamente en noviembre de 1927 con la detención de Trostsky, Grigori Zinoviev, Lev Kamenev, Karl Radek y el resto de opositores a Stalin. Del trabajo se encargó la OGPU, en ese momento ya en manos de Vyacheslav Rudolfovich

Menzhinsky, un culto y radical heredero de la antigua nobleza terrateniente, que había abjurado de sus orígenes y sustituido a Dzerzhinski tras su fallecimiento de un infarto cardiaco, el 20 de julio de 1926. Todos los «trostkystas» fueron enjuiciados y condenados. A unos, como al propio Trostsky y otros 30 compañeros, los desterraron al extranjero. Al resto, menos afortunados, los enviaron a campos de trabajo.

Fue el mismo Stalin quién en 1924 encontró una misión mucho más productiva a los campos de concentración, que hasta ese momento habían servido sobre todo solo de alojamiento para los presos. Aquello no aportaba nada más que gastos públicos muy elevados debido a la gran cantidad de condenados, por lo que se decidió modificar el modelo y convertirlo en campos de trabajo. Con ese nuevo sistema los gastos se recuperarían, y el estado obtendría continua mano de obra en condiciones esclavas para afrontar con garantías grandes obras de infraestructura o aumentar la producción de las materias primas que requerían una extracción en condiciones más arduas.

Acabada la pugna en el partido y con todo el poder concentrado en manos de Stalin, los bolcheviques podían de nuevo volcarse en la persecución de las grandes masas de agricultores y campesinos que, pese a un primer reparto de tierras, prosperaban, se podían permitir aún contratar trabajadores —un sistema burgués y capitalista— y no parecían mostrarse demasiado leales. Los que ellos calificaban bajo el término de *kulaks*, en ruso, «puño».

Desde hacía tiempo, Stalin había intentado buscar excusas convincentes para poder culpar de algo a los núcleos campesinos y poder intervenir contra ellos. Estuvo a punto de conseguirlo cuando se produjo un descenso en la cosecha de cereales que los agricultores habían de entregar al estado, pero no tuvo necesidad de apurar demasiado ese débil subterfugio, el pretexto perfecto le llegó en abril de 1928, cuando en la región de Shajty se destapó una empresa agrícola que no estaba dispuesta a mantener el comunismo. Todos sus miembros fueron detenidos y 5 de ellos ejecutados.

Apoyada en ese único caso flagrante comenzó una campaña para acabar de una vez por todas con todos los rebeldes campesinos que tantos dolores de cabeza les habían traído a los bolcheviques. Pero se enfrentaban a otro problema: al acabar con un colectivo tan grande, que representaba aproximadamente a un 7% de la población se generaría un vacío todavía mayor en un país tan extenso como la Unión Soviética. La solución fue deportarlos a las regiones deshabitadas para que, forzosamente, las colonizaran y explotaran bajo un férreo sistema de control que impidiera que las abandonaran. Para ello se habilitó el área geográfica de Narym en Siberia Occidental con 350 000 kilómetros cuadrados.

Ese mismo año se iniciaron las detenciones en masa de todos los *kulaks* de la cuenca del Volga, Ucrania Occidental, Bielorrusia, Ciscaucasia y Kazakhstán. Para los destacamentos de la OGPU, *kulak* era sinónimo de rico, y entendían como tal a todo aquel que era propietario de una simple gallina, por lo que aldea por aldea y pueblo por pueblo, desalojaron y encarcelaron a miles de personas tras confiscarles todas sus pertenencias, desde el calzado, abrigos y ropa interior, hasta simples utensilios de hogar como cacerolas o jarras, que eran subastadas a continuación entre el resto de la población para ingresar dinero extra en las arcas del estado.

Kulaks *en tránsito desde la estación de Múrmansk, entran en el campo de Solovkí. Desde allí partirían hacia las tierras que debían explotar y colonizar. Fotografía de Tomasz Kizny realizada en 1927 o 1928.*

No hace falta explicar que con esas prácticas muchas personas fueron víctimas de viejos enfrentamientos, ya que un sinfín de vecinos vieron la oportunidad de hacerse con propiedades de otros. Un ejemplo fue la tragedia ocurrida en Samara, donde 4865 personas resultaron asesinadas por la OGPU sin fundamento alguno. Incluso los artesanos fueron arrestados acusados de tener los materiales para elaborar sus propios productos, algo que escapaba de toda lógica. A finales de 1928 un total de 909 000 *kulaks* habían sido deportados y en 1929 la cifra superaba el 1 178 000.

En 1930, el descontento entre la clase campesina ya se hizo evidente, por lo que no tardaron en organizar comités armados que arrebataron algunas aldeas a los bolcheviques. Las ocupaciones apenas duraban unos días, pero le dieron más razones a Stalin para incrementar las acciones en su contra y recurrir aún más al uso de la fuerza. A lo largo del año se reprimieron violentamente más de 14 000 revueltas en las que participaron más de 2 millones de campesinos, de los que más de 20 000 fueron ejecutados y cientos de miles deportados.

Precisamente el proceso de la deportación en sí era una de las fases más trágicas. Los detenidos no iban solos, sino acompañados por sus familias, ya fueran mujeres, niños o ancianos. Con un equipaje máximo de 480 kilogramos, los campesinos arrestados eran recluidos durante días o semanas en recintos provisionales como estaciones secundarias o cuarteles, situados en los centros de transporte de Vologda, Kotlas, Rostov, Sverdlovsk y Omsk. Allí, en muchos casos, los varones eran finalmente separados de sus familias de forma violenta por los guardias de la OGPU. Para trasladarlos se emplearon 240 trenes con 53 vagones para cada grupo. El viaje se prolongaba a veces varios días hasta el destino final, en regiones inhóspitas que había que atravesar a pie, en trineo o carretas, a lo largo de cientos de kilómetros.

Una niña de 7 años, en Buguruslan, Kazan, víctima de la gran hambruna. En las áreas rurales donde vivían a duras penas las familias, la mortalidad alcanzó límites altísimos. El 12% de los fallecidos fueron niños, que llegaron a alimentarse de hierba. Los cadáveres quedaron sin sepultar, desnudos y amontonados en agujeros excavados a toda prisa.

Una vez en las áreas de trabajo asignadas, los deportados debían asentarse. O bien había barracones de madera en los que con frecuencia ya estaban alojadas más de dos o tres familias, o no había nada, por lo que se veían obligados a cavar un hoyo en el suelo de la taiga y cubrirlo con ramas, para protegerse del frío. Miles de personas que no lograron adaptarse fallecieron durante sus primeros días de estancia en el nuevo «hogar» que tenían destinado.

Dado el enorme número de deportaciones efectuadas durante la deskulakización, se hizo necesario ampliar las áreas geográficas de explotaciones. No solo la región de Narym, como inicialmente estaba previsto, se llenó de *kulaks*, también muchos otros lugares dispersos por el territorio soviético: el resto de Siberia, Kazakhstán, el litoral del Mar Blanco o Magnitogorsk. Los principales complejos de producción se situaron en Urallesprom para la explotación forestal; Kuznetzstroi, para la metalurgia; Vostokstal, para el acero; Tsvetmetzoloto, para minerales no férreos y Uralugol, junto con Vostugol, para la extracción de carbón.

Los 40 000 prisioneros de las islas Solovetsky trabajaban en la tala de bosques entre Carelia y Arkángel, a través de la ruta Kem-Ujta; otros 40 000 tendían el trazado del ferrocarril de 300 kilómetros entre Ust y Piniug; 24 000 más eran la mano de obra del conjunto metalúrgico de Kuznetsk en Siberia; otros 20 000 cumplían condena en el combinado de empresas químicas de Vichera, en los Urales, y unos 15 000 construían la línea férrea hasta Boguchachinsk, en las repúblicas del Asia Oriental. Todo eso, sin contar a los dedicados a la extracción de minerales.

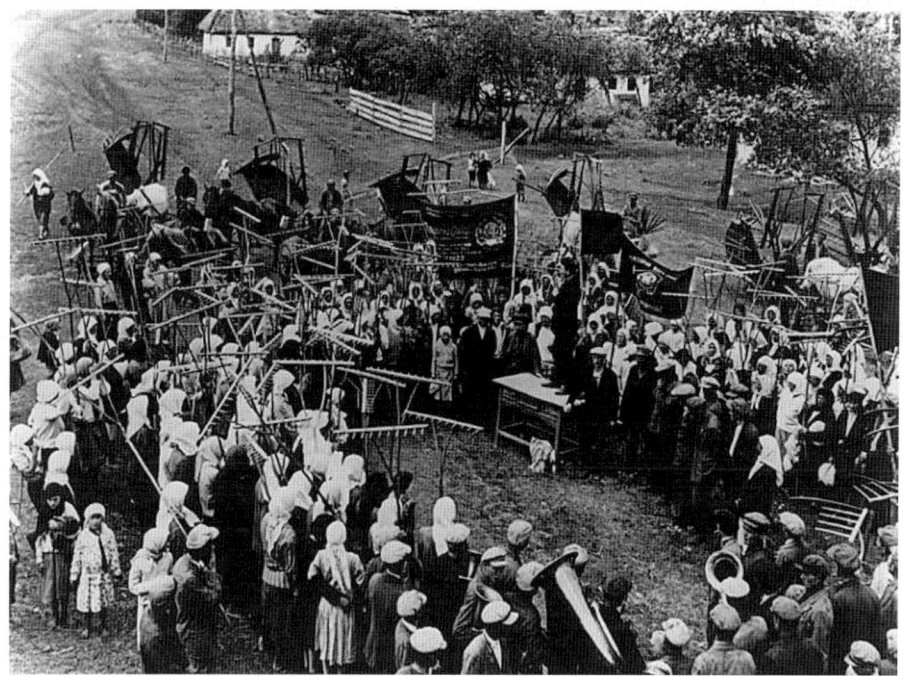

La gran fiesta de la cosecha, con música y banderas, en una granja colectiva de 1933. En realidad, los campesinos, forzados a la colectivización, tenían poco que celebrar. La mayor parte de su producción debían entregárselas a las agencias estatales.

Fueron deportados más de 3 800 000 *kulaks* entre 1929 y 1933, que dejaron tan abandonados los campos, que resultó imposible para los que quedaron hacer frente a las demandas de producción del estado. Tampoco los enviados a las nuevas zonas de colonización, que trabajaban sin descanso unas tierras baldías, aportaron los beneficios esperados, y los que se obtuvieron, se dedicaron junto a las exportaciones masivas de los productos agrícolas recogidos a financiar el desarrollo industrial. Como consecuencia, el mundo rural soviético se desmoronó. Entró en una quiebra económica que provocó una brutal hambruna, por la que fallecerían cientos de miles de personas en toda la nación. A su vez, la hambruna trajo consigo un éxodo masivo a las grandes ciudades desde las regiones más necesitadas. Sin trabajo y sin comida, aumentó la criminalidad en los centros urbanos, y con ella, las tensiones.

Las autoridades, ciegas a la realidad, achacaron la migración masiva a perversas maquinaciones contrarrevolucionarias y respondieron con fuerte represión y una campaña que denominaron de «pasaportes». Comenzó el 27 de diciembre de 1932 con la decisión del Politburó de emitir pasaportes internos a todos los residentes de las grandes ciudades consideradas con estatuto especial —principalmente Moscú, Leningrado, y sus alrededores, en un radio de cientos de kilómetros[72]— que no hubieran llegado después del 1 de enero de 1931, tuvieran trabajo, no estuvieran considerados perezosos o alborotadores o no fueran refugiados extranjeros.

Uno de sus objetivos era claramente limpiar los centros urbanos de elementos superfluos no conectados con el trabajo productivo o administrativo, así como de los *kulaks* que quedaran y otros elementos «desclasados y socialmente dañinos». Es decir, antiguos mercaderes, comerciantes, campesinos que hubieran huido de la hambruna en el campo, delincuentes comunes, o cualquiera que no encajase en la idealizada estructura de clases comunista, no recibirían papeles. Luego, en un plazo máximo de 48 horas, podían ser detenidos y enviados a los «asentamientos especiales», tras un procedimiento administrativo sumario en el que ni siquiera se hallaban presentes.

Desde los primeros días de 1933, la OGPU se situó en las estaciones de tren y en los principales puestos de control de carreteras y comenzó a detener a agricultores de Ucrania, el valle del Volga y el Cáucaso, que se desplazaban hacia la capital. El 23 de enero, el gobierno fue más allá y prohibió que se les vendieran billetes de tren. En paralelo, la policía y los agentes de inteligencia de las regiones occidentales del país —Bielorrusia, el Oeste de Ucrania y Carelia—, comenzaron a realizar miles de detenciones de presuntos insurgentes o presuntos simpatizantes de extranjeros invasores. Las prisiones de las regiones afectadas, a menudo insuficientemente vigiladas, quedaron abarrotadas debido a las detenciones en masa, y su mortalidad ascendió también a niveles alarmantes —en la prisión de Tashkent, en Uzbekistán, por ejemplo, entre enero y febrero, el 25 % de los presos murieron de hambre—. Era imprescindible encontrar una solución.

---

[72] Más tarde se extendería a otras 30 ciudades, entre ellas, Odessa, Kiev, Minsk, Jarkov, Rostov-on-Don, Vladivostok, Sochi y Tuapse. Estas dos úlimas, a orillas del mar Negro, eran los lugares de descanso de la élite del Partido.

4.2 La isla siniestra

Ese mismo febrero, Genrikh Yagoda, el nuevo responsable de la OGPU y Matvei Berman, jefe del recién creado sistema de GULAG, acrónimo de *Glávnoie upravlenie ispravítelno-trudovyj laguereí i koloni* —Dirección General de Campos de Trabajo[73]—, propusieron a Stalin lo que denominaron un «plan grandioso», con el fin de reubicar a 2 000 000 de esos detenidos en «asentamientos especiales» de Siberia occidental y Kazajistán.

Su objetivo era deshacerse de golpe de un gran número de ellos y, al mismo tiempo, convertir cerca de un millón de hectáreas de terreno virgen en productivo. El coste de la operación se estimó en 1 394 millones de rublos. En dos años, la inversión debía dar sus frutos. Para entonces los deportados ya podrían ser autosuficientes y hacer contribuciones para financiar el gasto público. El plan se basaba en la experiencia obtenida de la deportación a las mismas áreas de los 2 000 000 de *kulaks* y trabajadores agrícolas anteriores.

El día 7, Yagoda informó por telegrama al jefe de la OGPU de Siberia occidental que la llegada al menos de 1 000 000 de personas a esa región era inminente. Tenía enormes bosques, en gran parte sin explotar, y una buena parte de zonas pantanosas desecables al norte del río Narym. Apenas dos días después, los representantes de la OGPU de Siberia occidental, reunidos con los dos representantes de más alto rango del *Siblag*, —la autoridad encargada de la gestión de los campos de trabajo y acuerdos especiales—, y el máximo líder del partido en la región, Robert Indrikowitsch Eiche, rechazaron taxativamente el plan. La comida necesaria para ese número de deportados colapsaría todos los recursos de la región y los suministros existentes, y aumentarían las tensiones sociales y los problemas. Además, no disponían de fuerzas suficientes para establecer una vigilancia eficaz sobre tantos detenidos.

Representantes del *Siblag* y la OGPU siberiana negociaron posteriormente en Moscú con representantes de los ministerios de economía y planificación económica. En el curso de estas discusiones se consiguió reducir el número de deportados a 500 000. A cambio, sin embargo, se reducía también un 20 % el presupuesto destinado a su establecimiento y al resto de medidas logísticas necesarias para su arraigo. El 7 de marzo, Indrikowitsch aceptó ese compromiso. Tres días más tarde lo hizo también el Politburó en Moscú. El 20 de abril, aprobado definitivamente por el Consejo de Comisarios del Pueblo, se

---

[73] Administrado por la OGPU, el GULAG fue establecido oficialmente como institución de toda la Unión Soviética, el 25 de abril de 1930. Se cumplía así la orden firmada el 7 de ese mes por el Soviet de Comisarios del Pueblo, el *Sovnarkom*.

publicó una resolución que permitía los «asentamientos laborales» del OGPU, similares en forma y organización a los «asentamientos especiales» ya existentes para *kulaks*.

Según el plan, los deportados pasarían primero por campos de tránsito. Los había en Omsk, Achinsk y Tomsk, donde se encontraba el mayor de ellos. Nikolai Alexeyev, representante de la OGPU de Siberia Occidental y jefe regional de la policía política, lo visitó el 20 de marzo y ordenó la construcción en un plazo de seis semanas de barracones con una capacidad total de 8000 personas. Además, pidió que se le proporcionaran tiendas de campaña para otras 7000. De acuerdo a lo estipulado, en tres meses se debían canalizar por allí a 350 000 detenidos y todo debía estar preparado para evitar retrasos. Sin embargo, en las semanas siguientes a la visita de Alexeyev se demostró que no todo estaba tan bien planificado. Los funcionarios encargados de Tomsk, ni sabían la fecha en que llegarían los primeros internos, ni su número, ni el tiempo que estarían allí.

A partir del 9 de abril, antes de que las obras hubieran concluido, comenzaron a llegar trenes abarrotados hasta los topes de gente de todo tipo y condición social: hombres, mujeres, jóvenes de entre 16 y 30 años, niños, ancianos, enfermos, discapacitados mentales, ciegos, trabajadores arbitrariamente arrestados[74], familiares de funcionarios, comunistas, intelectuales, miembros del partido, campesinos de las zonas de hambruna en estado crítico, *kulaks*, asesinos, ladrones. Una mezcla increíble.

Ese mismo mes, a pesar de que no estaba previsto finalizar las obras hasta el 1 de mayo, llegaron otras 25 000 personas. El transporte fluvial a los campos de trabajo definitivos estaba detenido hasta principios de mayo, a la espera del deshielo de los ríos Obi y Tom, por lo que el campo se saturó y los internos, en condiciones de vida deplorables, comenzaron a fallecer. Más de 500 murieron en la segunda quincena de abril, a los pocos días de su llegada.

La desorganización con que se llevaba el «plan» llegó a su punto culminante cuando un convoy a rebosar de deportados partió de Moscú el 30 de abril, y otro similar lo hizo desde Leningrado el día 29. Ambos llegaron el 10 de mayo con los presos en condiciones deplorables. La ración de comida diaria durante el trayecto había consistido en 300 gramos de pan por persona, por lo que estaban hambrientos, y los delincuentes comunes que se hallaban entre los detenidos, muchas veces organizados en pequeñas bandas, habían golpeado al resto para robarles su ropa y su escasa comida.

---

[74] Vladimir Novozhilov, por ejemplo, de Moscú, con esposa e hijo, que era conductor y trabajaba con compresores, premiado con bonificaciones de productividad en tres ocasiones, se preparaba para ir al cine junto a su esposa tras su jornada laboral. Mientras ella se vestía, salió a fumar un cigarrillo y fue arrestado.

Las autoridades de Tomsk, que se veían superadas y habían perdido el control, si es que alguna vez lo habían tenido, no estaban familiarizadas con todo ese tipo de gente, y menos esperaban que a la noche siguiente, al darles pescado salado, provocaran disturbios para pedir agua. Los guardias intervinieron, abrieron fuego en la oscuridad y provocaron una brutal matanza para poder disolverlos. Puesto que se esperaba que hubiera más altercados, se decidió descongestionar Tomsk y enviar el mayor número posible de presos a los campos de trabajo más aislados, en cuanto fuera posible.

Las barracas de madera del primitivo campo de prisioneros de Tomsk. Al fondo, la torre de vigilancia. La llegada de más de 30 000 detenidos colapsó todas las infraestructuras, que resultaron insuficientes.

El día 14, 4 barcazas utilizadas para el transporte de troncos partieron con unas 5000 personas a bordo hacia la isla de Nazino, situada entre los pasos de los ríos Obi y Nazina a 80 kilómetros de Tomsk. Un tercio eran criminales, de los expulsados para «descongestionar las prisiones», el resto se repartía a partes iguales entre agricultores y vecinos de Moscú y Leningrado que jamás habían vivido en zonas rurales. El comandante del distrito Alexandro-Vakhovskaya, Dimitri Zepkow, que estaría a cargo de los campos de trabajo, fue informado el 5 de mayo de que recibirían a los prisioneros. Todo el personal disponible —Zepkow, su asistente, y cincuenta guardias que ni siquiera disponían de zapatos ni uniformes, reclutados a toda prisa en las calles de Tomsk, eran novatos—. Nunca habían trabajado con presos y no tenían comida, herramientas o suministros con los que mantenerlos. A no ser por el arma, se distinguían poco de los deportados.

Los detenidos fueron hacinados bajo las cubiertas de las gabarras. Desembarcaron a sus desdichados pasajeros al mediodía del 18 de mayo con lo que llevaban puesto, sin víveres, ni prendas adecuadas para las gélidas temperaturas siberianas. Muchos, con las mismas ropas ligeras con las que les habían capturado de improviso. Era gente de todas las clases sociales, edades y sexos. Todos dejados a su suerte en una isla olvidada. Nazino era un pedazo de tierra inhóspito, agreste y pantanoso, de unos 3 kilómetros de largo y 600 metros de ancho, lejos de cualquier traza de civilización, sin apenas vegetación salvo un bosque de álamos. Allí no había esperanza de hallar cabañas, refugio, o campamento alguno.

Un guardia del campo de Tomsk. En sus manos lleva un knut, *látigo trenzado en cuero de varias colas con el que se administraban los azotes y castigos. La víctima era atada a un poste o en un triángulo de madera y recibía un cierto número de golpes en la espalda. Una pena de 100 o 120 latigazos era equivalente a una sentencia de muerte. El verdugo era generalmente un criminal que tenía que pasar por un período de prueba y entrenamiento. Su sentencia se olvidaba a cambio de sus servicios.*

No se había hecho una lista oficial, pero a su llegada se contabilizaron 322 mujeres, 4556 hombres y 27 cadáveres de los que habían muerto en el trayecto desde Tomsk. Más de un tercio de los trasladados estaban demasiado débiles como para permanecer en pie.

Poco después de pisar tierra firme, llegaron las provisiones: 20 toneladas de harina —unos 4 kilogramos por persona que se pensaban distribuir en entregas de 250 gramos—. Nada más. No había ningún otro alimento, semilla o herramienta. Cuando llegó el momento del reparto, se convirtió en un verdadero caos. Se formaron estampidas de gente desesperada por el hambre y muchos murieron pisoteados por la famélica multitud o por los disparos de los guardias, que no dudaron en abrir fuego sobre los hombres y mujeres que pretendían obtener un mínimo alimento. La harina se trasladó a la costa opuesta y se dejó para la mañana siguiente.

Esa noche empezó nevar y la helada les caló hasta los huesos. Muchos no lo superaron, murieron alrededor de las hogueras mientras dormían, víctimas del frío, la humedad y el agotador viaje por Siberia que los había depositado en medio de la nada. El equipo de sepultureros enterró durante esa primera jornada 295 cadáveres más. Era un lugar terrible.

A media mañana del día 19, el comandante del campo intentó organizar un nuevo reparto de harina que se saldó con otra pelea y más disparos. Desde entonces decidió distribuirla a través de un «responsable» que recogía 75 kilos para toda su brigada, de unas 150 personas. Los «elegidos» eran los mismos delincuentes que formaban los grupos más agresivos y habían abusado de su posición desde el principio de aquella pesadilla. Se apropiaron de la mayoría de las raciones e hicieron entrega de ellas de acuerdo a su conveniencia. Los que querían comer debían de cambiarla por los zapatos, ropa u otros objetos de valor, incluidos los dientes de oro, si aún los tenían. Tampoco había hornos ni utensilios de cocina para hacer pan, por lo que, una vez conseguida, había que comerla mezclada con el agua del río de una zona pantanosa. Provocó cientos de casos de disentería y un primer brote de fiebre tifoidea.

El 21 de mayo, Zepkow consiguió que le enviaran a un médico, dos sanitarios y algo de material para improvisar unas pocas docenas de tiendas de campaña donde atender a los enfermos. Ese día contabilizaron 70 nuevas muertes, y observaron por primera vez pruebas de canibalismo en cinco de los casos: les habían quitado el hígado, el corazón y los pulmones y tenían cortados grandes trozos de carne. De uno de los hombres habían desaparecido la cabeza, los genitales y partes de la piel. Era solo el principio.

Se detuvo a 6 sospechosos y posteriormente a otros 40. Once eran antiguos miembros de la OGPU condenados, con edades entre los 20 y 35 años y experiencia en campos de prisioneros. Fueron puestos en libertad poco después. El problema era que, aunque la policía los detuviera, no había ninguna la ley contra el canibalismo en la Unión Soviética, y era difícil demostrar que hubiera sido un asesinato.

Las cosas se pusieron aún peor cuando el día 27 llegaron en una barcaza unos 1200 deportados adicionales. A esos, en peor estado de salud que los del primer grupo, ya ni los contaron. A todos se les dijo que aquello era solo una escala, una parada provisional. Sin embargo su estancia se alargó sin plazos determinados al tiempo que la isla se transformaba en un infierno.

Las pocas personas que aún tenían fuerzas, pretendieron huir a través del río sujetándose a viejos troncos o con primitivas balsas. Los guardias los acribillaron o los cazaron como animales, y a los que no alcanzaron los disparos, los arrastró la corriente y se hundieron, con lo que los cadáveres acabaron por aparecer y pudrirse en las orillas. Pocos lograron escapar. La falta de transporte a cualquier otro punto del país que no fuera Tomsk y la dureza de la vida en la Taiga, se encargó del resto de fugitivos, que fueron dados por muertos.

Los días pasaron, y puesto que no era posible encontrar alimentos, tuvieron que comer raíces, algunas hojas y musgo. Cuando la comida se acabó definitivamente y la situación se hizo insostenible, los reclusos más fuertes comenzaron a matar a los débiles para después devorarlos. En la jerga de los criminales se incluyó entonces un nuevo término: «la vaca». Era el nombre que daban a algún joven invitado en sus intentos de fuga, lo que no sabía era que, si conseguían escapar, sería asesinado y sus riñones y su sangre comidos crudos para que el fuego no los descubriese. Luego, sus trozos más tiernos, bien cocidos, servirían para alimentarse más adelante.

Boris Trenin, historiador soviético de la vieja escuela, cuenta que en 1989, un vecino de Tomsk testigo de aquellos macabros sucesos cuando tenía 13 años, recordaba: «Trataban de escapar. Nos preguntaban ¿Donde está la vía del tren? Nunca habíamos visto una. ¿Donde está Moscú? ¿Leningrado? Preguntaban a las personas equivocadas, nunca habíamos oído hablar de esos lugares. La gente huía hambrienta. Les habían dado un puñado de harina, la mezclaban con agua, la comían e inmediatamente sufrían diarrea ¡Las cosas que vimos! La gente moría por todas partes; se mataban unos a otros. En la isla había un guardia llamado Kostia Venikov, un chico joven. Cortejaba a una bonita chica a la que habían enviado allí. La protegía. Un día tuvo que ausentarse un rato, y le pidió a uno de sus camaradas que cuidara de ella, pero con toda aquella gente el camarada no pudo hacer mucho. La cogieron, la ataron a un álamo, y, aun estando viva, empezaron a cortarle trozos de su cuerpo. Cortaron carne de sus muslos, sus pechos, pedazos de sus brazos. Todo lo que podían comer. Cuando Kostia regresó, aún vivía. Trató de salvarla, pero había perdido mucha sangre. Si uno caminaba a lo largo de la isla, podría encontrarse con trozos de carne humana envuelta en telas y harapos o tiras fileteadas colgadas de los árboles. Todo el terreno estaba lleno de cadáveres».

El 31 de mayo, Zepkow, que había dejado allí solos a los presos en manos de sus guardias, regresó a Nazino. Traía hachas, palas, sierras, paneles de madera y zapatos, pero ni había nada con que sujetar los paneles ni calzado suficiente para más de unos cientos de personas. Varios miles tuvieron que seguir descalzos con temperaturas nocturnas bajo cero.

Con la ayuda del secretario del partido regional, logró también reunir en la primera semana de junio unos veinte barcos en condiciones de navegar. Cada uno podía llevar solo a 50 o 60 personas aguas arriba, hacia otros campamentos más pequeños distantes unos 100 kilómetros, por lo que el viaje, de varios días de duración, se cobró otros cuantos centenares de vidas de los exhaustos condenados hasta que se consiguió trasladar a 2856. Un par de semanas después quedaron atrás solo 157, que no pudieron ser desplazados por motivos de salud. Eran los únicos supervivientes de los 6000 o 6700 deportados enviados desde Tomsk. El resto había muerto o desaparecido.

Los asentamientos a orillas del Obi diferían poco de los de la isla. Los guardias dejaron a los «colonos especiales», con algo de comida para los primeros días y varias herramientas, les dijeron que su misión era talar, desbrozar y cultivar, y volvieron a abandonarlos a su destino.

Lo ocurrido en Nazino llegó a oídos de la población gracias a los tripulantes de las barcazas, que contaron lo que habían visto. De ahí a que se enterara Indrikowitsch, no había más que un paso. El 12 de junio le exigió una inspección a Ivan Ivanovich Dolgich, el jefe del departamento del *Siblag* encargado de los «asentamientos especiales». Llegó a Nazino la tercera semana de junio. En su informe trató de restar importancia a los acontecimientos. El canibalismo no era a causa del hambre —escribió—, sino acciones de degenerados que precisamente por eso habían sido deportados. Además, le parecía que usar la expresión «canibalismo habitual», como oía demasiado por la zona, era subversivo y contrario al sistema político soviético.

Dos caníbales en Siberia occidental. En la década de 1930, estos casos fueron una constante. Estuvieron relacionadas con intentos de escapar de los campos del Gulag y las recurrentes hambrunas. Sin una ley que lo prohibiera expresamente en el curioso código penal soviético, las perspectivas para los delincuentes eran muy atractivas. Si no los cogían, podían seguir comiendo carne humana. Si los detenían en prisión preventiva, tenían un techo bajo el que guarecerse y un cuenco de sopa hasta que los pusieran en libertad.

Según sus cuentas, eso de que en la isla habían muerto 1970 personas, también le parecía una exageración. De hecho, veía también que esa cifra ocultaba preocupantes motivos políticos. Por otra parte, los colonos que había encontrado en lo que ahora se conocía con el aséptico nombre de «Lugar de asentamiento n.º 1», no eran más que la escoria de la sociedad, y no parecían tener muchas ganas de trabajar.

Antes de su regreso, Dolgich cesó a Zepkow y nombró en su lugar a un nuevo comandante. Luego ordenó que tres brigadas de obreros, con un total de 60 de los *kulaks* que llevaban allí varios años, construyeran un pueblo «tipo» de los que se levantaban en otros asentamientos. Con la satisfacción del deber cumplido dio el caso por concluido y volvió a su despacho.

A mediados de agosto entró en escena Vasily Velichko Arsenjewitsch, un periodista de 24 años miembro del partido comunista local, al que no habían convencido las explicaciones de Dolgich. Investigó un poco, escribió un par de artículos en la prensa local y, el día 22, envió su propio informe a Indrikowitsch, su supervisor inmediato. Sin filtrar, envió también una copia a Moscú.

Stalin, que en uno de sus temidos y peligrosos cambios de opinión ya había decidido el 8 de mayo que lo de las deportaciones masivas era una estupidez, y con una directiva secreta había dado instrucciones para que se detuvieran de inmediato, comenzó a buscar responsabilidades nada más recibir a primeros de septiembre los papeles de Velichko. Se los entregó al Politburó —entre otros lo leyeron Lazar Kaganovich, Anastás Mikoyan, Mijaíl Kalinin, Walerian Kuibyshev y Vyacheslav Molotov— y exigió una comisión de investigación.

Se formó el 23 de septiembre y se desplazó durante varias semanas por la región de Narym, donde inspeccionó también los asentamientos de Nazino. El número de enfermos graves, expuso en sus conclusiones, era de aproximadamente 800. De las 10 289 personas que habían sido deportadas, todavía quedaban en la comandancia de Alexandrovskoe-Wachowskaja, 2025. A mediados de ese mes habían sido enviados a campos de trabajo del *Siblag* 1940, y 6324 habían desaparecido. De las restantes, el 50 % estaba enfermo y postrado en cama; invalido, el 35 o 40 %, y solo al 10 o 15 % se les veía sanos.

El 31 de octubre, la comisión presentó oficialmente su informe a Stalin. Puso en duda la ética de trabajo en los «asentamientos especiales», demostró 12 casos de canibalismo «por hábito» y recomendó con mucha diplomacia que, en el futuro, se hiciera todo lo posible para mejorar las condiciones de vida de los deportados. Al día siguiente, el Comité del Partido de Siberia Occidental se reunió para discutirlo. Se estipuló que serían responsables de todo los funcionarios locales que estuvieron involucrados en el asunto Nasino. Algunos, y los guardias locales, tuvieron que enfrentarse a un comité de disciplina interna de la OGPU. Zepkow, dos de sus más cercanos colaboradores en las semanas previas a la tragedia y su sucesor al mando, fueron condenados a prisión con penas de entre doce meses y tres años, acusados de «sabotaje frustrado». La Oficina del Comité del Partido también solicitó un examen de otras áreas de Alexandrovskoe-Wachowskaja para instalar a los «elementos deficientes», pero el Comité Central en Moscú se mostró categórico: no se enviarían más «elementos urbanos de calidad inferior» a Siberia occidental. El «Gran plan» se había dado por concluido.

Pasado algo más de un año desde que se iniciara su calvario, se decretó el envío de los deportados supervivientes a otros campos. La mayoría de ellos, ante su pésimo estado de salud, fueron liberados. Aún sí, se les prohibió volver a sus casas y se les confinó en lugares apartados de las grandes ciudades, donde se les dejó morir.

Meses después de ser evacuada la isla, aún aparecieron cadáveres en las orillas del Obi, tanto en sus cercanías, como a distancias considerables. Años más tarde se hallaron entre 30 y 40 fosas comunes, cada una de ellas con 50 o 70 cuerpos.

Mujeres y hombres condenados a trabajar en el Canal del Báltico, próximo a San Petersburgo. Cuando quedó abierto, el 2 de agosto de 1933, habían muerto durante los dos años de su construcción casi 11 000 presos. Económicamente resultaba mucho más productivo que las deportaciones a los «asentamientos especiales».

Nazino le dejó muy claro al estado que el sistema de «asentamientos especiales» no alcanzaba los objetivos deseados. En particular, permitía dudar muy seriamente de su efectividad la falta de rentabilidad. A partir de ese momento su crecimiento se detuvo abruptamente y, hasta el inicio de la Segunda Guerra Mundial, disminuyó de manera constante. El campo de trabajo como forma de represión y explotación comenzó a ganar terreno. Ya en 1933 el número de reclusos de esas salvajes instituciones se incrementó en un 50 %. Cuatro años después se había duplicado y los presos eran más de un millón.

4.3 La semilla del mal

Los campos del GULAG existían en toda la Unión Soviética, pero los más grandes estaban situados en áreas casi despobladas de las regiones geográficas y climáticas más extremas del país. Desde el Ártico, al Norte; y Siberia, al Este; al Sur de Asia Central. Inmensas zonas sin apenas comida, heladas en invierno y plagadas de pantanos en verano, de las que era muy difícil escapar.

Los presos se veían involucrados en una enorme variedad de actividades económicas, pero su trabajo —todo aquel cuyo coste fuera especialmente elevado—, era generalmente manual y no cualificado. Con instalaciones muy simples realizaban labores pesadas que requirieran poca o ninguna habilidad, pero llevadas al límite de la resistencia humana.

El Canal Mar Blanco-Mar Báltico, construido entre 1931 y 1933, fue el primer gran proyecto de construcción en el que intervino el GULAG. Más de 100 000 presos cavaron en apenas 20 meses una vía navegable de 200 kilómetros solo con picos, palas y carretillas improvisadas. Inicialmente fue considerado un enorme éxito, pero enseguida se demostró que el canal era demasiado estrecho y sin la profundidad necesaria como para que pudieran transitar por él la mayoría de los buques que realizaban travesías marítimas. La muerte durante las obras de miles de presos había sido en vano.

Instalaciones de un campo de prisioneros del GULAG. Durante la Gran Guerra Patria —contra la Alemania de Hitler—, las condenas se prorrogaron de forma indefinida, o los reclusos fueron de nuevo condenados, no por un delito cometido, sino porque era necesaria la mano de obra para mantener la producción.

El gulag —por extensión se denominó así a todos los campos de trabajo—, estaba concebido con la intención de transformar a hombres y mujeres en una agotada masa dócil, y todo ayudaba para ese propósito. Desde el mal olor de las personas que vivían en los barracones, hasta el hambre, el frío y los malos tratos. En cuanto se convirtió en el principal sistema penal de la Unión Soviética, recibió a criminales de todas clases: ladrones, asesinos y violadores. Junto a ellos compartían espacio los presos políticos, un grupo que incluía no solo los opositores reales del régimen soviético, sino también todos los inocentes atrapados en las garras paranoicas de la policía secreta soviética. La mayoría, víctimas de campañas legales arbitrarias y severas en las que los pequeños robos, retrasos o ausencias injustificadas del trabajo se castigaron con largas penas en campos de concentración.

Llegar tres veces tarde al trabajo, por ejemplo, podía suponer una condena de 3 años de trabajos forzados. Una broma inocente sobre un funcionario del Partido Comunista, 25 años, o coger del campo después de la cosecha una patata abandonada, 10 años.

Eso le pasó durante la hambruna del invierno de 1932 a 1933 a María Tcheboterava, una madre campesina de cuatro hijos que ocultó un saco de 5 kilogramos de centeno de su antiguo campo confiscado por el estado como parte de la colectivización. Las autoridades la condenaron a 10 años en un gulag al norte del Círculo Polar Ártico. Cuando su condena terminó en 1943, se necesitaba mano de obra y se alargó arbitrariamente hasta 1945. Una vez liberada, se la obligó a vivir en el exilio, en una cabaña próxima al campo. No pudo volver a su casa hasta 1956, tras la muerte de Stalin. Nunca más pudo ver a sus hijos. No los encontró.

Durante una jornada se podían llegar a realizar hasta 14 horas de trabajo físico agotador. Los presos talaban árboles con sierras de mano y hachas, o cavaban en el suelo congelado con picos primitivos. Otros extraían carbón o cobre a mano, con métodos y herramientas obsoletas. Estos, muy a menudo sufrían dolorosas enfermedades por la inhalación de polvo de mineral. En todos los casos, los prisioneros apenas eran alimentados lo suficiente como para llevar a cabo las actividades que les encargaban.

La combinación de violencia endémica, clima extremo, trabajo duro, raciones escasas y condiciones insalubres, llevó a tasas de mortalidad extremadamente altas. A los ojos de las autoridades, los prisioneros apenas tenían valor. Los que morían de hambre, frío, enfermedades, o a causa de las duras condiciones de trabajo, eran rápidamente reemplazados por nuevos internos. El sistema siempre podía encontrar más hombres y mujeres para reponer las bajas de los campos del GULAG.

Porque las mujeres tampoco fueron ajenas al terror estalinista. Muchas se vieron también inmersas en la inhumana tragedia soviética como consecuencia de la represión que sufrieron sus maridos o familiares, víctimas directas. Unas veces como rehén de un poder que castigó a sus seres queridos por el simple hecho de serlo. Otras, como injusto chivo expiatorio de los «pecados» cometidos por otras personas, como ocurrió con Olga Ivínskaya, amiga íntima del perseguido premio Nobel de literatura Borís Pasternak —el autor de *Doctor Zhivago*—, que pagó su relación con una larga condena. O con la cantante madrileña Carolina Codina Nemiskaya, —hija del tenor catalán Joan Codina i Llubera y la soprano polaca Olga Memisskaya—, conocida como Lina Prokófieva, que estuvo casada con el compositor Serguéi Prokófiev. Lo más relevante de su caso es que Prokófiev la abandonó, y aun así fue castigada por el régimen y enviada al gulag como peculiar modo de alejarla de él y al mismo tiempo influir en el díscolo compositor.

Miles de casos. Como el de Nina Hagen-Torn, hija de un médico sueco rusificado que, igual que les sucedió a otros muchos intelectuales, fue a parar a los campos. O el de Anna Mijáilovna Lárina, arrestada, deportada y finalmente condenada, al igual que gran parte de su familia, por ser la esposa de Nikolái Bujarin, unos de los dirigentes de la revolución, hombre culto que Stalin eliminó después de que redactara la nueva, progresista y nunca puesta en práctica Constitución soviética. Tras su ejecución, al igual que les ocurrió a la mayoría de los protagonistas de la revolución, todos sus familiares fueron víctimas de la represión en una u otra medida. Anna Lárina, tras un largo viaje por un sinnúmero de cárceles, campos y deportaciones, no sería puesta en libertad hasta 1956.

La proporción de mujeres en los *gulag* fluctuó a lo largo de los años, pero osciló entre el 6 y el 38 %. Durante la Segunda Guerra Mundial, cuando las autoridades enviaron a los presos al frente —de 1941 a 1945—, se mantuvo alrededor del 30 %; luego, en 1948 ya cayó al 22 %, y en 1952 se redujo al 17 %.

Mujeres anónimas, que sufrieron más que los reclusos varones con las precarias condiciones higiénicas o víctimas de abusos, humillaciones sexuales y violaciones por parte de los guardias, los funcionarios e incluso de otros reclusos. Otras, que tuvieron que conseguir «maridos de campamento» para su protección. Mujeres que llegaron embarazadas y muchas que se quedaron embarazadas mientras estaban recluidas en el gulag, traumatizadas al separarlas de sus hijos.

De vez en cuando, el gobierno permitía liberar con inusuales amnistías a algunas de ellas, o a las que tenían niños pequeños, pero lo más frecuente era que los funcionarios se llevaran a los recién nacidos a orfanatos especiales. Cuando sus madres eran puestas en libertad, ya no volvían a encontrarlos.

Entre 1934 y 1955 más de medio millón de niños, niñas y adolescentes fueron obligados también a realizar trabajos forzados. Muchos condenados solo por asociación, al vivir con sus padres, que habían sido detenidos y declarados culpables. Para los nacidos en los gulag que no pudieron ser enviados a orfanatos, la administración creó zonas especiales en los campos en las que sufrieron las mismas malas condiciones y falta de asistencia que el resto de los internos. Solo que ellos con una tasa de mortalidad aún mayor.

Durante los años de guerra cientos de miles de huérfanos de la Unión Soviética buscaron por su cuenta comida, botín y trabajo. Las autoridades los detuvieron y, según sus edades, los trasladaron a campos específicos, hogares infantiles o fábricas. En las colonias penales de menores estuvieron recluidos en la posguerra unos 190 000 niños y adolescentes.

Según escribió el controvertido Lev Razgon[75]: «No temían a nada ni a nadie. Los guardias y jefes de campamento tenían miedo a entrar solos en las celdas separadas donde vivían los menores. Fue allí donde se produjeron los actos más viles, cínicos y crueles que tuvieron lugar en los campos. Si uno de los líderes criminales de los prisioneros perdía todo en el juego, y se había apostado su vida, los chicos lo mataban por una ración de pan o, simplemente, por el gusto de hacerlo. Las chicas se jactaban de que podían satisfacer a todo un equipo de tala de árboles. No había nada humano en esos niños. Era imposible imaginar que pudieran volver al mundo normal y convertirse en seres humanos de nuevo».

Mujeres acusadas de delitos políticos en el campo de trabajos forzados. Al acabar la jornada se hacinaban en barracones que compartían una docena de presas.

En general, el perfil de los presos se dividió en tres categorías: la primera servía para identificar a los socialistas-revolucionarios, la segunda para conservadores o monárquicos y la tercera para delincuentes comunes que incumplían la ley. La política represiva de Stalin también incluyó mediante el artículo 58

---

[75] Lev Razgon, conocido escritor y activista de derechos humanos, fallecido en 1999 a los 91 años, pasó en un campo de trabajo desde 1938 a 1955. Según el también escritor Anton Antonov-Ovseyenko, que estuvo preso de 1940 a 1953, Razgon, expulsado de la NKVD en 1937, no era más que un oportunista. Ni empujó una carretilla, ni taló madera en la taiga, ni pasó hambre o frío. Protegido por un antiguo comandante de la Cheka, trabajó como oficinista en la distribución de los detenidos a los diversos campos.

del código penal castigar a todo aquel que se considerase «saboteador» en algún área de trabajo. Miles de empresarios privados, técnicos e ingenieros fueron perseguidos y detenidos. Lo mismo sucedió con los religiosos de la Iglesia Ortodoxa, los musulmanes, los católicos, los protestantes y buena parte de los judíos.

Un niño de corta edad realiza trabajos forzados junto a su padre y su madre en el canal del mar Blanco, en 1932. Mientras la dirección del campo permitiera que siguieran juntos, podían considerarse satisfechos.

Los primeros trabajos fueron la tala de bosques para la obtención de madera, luego se pasó a la minería y extracción de otros materiales y, finalmente, a las grandes infraestructuras. En Perm 36, por ejemplo, un campo creado en 1946 en los montes Urales, cerca de la frontera con Siberia, dedicado a la obtención de madera, los presos talaban árboles durante todo el año y los enviaban río abajo durante el deshielo para ayudar a reconstruir los pueblos y ciudades soviéticos destruidos por la guerra. En esa zona llegaron a instalarse entre 1948 y 1953 más de 150 campos con el mismo cometido. En ellos se encarceló a cerca de 150 000 reclusos, alrededor de un tercio de la mano de obra total de la región.

A las 6:00, se tocaba diana. Media hora más tarde los presos recibían un mínimo desayuno. A las 7:00 se pasaba lista, y a las 7:30 se iniciaba la marcha, siempre bajo escolta armada, hasta el lugar donde se encontraba el trabajo a realizar. Generalmente se tardaba entre 1 hora y 1 hora y media en llegar. A veces entre la nieve, otras por pantanos o pedregales y no siempre con el calzado o la ropa adecuados.

El trabajo se prolongaba sin interrupción hasta las 6 de la tarde. No había descansos ni más comida hasta volver al campo. Cuando se daba la orden se recogían las herramientas y se emprendía la larga caminata de regreso.

A las 19:30 les daban la cena. A las 20:00 comenzaban las obligaciones laborales propias del campo —cortar leña, quitar la nieve, reparar los caminos y cualquier desperfecto en las cabañas—. A las 23:00 se apagaban las luces y se exigía silencio. Así, día tras día. Año tras año.

Los prisioneros recibían su ración de comida —la *paika*—, de acuerdo con la cantidad de trabajo que realizaran. Una ración completa apenas proporcionaba suficiente alimento para sobrevivir. Si un preso no cumplía con su cuota de trabajo diario, recibía incluso una cantidad menor. Si no lo hacía con frecuencia, se le dejaba morir lentamente de hambre. Los denominados *dokhodiaga* —deshauciados— eran prisioneros muy demacrados, al borde de la muerte por inanición. Su presencia recordaba constantemente a los prisioneros cual sería su destino si no podían cumplir con las normas de trabajo y se les quitaba sus raciones.

Un judío empalado en la Unión Soviética de la década de 1930. Si tras ser torturado no moría, era internado en cualquiera de los gulag del territorio por tiempo indefinido. Según los datos oficiales, durante la persecución religiosa se detuvo a 30 000 sacerdotes y monjas y se destruyeron 6175 iglesias.

Antes de la década de 1950, los campamentos no proporcionaron platos. Los presos comían en pequeños botes fabricados artesanalmente en los talleres a partir de piezas de hojalata o trozos de bidones de queroseno. Se utilizaban como moneda de cambio para obtener alimentos. Tampoco disponían de cucharas, que se consideraban un lujo en las décadas de 1930 y 1940. La mayoría de los internos tenía que comer con las manos sucias y coger así la sopa de las ollas.

Durante el tiempo en que no trabajaban, los prisioneros vivían normalmente en una zona de campo rodeada de un muro o alambre de espinos. Desde lo alto, en las torres, vigilaban los guardias. En la parte del campo que les correspondía se levantaban una serie de barracones hediondos, mal calentados, en los que se hacinaban los reclusos. La vida allí era brutal y violenta.

Los presos competían por conseguir todo lo que consideraban necesario y eso suponía hacerlo por la fuerza y someter a los débiles.

Si sobrevivían al hambre, las enfermedades, el trabajo pesado y a sus compañeros de prisión, todavía podían sucumbir a la violencia arbitraria a manos de los guardias. O a las delaciones de algún otro preso, siempre atentos a cualquier paso en falso del que poder informar a las autoridades del gulag, para así intentar obtener un mínimo beneficio.

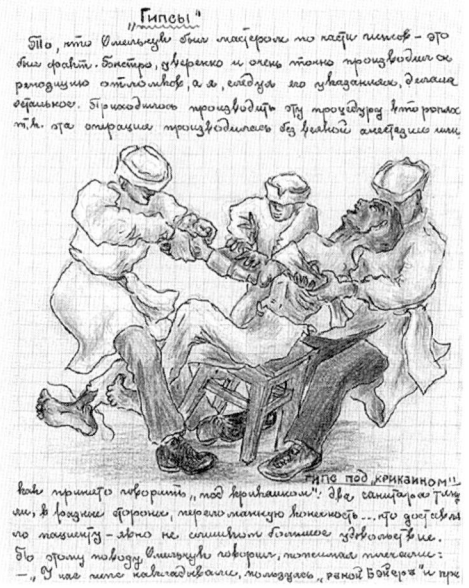

Amputación en el hospital del gulag. Obra de Evfrosinia Kresnóvskaya. *Por su origen noble, al anexionarse a la Unión Soviética la antigua Besarabia, convertida en República Socialista Soviética de Moldavia, primero perdió sus bienes, luego fue deportada a Siberia y, finalmente, la condenaron a largos años de campos de trabajo. Después de su liberación, Kresnóvskaya dedicó buena parte de su vida a escribir sus memorias e ilustrarlas con 680 dibujos propios.*

4.4 Terror rojo

En 1937, Stalin, que se mantenía al timón de la nación con mano trágicamente firme, se convenció del inminente estallido de un conflicto internacional que a su país le iba a resultar imposible evitar.

Estaba a punto de cumplir los 60 años, y esa perspectiva le recordó una de las grandes lecciones políticas que había aprendido en aquella ya algo lejana juventud compartida con Lenin: la necesidad de eliminar de antemano, mediante un «ataque preventivo», a todos los «enemigos internos». Es decir, realizar una purga a gran escala y presentarla como la solución para terminar con el potencial reclutamiento de una mítica quinta columna de espías y saboteadores.

La inició el 25 de julio, con gran interés y mejor actitud, Nikolai Yezhov, comisario del pueblo de interior —director de la NKVD—. Lo hizo de una forma muy sencilla, mediante la «Operación alemana», con la que se detuvo a todos los agentes alemanes, saboteadores, espías o terroristas sospechosos de trabajar a las órdenes de la Gestapo. En quince meses fueron detenidas nada menos que 57 000 personas de las que 42 000 fueron ejecutadas sin apenas juicios.

Una semana después, el 30 de julio, las cosas se le complicaron un poco a Yezhov: se le pidió que ampliara algo más el abanico de sospechosos. No era hombre que se amilanase, por lo que decidió enfrentarse a la dificultad con brillante resolución. Mediante la orden 00447, la NKVD comenzó una intervención mucho más ambiciosa, la «Operación *kulak*» —sí los *kulak* eran una fijación—, dirigida a una cohorte de enemigos descritos de forma particularmente vaga como «*exkoulaks*, elementos criminales y otros contrarrevolucionarios». Los individuos así clasificados se dividieron en dos categorías: los «más activos», en la clase I; los «menos activos», pero sin embargo hostiles, en la II.

Vigilantes de la NKVD —desde 1934 la sustituta de la OGPU—, a finales de la década de 1930. Las patrullas de fronteras, destinadas a perseguir a los presos huidos y a controlar los límites de la nación, pronto se convirtieron en una temida unidad de élite del estado soviético. En todo el estado, pero más aún en las regiones fronterizas, el poder de la policía secreta fue absoluto.

A los clasificados en la categoría I se les debía arrestar de inmediato y, después de su conveniente registro en los listados de enemigos del pueblo, ser presentados ante un tribunal de excepción de la policía política compuesto de tres miembros —la *troika*—, para ser fusilados. Los clasificados en la clase II debían ser detenidos y, tras un breve interrogatorio, ser enviados a un campo de concentración por un tiempo mínimo de diez años. La orden se aplicó región por región y pueblo por pueblo. Según cifras de la propia NKVD, 767 000 personas fueron condenadas a la pena de muerte.

Los que podríamos denominar «grupos de riesgo» —y por tanto proclives a ser detenidos—, incluían a todos los exmiembros del partido bolchevique expulsados por cualquier «desviación» política; a los terratenientes; a los funcionarios de origen social no proletario y a un grupo político muy heterodoxo: los no bolcheviques. Eran particularmente vulnerables los que ya estaban fichados por la policía y, en particular, los «desplazados especiales» —los deportados en los años anteriores—; los miembros del clero que quedaban y los antiguos miembros del Partido Socialista Revolucionario. En su caso, casi la totalidad de los que estaban fichados fueron condenados a muerte.

Un barracón del complejo de campos de Vorkuta, 160 kilómetros por encima del Círculo Polar Ártico. La ciudad tenía una población de unas 15 000 personas, y los 50 campos, más de 50 000 reclusos. Los dos tipos principales de campos a los que los presos podían ir destinados eran los de propósito especial —reeducación— y los de trabajos forzados.

Vulnerables también eran los que las autoridades designaban sin rodeos como «gente del pasado» —los *byvchie*—. Esta categoría incluía a personas que tenían en común haber recibido educación secundaria o universitaria y, especialmente, haber formado parte de la élite bajo el antiguo régimen zarista. Aunque tampoco estuvieron exentos de correr riesgos los obreros especializados. Primero fueron los de las compañías que trabajan para la defensa nacional, y luego los de cualquier empresa especialmente peligrosa: minería, metalurgia, construcción, ferrocarril. Para los investigadores de la NKVD era fácil reabrir y criminalizar registros relativos a accidentes de trabajo y hacerlos pasar por casos de sabotaje.

Tras los primeros eliminados, los representantes de las «clases privilegiadas», —aristócratas, terratenientes, clero y burgueses—, víctimas lógicas para el pueblo explotado, el terror se extendió entre el resto de ciudadanos que lo habían permitido de forma inexplicable: personas ajenas a la política, ciudadanos fieles y bolcheviques curtidos fueron detenidos, juzgados y sentenciados. Unas veces por rencillas internas, otras porque molestaban, las más, simplemente porque los funcionarios encargados de la represión tenían que llenar un expediente.

El caso de Sergei Mironovich Kirov, jefe del partido en Leningrado y uno de los principales rivales políticos de Stalin, es un buen ejemplo de la purga que se llevó a cabo en la Unión Soviética. Mironovich, comisario[76] en Astracán durante la Guerra Civil, fue ejecutado por la NKVD el 1 de diciembre de 1934, luego fusilaron también a su familia y amigos. Stalin culpó de los asesinatos a sus rivales políticos, Grigory Zinoviev y Lev Kamenev, que también fueron juzgados y ejecutados.

El 11 de agosto, Yezhov publicó una nueva directiva que ampliaba las anteriores destinada a implementar la «total de liquidación de las redes de espías y terroristas de la organización militar polaca». Esta operación daría lugar a la detención en quince meses, de otras 144 000 personas, de las que unas 111 000 fueron condenadas a muerte. Entre las minorías, la diáspora polaca fue la que rindió un tributo más elevado al «Gran terror»: una quinta parte de los 700 000 ciudadanos soviéticos de origen polaco que vivían en la URSS en 1937 fueron detenidos y, la mayor parte, ejecutados.

---

[76] León Trotsky ideó los nombres comisario y sóviet para evitar los términos burgueses ministro y gabinete, que utilizaba la democracia liberal.

A mediados de octubre, a petición de algunos funcionarios regionales, que realizaban la purga con inusitado celo, Stalin y Yezhov tomaron la iniciativa de aumentar las cuotas para todo el mundo. El día 15, se le asignó a 58 regiones y repúblicas una cantidad adicional de 120 320 «individuos a suprimir». Cada equipo local tuvo que completar su plan de arrestos y montar nuevos casos —una vez conseguidas las pertinentes confesiones, fruto de torturas e interrogatorios continuos—, agrupados como espías, terroristas y contrarevolucionarios,

Llevar a cabo las operaciones nacionales obligó a los agentes de la NKVD a desplegar una inventiva sin límites. En Gorki —hoy Nizhny Novgorod—, al noreste de Moscú, el jefe regional de la NKVD tuvo la brillante idea de convertir la categoría «exprisionero de guerra alemán que se había quedado en la Unión Soviética» por la de «exprisionero ruso de la guerra imperialista que había permanecido en cautiverio en Alemania». Eso permitió a sus agentes detener a varios cientos de veteranos de la gran guerra.

Una tercera operación nacional se dirigió contra un grupo sospechoso de tener vínculos con Japón —los «Harbiniens»—, antiguos empleados de la compañía ferroviaria China Eastern, con sede en Harbin, que después de la transferencia de la línea al Japón, habían sido repatriados a la URSS, como ciudadanos soviéticos. En total otras 33 000 personas fueron detenidas y condenadas. A más de 21 000 las ejecutaron.

En octubre y noviembre de 1937, la NKVD desencadenó otras cinco operaciones de tipo racial contra letones, estonios, rumanos, griegos y finlandeses. Según sus estadísticas 335 513 individuos fueron condenados en esas operaciones domésticas. De esa cantidad fueron ejecutados 247 157, el 73,6 %, una porcentaje mucho más elevado que durante la operación 00447.

De hecho, aunque el arresto y ejecución de comunistas fuera elevado, no representó más que un pequeño porcentaje —el 7 u 8 %— del total de las víctimas del «Gran terror». Mientras que los rituales de la aniquilación de los «enemigos del pueblo» invadían toda la esfera pública, los grupos operativos de Yezhov y otros cercanos colaboradores de Stalin aprovechaban para erradicar de la sociedad en un momento que consideraban crítico los elementos extraños o nocivos y homogeneizar, a su manera, el proyecto socialista.

El «Gran terror» terminó como empezó: con una resolución secreta del Politburó de fecha 17 de noviembre de 1938. El texto dio por finalizadas las represivas operaciones en masa y criticó los «defectos» de la labor de la policía política. Unos días más tarde, el 23, Yezhov dimitió de su puesto. *Pravda* el órgano oficial del Partido, anunció lacónicamente que el comisario había sido relevado de sus funciones por razones de salud.

El final de Yezhov no fue muy distinto que el del resto de sus víctimas. El 10 de abril de 1939, aunque había mantenido hasta entonces el cargo de comisario de Transporte Fluvial y Marítimo, tanto él como sus sobrinos fueron detenidos en secreto. Lo encerraron en la lóbrega prisión especial de Sujánovka, a las afueras de Moscú, reservada por el NKVD para los «enemigos del pueblo especialmente peligrosos». Allí fue acusado de espionaje en favor de Alemania, Gran Bretaña, Polonia y Japón; dirigir una confabulación en el seno del NKVD; preparar un golpe de Estado; organizar algunos asesinatos, y sodomía. Torturado, aceptó todas las acusaciones.

El 17 de enero de 1940 el Politburó aprobó la propuesta de Lavrenti Beria, sucesor de Yezhov, de juzgar a 457 enemigos del pueblo. Entre los 346 para los que se pedía la pena de muerte, estaba el propio Yezhov. Lo llevaron al tribunal el 1 de febrero. Fue fusilado esa misma noche.

4.5 El infierno blanco

Kolyma. Donde la tierra despoblada muestra su naturaleza salvaje, convoca a los fantasmas de huesos blancos de esclavos y sus gritos, mezclados con la vasta respiración de un viento cortante, obliga a caminar inclinado. El campo donde las dificultades para sobrevivir resultaban mucho mayores que en cualquier otro, era uno de los nombres que más aterrorizaba a los prisioneros del GULAG. A más de 6000 kilómetros de Moscú, se decía que era el lugar habitado más frío del planeta.

Si un preso caía hundido por la fatiga, la nieve y el frío se colaban entra su ropa, en los ojos, en las narices, en los oídos, pero nada de eso impedía que tuviera que levantarse y volver a caminar. Siempre inclinado, con el peso del tiempo sobre sus hombros. Los internos contaban que allí era invierno durante doce meses, y verano el resto del año.

En 1931, unos años después del descubrimiento de grandes yacimientos de oro, toda la región, —el noreste de Siberia sobre el río Lena, un territorio cuatro veces la superficie de España[77]— fue puesto bajo el control de una agencia denominada Dalstroy, que pronto se convirtió en una rama del NKVD.

Estaba en un lugar tan remoto que no se podía acceder por una ruta terrestre. Los enviados a aquel inhóspito paraje viajaban en tren durante varios meses a través de toda la Unión Soviética hasta llegar a la costa del océano Pacífico. Allí esperaban hasta que desapareciera el hielo de los cursos de agua,

---

[77] La región toma su nombre del río Kolyma, al sureste de los Montes Cherski, un curso fluvial de tierras bajas con grandes problemas de drenaje en el verano, que desemboca en el golfo de su nombre en el mar de Siberia Oriental, un centenar de kilómetros aguas abajo de la localidad de Cerskij, tras 2129 kilómetros de recorrido.

lo que solo ocurría durante pocos meses al año. Luego, los apiñaban en barcos hasta su destino final.

Dalstroy, dirigida por funcionarios de pesadilla y con su propia ley[78], recibió cada año del gobierno, desde 1932 a 1953, un regalo: decenas de miles de prisioneros. Cuando desembarcaron los 11 000 primeros —criminales y los consabidos *kulaks*—, se encargaron de construir un puerto en el mar de Ojotsk, Magadan, que sirviera como base para hacer llegar los suministros esenciales y permitir la salida de la vasta producción. Una vez terminado, comenzaron la carretera hacia el interior, la que lo comunicara con las codiciadas minas y facilitara el movimiento de tropas y materiales. Quinientos kilómetros por un monótono territorio de picos marrones o blancos, erosionados por el viento. Apenas iluminado por un sol que, tras cubrir poco más de una cuarta parte del cielo, corría a ocultarse de nuevo.

La obra suponía realizar extenuantes trabajos manuales en un clima extremo, bajo condiciones infrahumanas, que no tardaron en destruir el lodo y las heladas. Fueron necesarias 80 pesadas vigas de madera para consolidar cada uno de esos kilómetros iniciales. Las primeras nevadas del invierno de 1932, uno de los más crueles que se recordaban, con un promedio de temperatura que iba de los -70 º C a los -60 º C, encontraron a los presos alojados en tiendas de campaña y chozas improvisadas con musgo y serrín. Las ventiscas causaron estragos sin cesar durante semanas. Campamentos enteros perecieron por las bajas temperaturas: presos, guardias. Hasta los perros. De miles de trabajadores, solo el 1 % regresó a Magadan la primavera siguiente. Desde entonces, a causa de la enorme cantidad de presos que murieron durante los casi 20 años que tardó en terminarse, y de que sus restos óseos quedaran bajo el firme, pues era más sencillo dejarlos ahí que realizar nuevos agujeros para sepultarlos, la ruta se conocería como «La carretera de los huesos».

Claro, que ya hemos visto que la mano de obra no era un problema. Ni ahí, ni en las minas. Cuando la paranoia de Stalin arrasó el país, a los detenidos tradicionales los acompañaron presuntos saboteadores y contrarrevolucionarios de todas clases: funcionarios del partido, militares, científicos, médicos, maestros, artistas, escritores, oficinistas. Fuera cual fuera su origen, perecieron a miles en los túneles por derrumbes o accidentes, mientras extraían material; por escorbuto; por hipertensión; por los vapores del amoníaco; por silicosis, escupiendo sangre y tejidos pulmonares. En invierno, cuando las calderas de vapor fundían la arena aurífera con un calor extremo, los mismos presos y con

---

[78] Dastroy fue dirigida por Eduard Berzinde 1932 a 1937; Karp Aleksandrovich Pavlov, de 1937 a 1939; Ivan Fedorovich Nikishev de 1940 a 1948; Ivan Petrenko, desde 1948 a 1950 y Il Mitrakov desde 1950 hasta 1956. El 18 de marzo de 1953, fallecido Stalin, pasó a depender del Ministerio de Metalurgia.

la misma ropa que arrastraban los residuos al exterior, donde el termómetro caía por debajo de los cuarenta grados, entraban y salían una y otra vez, sin descanso, para acabar muriendo de neumonía o meningitis por el cambio brusco de temperatura.

Presos en «La carretera de los huesos». Algunos estaban encadenados, y tenían que arrastrar todos los días durante doce kilómetros las heladas raciones de comida desde el campo a las zonas de trabajo.

Por azares del destino, Eduard Berzin, el primer director de Dalstroy, un antiguo oficial de la checa, protegido de Yagoda, acabaría como él: destituido y fusilado durante la purga de 1937. Lo sustituiría un oscuro general, Karp Alexandrovich Pavlov, que prefirió mantenerse en el anonimato escondido tras sus libros de cuentas mientras le cedía el poder real a su director adjunto, el coronel de la seguridad del estado Stepan Nikolaivich Garanin. Con el sádico Garanin, aunque solo estuvo encargado del *Sevvostlag*[79] del 21 de diciembre de 1937 al 11 de octubre de 1939, llegó un reinado de terror aún peor del que se había vivido hasta entonces[80]. Un régimen de pura crueldad fiel cumplidor de

---

[79] El *Sevvostlag*, creado en abril de 1932 bajo la administración directa de Dalstroy, se encargaba de la organización y gestión de los 80 campos de trabajos forzados de Kolyma.

[80] Una de las historias que se cuentan de Garanin es que, acabada la Guerra Civil Española, un escuadrón de pilotos soviético fue enviado a Kolyma como castigo por perder contra los fascistas, puesto que —obviamente—, habían saboteado la victoria de la fuerza aérea. Por razones inexplicables, los pilotos aún estaban juntos cuando llegaron a Kolyma. Garanin se enteró de su presencia y les pegó a todos un tiro en la cabeza.

las rígidas normas establecidas para el GULAG por Naftaly Frenkel. Las prendas de piel y las botas de los prisioneros, por ejemplo, fueron desde entonces un privilegio. Las ordenó reemplazar por zapatos de lona y chaquetas acolchadas, que pronto quedaron reducidas a jirones.

Garanin se encargó también de establecer un reducido campo de castigo —*lagpunkt*, en ruso—, en el pequeño valle de Serpantinka. Se convirtió en uno de los más notorios. Ubicado en las colinas al norte de Magadan, —a pocos kilómetros de Khatynghahk, que albergaba la sede del *Sevvostlag*—, muy vigilado y rodeado de una valla de alambre de espinos, era aún más frío y oscuro que el resto.

Naftaly Frenkel, primero por la derecha, junto a Matvei Berman —director del GULAG de 1932 a 1939—, en el centro, y otros oficiales. Frenkel, judío nacido en Haifa en 1883, fue un exprisionero del campo de trabajo de Solovkí promovido a guardia y luego a oficial, en un tiempo sorprendentemente corto. Sus crueles iniciativas sobre la forma de dirigir los campos —escuchadas con atención por Stalin en la década de 1930—, llevaron el sufrimiento a cientos de miles de personas.

Su nombre se equiparó con una sentencia a muerte. Uno de sus pocos supervivientes describió sus tres cabañas utilizadas como celdas «tan abarrotadas, que los prisioneros se turnaban para sentarse en el suelo mientras los demás se quedaban de pie». «Por las mañanas —contó también—, la puerta se abría y llamaban a 10 o 12 prisioneros. Nadie respondía. Los que se encontraban más próximos a la puerta eran arrastrados fuera por los guardias y fusilados para cumplir la cuota diaria».

Cerca de 26 000 prisioneros de mirada perdida, agotados ya para el trabajo, fueron ejecutados allí en 1938. Muchos, de la mano del propio Garanin, mientras dos tractores se mantenían con los motores a máxima potencia para sofocar los disparos y los gritos de los asesinados. Luego, los cuerpos eran arrastrados detrás de la colina en trineos tirados por los tractores. Si se veía que alguien seguía vivo al arrojarlo a la fosa común, o bien se le dejaba allí rodeado de cadáveres hasta que exhalara su último aliento, o se le remataba con un tiro de gracia para acabar con su agonía.

Ficha policial de Stepan Garanin, miembro de la seguridad del estado desde 1932. Fue arrestado y acusado de obtener falsos testimonios por medio de torturas —increíble, pero cierto—. Se declaró culpable. Lo enviaron a los campos en Ozerlag, Siberia Central, donde murió pocos años después, posiblemente ejecutado. En otro alarde del desbarajuste de la administración soviética, lo rehabilitaron póstumamente en 1959 como una víctima más de delitos políticos. Museo regional de Magadan.

Poco más se conoce de Serpantinka. Incluso se sabe menos de otros *lagpunkts* de castigo como Iskitim, o el complejo del *Siblag* construido alrededor de una cantera de piedra caliza, en el que los prisioneros excavaban a mano, sin máquinas o equipos. Allí todos morían tarde o temprano por las enfermedades respiratorias que les producía el polvo.

En tres semanas, las minas arruinaban la salud de un hombre, y en unos meses lo mataban. Desesperados por escapar al hospital, los presos se inyectaban queroseno bajo la piel, se frotaban ácido en los párpados, se machacaban los dedos o intentaban simular locura. Poco a poco se convertían en salvajes, hambrientos y humillados. El poeta Anatoly Zigulin, que sobrevivió a los campos en los años cincuenta, describió mutilaciones brutales, accidentes, asesinatos entre los internos, huelgas desesperadas. Los prisioneros no tenían identidad, se les llamaba con un simple número.

Presos en las minas de uranio de Kolyma, el campo del extremo noreste de Siberia más conocido del GULAG. En 1948 comenzó a explotarse el mineral para la construcción de la bomba atómica como un trabajo de alto secreto. Los prisioneros no sabían lo que extraían y no estaban protegidos de la radiación, peligrosa y letal. El primer reactor nuclear de la Unión Soviética, en Chelyabinsk, fue construido también por los presos del brutal sistema penitenciario soviético

En menos de una década, Kolyma suministró un tercio de la producción mundial de oro y gran parte del carbón, estaño y uranio que necesitaba la Unión Soviética. Pero el número de muertos que costó sigue siendo prácticamente desconocido. Se supone una cifra de casi tres millones.

4.6 El colapso del sistema

Los años de la guerra, después de la invasión alemana de la Unión Soviética —se produjo el 22 de junio de 1941—, trajeron nuevas oleadas de deportaciones contra los miembros de los grupos étnicos que eran sospechosos de colaborar con los invasores —bálticos, ucranianos, moldavos, bielorrusos—, o de formar una «quinta columna» que actuara a favor del enemigo. Especialmente, el millón de ciudadanos soviéticos, alemanes de origen, de la República del Volga y los miles de alemanes emigrantes, en su mayoría exciudadanos del *Reich*, que residían en el país. Fueron enviados por razones de seguridad a campos de trabajo y «asentamientos especiales» tras los Urales, principalmente a Siberia y Asia central. Del 20 al 25 % murieron antes de 1948.

El ferrocarril de las montañas Butugychag, al suroeste de Kolyma, hoy fuera de servicio. Construido por los presos de 1937 a 1954, llevaba a las minas de estaño y uranio. De una u otra forma campos de trabajos forzados para prisioneros políticos continuaron existiendo en la Unión Soviética hasta la llegada a la Secretaría General del Partido Comunista de Mijail Gorbachov, en 1985.

Aunque alrededor de un millón de prisioneros fueron liberados durante la guerra para compensar las altas pérdidas en el frente del Ejército Rojo, las condiciones de vida en los campos, como en el resto de la nación, se deterioraron drásticamente. Solo que en los gulag, el hambre y las enfermedades se incrementaron, sobre todo el cólera y el tifus. Eso supuso otros dos millones de muertos y que, por su mal estado de salud, el 64 % del total de los internos no estuviese en condiciones de trabajar de ningún modo una vez firmado el armisticio.

Acabada la guerra, con la expansión de la esfera de influencia soviética, los gulag se llenaron de nuevo. Esta vez con gente de los países de la Europa centro-oriental, de Austria y de la zona soviética de ocupación. El número de detenidos creció también con los soldados que habían caído en cautiverio alemán y con los trabajadores que se habían visto obligados a realizar trabajos forzados para el *Reich*. En ambos casos se los consideró culpables de sabotaje, deserción y colaboración con el enemigo. Fueron enviados a los campos de trabajo por cientos de miles. Eso supuso que en la década de 1950 se duplicara el número de presos y se alcanzara su máximo histórico: un 4 % de la población activa de la Unión Soviética.

Kadykchan, hoy una ciudad fantasma. Construida por los prisioneros del GULAG, se cerró en 1996, después de una explosión en la mina de Kadukchán. El busto de Lenin de su plaza central fue hecho pedazos por los últimos habitantes que abandonaban sus casas.

Que los gulag eran un factor importante en las distintas ramas de la producción, no tenía discusión. Por entonces obtenían el 100 % de los diamantes y platino, el 90 % de la plata, el 35 % del níquel y los metales no férricos, el 33 % del oro, el 50 % del carbón y el 50 % de todos los ingresos de la madera. Además, la mano de obra, ahora con potente maquinaria, se utilizaba para construir centrales eléctricas o nuevas vías fluviales —el canal del Volga al Don, por ejemplo—, levantar ciudades, trazar carreteras, o tender vías férreas como la del Círculo Polar Ártico, una nueva «ruta de la muerte» que incluía el gigantesco túnel para unir la isla de Sajalin con el continente. Una obra de 327 kilómetros bajo el mar que quedó a la mitad cuando murió Stalin. En general, todo tipo de proyectos para levantar el país del desastre de la guerra. Por supuesto, gratis.

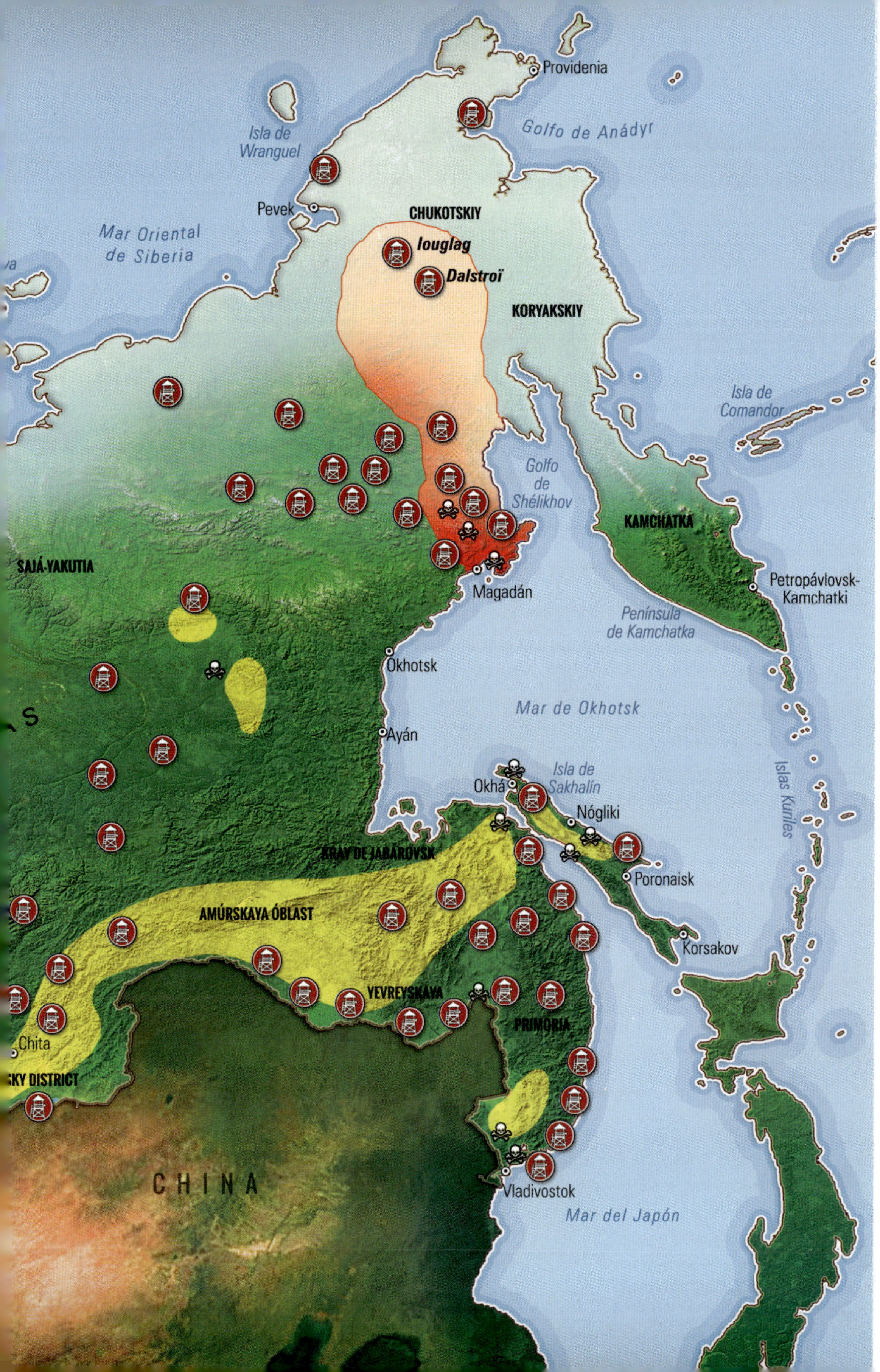

CAMPOS DE CONCENTRACIÓN EN LA UNIÓN SOVIÉTICA. 1930-1960

Con el acrónimo GULAG, traducido como Administración central de campos de trabajo correctivo y colonias, se denominó a la red de campos de concentración establecidos en la Unión Soviética. En un sentido más amplio dio nombre a todo el sistema de trabajos forzados de la nación, que incluía, además de campamentos y colonias, a las prisiones especiales y algunos hospitales psiquiátricos. De 1930 a 1953, cerca de 18 millones de personas fueron encarceladas en los campos. Más de 2,7 millones murieron en prisión o en el exilio. En los últimos años de Stalin en el gobierno, el GULAG alcanzó su máxima expansión cuantitativa con 2,5 millones de internos. En ese periodo, aproximadamente otros 6 millones de personas fueron exiliados como colonos especiales o colonos de mano de obra.

PRISIONEROS MUERTOS POR AÑO EN EL SISTEMA DEL GULAG

Año	Muertos	Año	Muertos
1934	26,295	1944	60,948
1935	28,328	1945	43,848
1936	20,595	1946	18,154
1937	25,376	1947	35,668
1938	90,546	1948	27,605
1939	50,502	1949	15,739
1940	46,665	1950	14,703
1941	100,997	1951	15,587
1942	248,877	1952	10,604
1943	166,967	1953	5,825

LEYENDA

 Región administrativa destinada a la policía política y reservada a los trabajos forzados.

 Zonas de reagrupamiento de presos.

 Principales zonas de deportación para trabajos forzados.

 Principales campos de GULAG.

 Fosas comunes 1937-1938.

NOTA. A los detenidos que no fueron internados en el sistema del GULAG durante las Grandes Purgas los ejecutaron, pese a que la pena de muerte había sido abolida por la Revolución en febrero de 1917.

Cartel de la propaganda stalinista. En el texto se lee: «Mírame a los ojos y dime honestamente: ¿Quién es tu amigo? ¿Quién es tu enemigo? No tienes amigos entre los capitalistas. No tienes enemigos entre los trabajadores. Solo en una unión de los trabajadores de todas las naciones vas a salir victorioso sobre el capitalismo y liberado de la explotación. Abajo los antagonismos nacionales! ¡Trabajadores del mundo uníos!». Lo que no decía era que muchos de esos trabajadores estaban presos en los gulags.

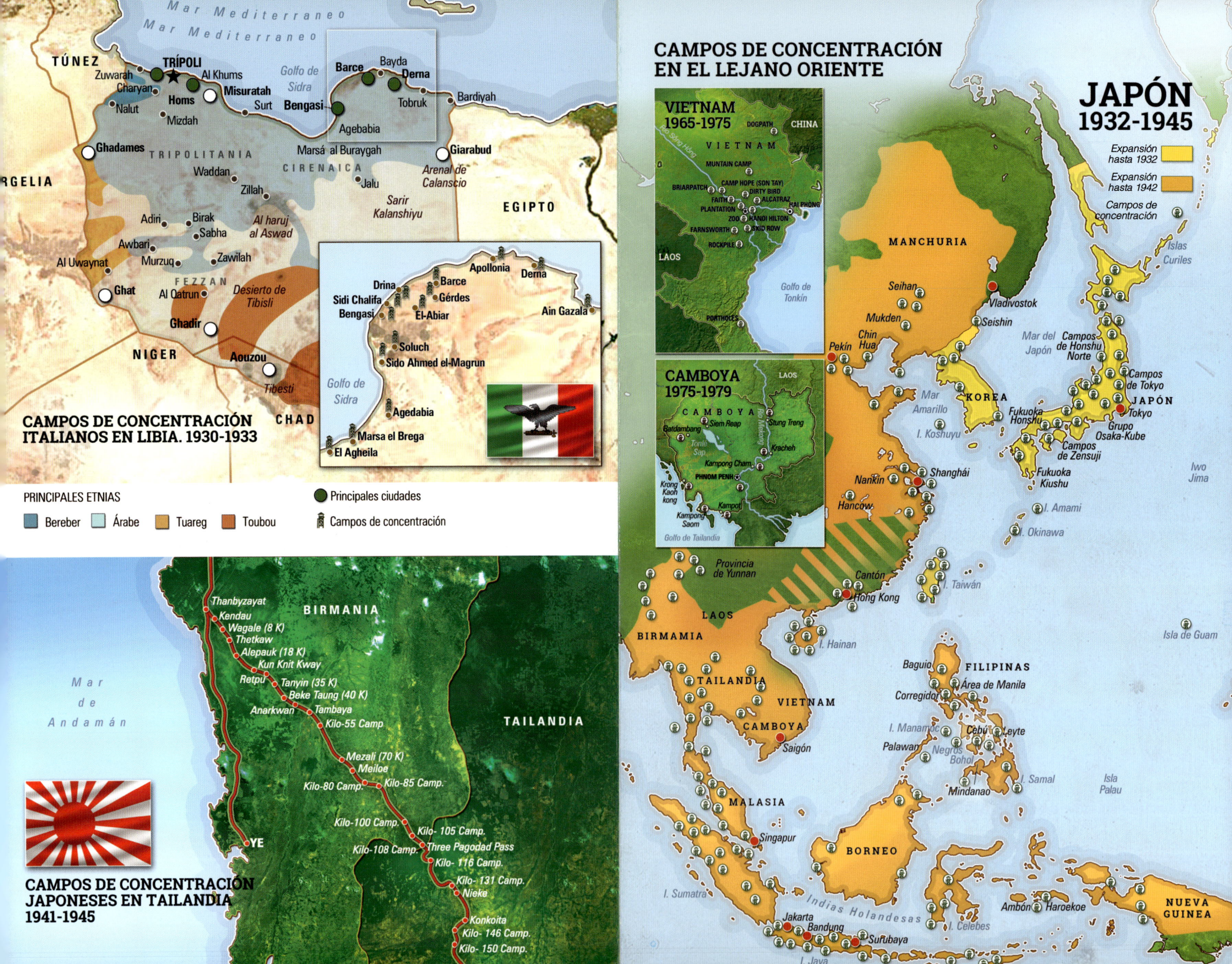

DESOLACIÓN 193

En 1952 el GULAG recibió un total del 9 % de la inversión del gobierno, pero era un enorme e hinchado aparato administrativo que gastaba más que producía pese a su mano de obra esclava[81]. Con la desaparición de Stalin, su principal valedor, el sistema se desmoronó.

El 27 de marzo de 1953, tres semanas después de la muerte del dictador, —falleció el día 5—, aproximadamente la mitad de los 2,5 millones de prisioneros de los gulag fueron puestos en libertad. La amnistía afectó a todos los reclusos que no tuvieran delitos de sangre, condenados a penas de hasta cinco años, mujeres embarazadas o con niños pequeños, menores, ancianos y enfermos graves. Pero siempre que no fueran considerados «contrarrevolucionario», lo que todavía le dejaba al gobierno algo arbitrario donde agarrarse.

Líderes políticos y militares llevan el ataúd de Stalin a su mausoleo el 3 de septiembre de 1953. En primer plano, el primero por la izquierda, Lavrenti Beria, y el tercero, también por la izquierda, Nikita Jruschov. Beria, que desde 1938 fue el jefe de la policía secreta soviética, estuvo a cargo del sistema de terror de los gulags. Tras la muerte de Stalin fue detenido, condenado a muerte en un juicio secreto que se celebró en diciembre y ejecutado.

La apresurada y caótica ola de excarcelaciones en pocos días, sin planificación, preparación, ni control, provocó que muchos expresos, incluso los comunes, sin dinero, familia, transporte, ni perspectivas futuras —al no ser

---

[81] En marzo de 1953, el número de empleados del GULAG era de 445 000. Como guardias trabajaban 234 000.

rehabilitados de inmediato, tampoco encontraron trabajo[82]—, tuvieran que quedarse junto a los campos en que habían estado ingresados. No tardaron en producirse abusos, excesos, saqueos, violaciones masivas, asesinatos y enfrentamientos violentos con las fuerzas del orden, que provocaron la angustia e inquietud de una población. No dejaban de verlos como «gente peligrosa», y puede que en algunos casos no se equivocaran.

Con la llegada al poder en septiembre de ese año de Nikita Jruschov, el sucesor de Stalin, los campos de ese sistema de represión brutal y salvaje comenzaron a desmantelarse en su mayor parte. Habían sido muy productivos, por lo que se descubrió que sin aquella mano de obra esclava encargada de levantar enormes infraestructuras, —unas imprescindibles y otras absurdas y faraónicas—, se necesitaban trabajadores. El régimen decidió iniciar una campaña patriótica que incitara a los jóvenes a poblar las inmensas extensiones del Este soviético, pero esa ya es otra historia.

---

[82] Desde enero de 1954 a enero de 1956 fueron puestos en libertad el 75 % de los presos políticos. Con fecha 1 de octubre de 1956, la cantidad de rehabilitados estaba entre el 4 y el 6,4 % de los casos examinados. A finales de ese año eran poco más de 617 000 personas. A partir de ese momento, incluso disminuyó más: de 1964 a 1987 se rehabilitó a 24 presos.

5

Monstruos de la razón

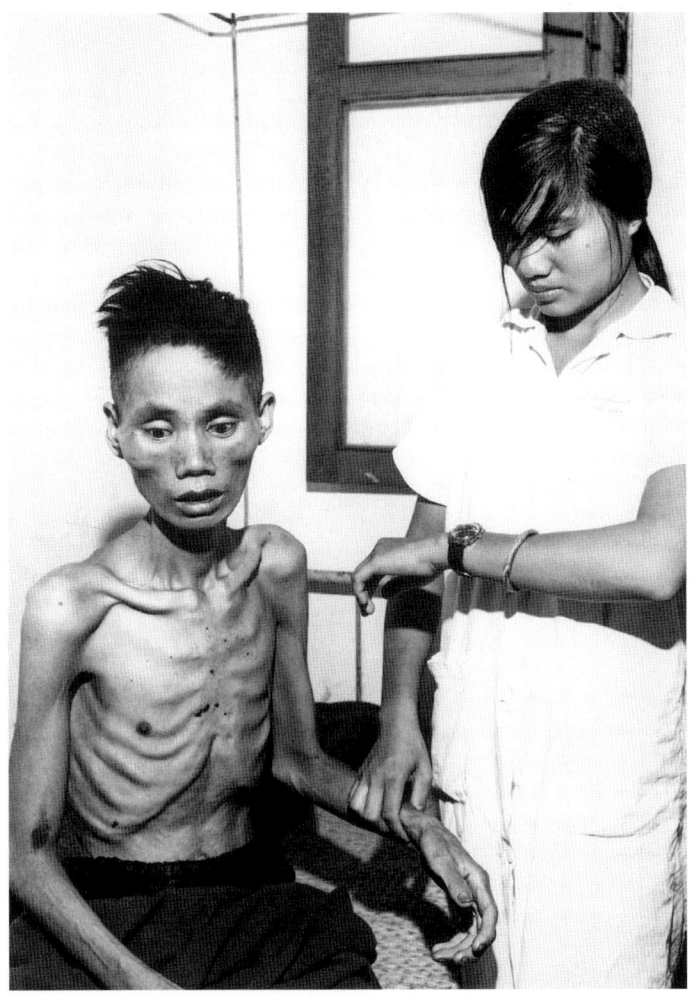

La crueldad contra los prisioneros fue algo común por parte de ambos bandos. A Le Van Than, de 23 años, un agricultor nacionalista que desertó del FNLV —Frente Nacional de Liberación de Vietnam, el Viet Cong—, y fue recapturado, lo enviaron a un campo de concentración donde, entre otras cosas, estuvo castigado un mes sin comer nada. Logró sobrevivir. La fotografía está tomada en 1966.

No hay más infierno para el hombre que la estupidez y la maldad de sus semejantes.

Donatien Alphonse François de Sade

5.1 Crisis colonial

La brutal y casi eterna guerra que asoló la península de Vietnam durante años comprende una serie de conflictos que, con diferentes denominaciones, se extendieron en el antiguo protectorado francés de Indochina desde 1940 a 1979. Podemos distinguir tres fases principales: la primera es la que comenzó con el hundimiento de Francia en 1940, durante la Segunda Guerra Mundial y la posterior llegada a Indochina de las primeras tropas japonesas aliadas de los alemanes. La segunda, es la guerra de liberación emprendida por los vietnamitas ante el intento francés de restablecer el régimen colonial de preguerra, y que acabó con la derrota francesa de Dien Bien Phu en 1954 y la partición del país en dos estados, uno pro occidental y otro vinculado al bloque comunista; y la tercera, la que se caracterizó por la intervención militar de los Estados Unidos, que se prolongó con un largo y duro enfrentamiento en el que la primera potencia del mundo acabó por sufrir un grave revés cuando, en 1975, la guerra llegó prácticamente a sus fin con la victoria de Vietnam del Norte y la liquidación de Vietnam del Sur[83].

A lo largo de ese eterno conflicto de casi 40 años, todos los bandos combatientes, de una u otra forma, y les guste reconocerlo o no, se comportaron de una manera brutal tanto con los enemigos capturados como con la población civil considerada «hostil». Una característica que todos compartieron fue que, por la naturaleza misma de la guerra, los primeros campos de concentración utilizados fuesen casi siempre prisiones reconvertidas y, los de nueva construcción, no se hicieran demasiado grandes. Esa era la única forma de conseguir la necesaria dispersión de los prisioneros en un ambiente de lucha total, que iba desde la existencia de agentes y células infiltradas en ambos bandos que suministraban constantemente información sobre las actividades de sus enemigos, hasta el uso intensivo, en el caso de los Estados Unidos, de tecnología ultramoderna que permitía localizar cualquier objetivo y atacarlo incluso en lo más profundo y «seguro» del territorio de Vietnam del Norte.

La primera de las prisiones que se reconvirtieron en campos de concentración para la represión de opositores políticos fue Phu Quoc —*Nhà tù Phú Quốc*— edificada por los franceses en el extremo sur del país entre 1949 y 1950, en plena guerra de Indochina. Allí, por donde pasaron la mayor parte de los líderes de la independencia de Vietnam, los enemigos del régimen colonial francés fueron encerrados en despiadadas y durísimas condiciones de vida.

El campo, con su perímetro bien iluminado por la noche, rodeado de alambre de espinos y torres de vigilancia, cubría 40 000 metros cuadrados.

---

[83] Véase nuestro libro *Arrozales sangrientos*. EDAF, 2013.

Tenía un diseño tan perfecto como centro de detención masiva, con varias divisiones y subdivisiones en las que organizar a los presos que, tras la salida de Francia de Indochina, lo siguió utilizando el régimen pro occidental de Vietnam del Sur. Allí, los miembros de los batallones *Quan Canh* n.º 7, 8 y 12, encargados de su vigilancia —la policía militar survietnamita—, cometerían toda serie de atrocidades con los presos acusados de «comunistas». Unas, aprendidas de las lecciones que los franceses habían enseñado desde 1862; otras de cosecha propia.

La zona B10 del campo de concentración de Phu Quoc. El recinto estaba dividido en 12 zonas, cada una con capacidad para 3000 reclusos. A su vez, cada zona se subdividía en varias, con 950 prisioneros por área.

Clavos en las manos, las piernas o la cabeza. Tobillos, codos y rótulas destrozados a golpes de martillo o de bate de béisbol, hasta conseguir que el cuerpo, literalmente, se desmorone. Dientes arrancados uno a uno mediante un certero golpe de formón. Presos enterrados vivos; cocidos vivos en grandes ollas de agua hirviendo; asados vivos en fuegos de carbón ardiente. Pieles perforadas con cables al rojo; laceradas minuciosamente a golpe de látigo hasta no dejar sano ni un centímetro de superficie. Arroz mezclado con orina y heces humanas como alimento. La lista es infinita. Tan larga como siniestra puede ser la imaginación del hombre.

Las quejas de las asociaciones internacionales de derechos humanos y de organizaciones como Cruz Roja, motivaron incluso una inspección de la embajada de los Estados Unidos en Saigón, que concluyó en su informe a Washington que las torturas eran algo habitual. No por eso se cerró.

Otras de esos tétricos campos fue el de Chí Hoa —Kham Chí Hòa o Nhà Tù Chí Hòa—, también en origen una prisión colonial. En forma de edificio octogonal de tres plantas, ocupaba 7 hectáreas con salas de detención, celdas, muros, torres de vigilancia, y una gran extensión de tierras de cultivo que los prisioneros debían trabajar. Iniciada su construcción en los primeros años de la

Segunda Guerra Mundial, estaba pensado que sustituyera a la ya obsoleta Gran Prisión de Saigón, pero los avatares del conflicto en Europa y Asia impidieron su conclusión en el tiempo previsto, a pesar de que, a partir de 1943, trabajaron en ella arquitectos japoneses que utilizaron a presos como trabajadores.

Un miembro de la QC —Quan Canh—, conduce a dos prisioneros «comunistas» hacia su incierto futuro. El papel que desempeñaba la temida QC, que ya de por sí no gozaba de demasiada estima, se complicó especialmente con la llegada masiva al país de tropas extranjeras, que no acataban sus órdenes y disponían de su propia policía militar.

Reanudadas las obras a mediados de 1946, cuando Francia intentaba reconstruir su imperio colonial, finalizaron definitivamente en 1953. Ese mismo año, el emperador Bao Dai, que había recuperado el trono en 1949 con el apoyo de París, decidió cerrar permanentemente la Gran Prisión y transfirió todos los presos a la nueva cárcel, que desde entonces sería usada ampliamente por los sucesivos gobiernos establecidos en Saigón. De hecho, a pesar de que hay un proyecto para demolerla y construir un edificio residencial, hoy continúa como uno de los 12 principales centros de reclusión del país.

Desde el principio, Chí Hoa, dividida en 8 áreas que a su vez se subdividieron en otras 7 zonas[84], se convirtió en un lugar tristemente conocido por

---

[84] Las áreas se nombraban alfabéticamente de la A a la H. Las zonas eran AB, BC, FG, AH, de urgencias, de identificación y de seguridad.

sus condiciones duras y miserables, ya fuesen sus gestores franceses, survietnamitas, o norvietnamitas. Las celdas sin luz empleadas por los franceses en que hombres y mujeres, por separado, eran confinados generalmente encadenados, y de las que solo podían salir unos minutos para comer o hacer sus necesidades, siguieron en uso a su marcha.

Esos años en los que el campo quedó bajo el control de Vietnam del Sur, los prisioneros —normalmente unos 8000, aunque hubo periodos en que se llegó a 10 000—, se dividieron según sus crímenes. Por un lado, la gran mayoría, los detenidos por razones políticas; por otro, los condenados por delitos de cualquier otro tipo. Como en Phu Quoc, todos siempre bajo custodia de un batallón de la *Quan Canh*.

Celdas de Poulo Condor, en Con Dao. La prisión fue cerrada en 1975, una vez acabada la guerra. En la década de 1990 se abrió nuevamente como monumento a la memoria de los nacionalistas que allí murieron, que se han cifrado al menos en 20 000.

Tras la caída de Saigón en 1975, la nueva República Socialista de Vietnam, que jamás ha dado información sobre las condiciones de vida de sus ocupantes[85], también mantuvo la prisión en uso.

---

[85] *El Libro Negro del Comunismo: crímenes, terror, represión*, escrito por varios académicos europeos y editado por Stéphane Courtois en 1997, asegura que se convirtió en un centro de detención de opositores al régimen comunista para su «reeducación».

Debido a su arquitectura compleja y eficaz, se la consideró una de las más seguras de Vietnam. En toda su historia solo se han conseguido fugar dos internos. El primero, en 1945, cuando ni siquiera estaba terminada y el *Viet Minh* aprovechó la derrota japonesa para liberar a uno de sus presos políticos, y el segundo, Phuoc Tam Ngon, un conocido ladrón que la noche del 21 de marzo de 1995 se las arregló para romper sus cadenas —estaba con grilletes en pies y manos— y, a través de las podridas paredes de los baños comunes, esquivar a los guardias.

Refugiados vietnamitas se trasladan de un buque de desembarco francés al USS Montague *durante la operación «Paso a la libertad», realizada en agosto de 1954. En una conferencia celebrada en Ginebra, ambas partes aceptaron un compromiso provisional de dividir el país por el paralelo 17, con el Viet Cong en el norte y los franceses y sus seguidores vietnamitas en el Sur. Enseguida comenzó un éxodo masivo de Norte a Sur de aproximadamente 1 millón de personas.*

Tristemente célebre fue también el campo de concentración o penal de Poulo Condor, localizado en la isla de Côn Son, parte del archipiélago de Con Dao, en el mar del Sur de China, a unos 230 kilómetros al sudsudeste de Saigón. Su nombre francés se deriva del idioma malayo *Pu Lao Kundur* que significa calabacín.

Originalmente utilizado como lugar de destierro por el reino Annamita, desde épocas anteriores a la colonización europea. Los franceses se dieron cuenta enseguida de sus posibilidades como colonia penal y comenzaron a utilizarla en 1862, a partir del tratado de Saigón. Desde entonces, y hasta 1975, que se cerró con la reunificación de Vietnam, la emplearon sin ningún cargo de conciencia, todos los gobiernos sucesivos que llegaron al poder.

Muchos de los opositores al régimen colonial fueron encarcelados entre sus muros, por ejemplo, los miembros del *Viet Minh*, que luchaban por un país independiente, pues el campo estuvo siempre activo durante la Guerra de Indochina. Otros, simplemente estuvieron de paso, pues muchos de los presos, condenados a trabajos forzados, fueron enviados como mano de obra esclava —se les conocería por su origen con el nombre de «annamitas»—, a muchas otras colonias francesas del Pacífico, como la lejana Nueva Caledonia.

Pero, sin ninguna duda, el sitio recibía toda su macabra popularidad de las 120 celdas denominadas «jaulas de tigre» empleadas para torturar a prisioneros políticos, muchos de los cuales quedaron inválidos a causa de los malos tratos, los sádicos tormentos y los largos meses en los que sus cuerpos sufrieron inmovilización forzada. En 1954, cuando tras la derrota en Dien Bien Phu, el gobierno francés accedió a las negociaciones para poner fin a la guerra, Vietnam del Sur reestructuró el campo para encarcelar a los simpatizantes del *Viet Cong*, pero las mantuvo.

5.1.1 Herencia europea

En junio de 1970, tras cinco largos años con sus ciudadanos enfangados en los arrozales vietnamitas, el presidente estadounidense Richard Nixon envió una delegación de diez miembros del Congreso a Saigón, para que le informaran sobre la marcha de la pretendida pacificación del país. Una parte de su viaje incluía una visita a una prisión en el Sur, para ver las condiciones en que se mantenía a los detenidos, simpatizantes del Norte.

Tom Harkin, uno de los asesores del grupo, convenció a dos de sus miembros, Augustus Hawkins y William Anderson, para que investigaran las historias de tortura que se contaban sobre un campo de concentración en la costa con algo que llamaban «jaulas de tigre», construidas por los franceses en 1939 para alojar a los opositores al régimen. Se acababa de publicar la novela *Papillon*, en la que Henri Charrière contaba sus experiencias en cárceles subhumanas de las posesiones francesas de Guayana y Reunión, y se decía que eran muy similares a las que él describía. Los congresistas solicitaron un avión para realizar el viaje de 300 kilómetros a la isla Con Son y pidieron a Don Luce, que conocía bien el Delta del Mekong y trabajaba en Vietnam para el Consejo Mundial de Iglesias, que los acompañara como intérprete.

El 2 de julio, dirigidos por Frank Walton, el Jefe de la Dirección de Seguridad Pública de la Oficina del Jefe Adjunto del Estado Mayor de las operaciones civiles y de Apoyo al Desarrollo Revolucionario, el grupo cruzó el umbral de Con Dao. Ahí llegó la primera sorpresa. En palabras del propio Walton, lo que les habían vendido como «un campamento recreativo para *boy scouts* era —dijo—, la prisión más grande en el mundo libre».

En el transcurso de la inspección, acompañados siempre por las protestas del comandante del campo, vieron que se violaban las mínimas normas vigentes en todas las cárceles y verificaron, sin lugar a dudas, que con los fondos de la ayuda estadounidense, los prisioneros eran torturados, vivían encadenados como en una mazmorra medieval y se les mataba de hambre. Pero eso no era todo.

Con un pequeño esquema dibujado por un exprisionero, los visitantes consiguieron desviarse un poco de la gira planeada y, sin prisas, como por casualidad, llegaron a un estrecho callejón entre dos edificios del complejo. Encontraron una diminuta puerta que conducía a las celdas que buscaban, las situadas entre los muros de la prisión. El comandante se negó a enseñárselas, ellos protestaron airadamente. Hubo gritos. Un guardia dentro escuchó el escándalo que se producía fuera y abrió la puerta. Entraron.

Una de las «jaulas de tigre» de Con Dao fotografiadas por Harkin que publicó Life *en julio de 1970. En esta caso, con tres reclusos. Salvo algún «comunista», casi todos los detenidos eran manifestantes estudiantiles, budistas y escritores. Varios presos estaban cegados por la cal viva que se les arrojaba como medida disciplinaria.*

Era inimaginable. Entre un terrible hedor a heces, orina y sangre, un hombre con tres dedos cortados se aferraba a las rejas de hierro que servían de tapa a las, en teoría, celdas de máxima seguridad escavadas en el suelo. Otro, tenía el cráneo abierto y la herida que lo dividía se distinguía con total claridad. Un tercero, con sanguinolientas llagas abiertas por el roce de las cadenas, rogaba con voz entrecortada «*donnez-moi de l'eau* —dadme agua—». Eran los agujeros que buscaban, las «jaulas de tigre», que se utilizaban para los presos considerados especialmente peligrosos. «Tigres» en la jerga local.

Harkin y Luce, consiguieron hablar con algunos de los asombrados reclusos. Los presos afirmaron que cuando se quejaban, los guardias los rociaban desde arriba con cal viva que les quemaba la carne y los ojos. El comandante negó la acusación. Reconoció que se utilizaba cal en las instalaciones, pero solo para blanquear paredes. Walton no dudó en contradecirle. Para saber que mentía no había más que ver los restos de cal que todavía quedaban sobre la parte superior de las rejas.

Una de las mujeres que vivían en las jaulas, Thieu Thi Tao, les contó su historia. Tenía 16 años en noviembre de 1968, cuando, tras ser detenida por la Policía Nacional, la trasladaron a las jaulas por «comunista» y no haber saludado correctamente a la bandera. La habían golpeado con porras, suspendido de cadenas de un gancho de hierro, vertido agua en la garganta, violado y sometido a descargas eléctricas. Estaba allí, débil y medio loca, a la espera de que la enviaran al manicomio de Bien Hoa, próximo a Saigón.

Harkin logró sacar algunas fotografías que fueron publicadas por la revista *Life* el 17 de julio de 1970. La protesta internacional que provocaron consiguió el traslado de los 180 hombres y 300 mujeres de las jaulas. Algunos fueron enviados a otras prisiones. Otros a instituciones mentales.

En la actualidad, detrás de aquellos inmundos huecos de 1,50 x 2,70 metros, se encuentra el cementerio de Han Duong, donde se enterró a las cerca de 20 000 personas que murieron en Con Son. La mayoría son tumbas sin marcas. Allí los presos ni siquiera tenían números.

5.2 Sin pudor

Los responsables del gobierno de Vietnam del Sur y sus «patrones» en los Estados Unidos sabían que sus métodos afectaban de forma importante a la mentalidad y la psicología de los vietnamitas. Psicólogos sociales y antropólogos culturales estadounidenses que siguieron de forma científica la guerra en Indochina, pudieron hacer observaciones significativas y llegar a conclusiones básicas acerca de su moral de defensa. Lo que más afectaba psicológicamente a los que estaban involucrados en la guerra no era la muerte de sus vecinos o familiares a consecuencias de la agresión norteamericana, sino el hecho de no poder celebrar las ceremonias tradicionales, con las que acostumbraban a mostrar su luto y despedirse ritualmente de los muertos.

La ausencia de esas ceremonias rompía el delicado vínculo cultural que relacionaba a los vivos con los difuntos. La familia y la comunidad se sentían profundamente inseguras, como si hubiesen violado colectivamente un tabú. Esa táctica, desarrollada con toda la intención, se llamó «almas errabundas» y alcanzó un valor muy significativo en la guerra psicológica contra la población civil vietnamita.

No cabe ninguna duda de que las torturas físicas o psicológicas y los malos tratos fueron una parte integrante de la política desarrollada por los Estados Unidos en la guerra de Vietnam. Pagaron por ella a través de su programa de «Seguridad Pública». Sus asesores ayudaron a optimizar los campos de concentración heredados de los franceses, enseñaron «mejores métodos» y, a menudo, estuvieron presentes durante las largas sesiones de interrogatorios para ayudar con «sugerencias puntuales» en sus diversas fases.

Sirva el ejemplo de Nguyen Van Tài, el prisionero de mayor rango en poder de la CIA. Viceministro de seguridad interior en Hanoi, pasó al Sur en 1962 y trabajó en el contraespionaje en pleno corazón de la capital del enemigo. Fue el cerebro del ataque a la embajada de estadounidense en Saigón durante la Ofensiva del Tet en 1968. Lo capturaron en 1970. Se le recluyó en una celda totalmente blanca, con una mesa y sillas blancas y un agujero en el suelo como letrina. Después de año y medio de torturas, donde se le detectó una fobia a las corrientes de aire frío ligada a mitos vietnamitas sobre su efecto en venas y arterias, por consejo de uno de los interrogadores de la CIA, le instalaron un aparato de aire acondicionado en su celda que funcionaba a plena potencia las veinticuatro horas del día.

Aunque todos sabían quién era, en 5 años de cautiverio y torturas, Van Tài jamás confesó abiertamente su identidad. Cuando el 27 de enero de 1973 se firmó la paz en París, los sudvietnamitas, alegaron que no se sabía quién era, por lo que no pensaban ponerlo en libertad. El 30 de abril de 1975, con los tanques del *Viet Cong* a las puertas de Saigón, fue la CIA de nuevo la que sugirió hacerlo desaparecer. La orden llegó demasiado tarde, para entonces todo el personal de alto rango huía del país y los pocos soldados que quedaban no estaban dispuestos a ejecutarlo, por temor a las represalias[86].

Como norma general, los soldados estadounidenses siempre entregaron todos sus prisioneros a la policía vietnamita, con la seguridad de que iban a ser torturados. Incluso, como luego se haría durante la Guerra de Irak, los responsables políticos estadounidenses desarrollaron fundamentos para afirmar que las miles de detenciones que realizaban eran de presos comunes. Buscaron todos los procedimientos, mecanismos, artículos recónditos, tecnicismos y lagunas jurídicas de su arsenal administrativo, para intentar demostrar que no estaban cubiertos por la Convención de Ginebra. Lo malo es que su enemigo, cuya cataduraa moral era similar, hizo exactamente lo mismo.

---

[86] Ni siquiera cabe la posibilidad de justificar la historia como un invento comunista para desacreditar a los imperialistas. La contó el propio Frank Snepp, el interrogador de la CIA. Van Tài sobrevivió, en junio de 2002 le concedieron el mayor premio de Vietnam, el título de «Héroe de las Fuerzas Armadas del Pueblo».

Los victoriosos norvietnamitas, que procedían de un régimen tan totalitario y brutal como el de sus vecinos del Sur, no se comportaron tras su aplastante triunfo en la primavera de 1975 mucho mejor. Algo que, tristemente, era de esperar.

Más de dos millones de soldados y civiles de Vietnam del Sur fueron encarcelados por las fuerzas comunistas tras la caída de Saigón como medida de venganza y represión. Los calificaron de traidores y los enviaron, sin juicios ni garantías, a perdidos y brutales campamentos de reeducación —un eufemismo de campos de concentración— para, durante semanas, meses o años, según la suerte de cada cual, ser adoctrinados con el dogma marxista.

El Viet Cong cometió continuas atrocidades contra la población civil durante la guerra. Sembró el terror en pueblos y aldeas. Impuso a los campesinos cuotas de arroz y otros productos, que debían suministrarles. Saqueó el campo cada vez que lo consideró necesario. Asaltó las aldeas, incendió las cabañas y asesinó a sus habitantes. Cuando ganaron la guerra, los campesinos fueron enviados a centros de reeducación, en los que murieron decenas de miles de ellos.

A los detenidos les dijeron que estarían en el campo de reeducación apenas diez días, que llevasen ropa, comida y dinero solo para ese tiempo. Todo el mundo se lo creyó. Pero cuando pasaron dos semanas, tres meses, seis meses, y les comenzaron a trasladar de uno a otro campo, todos se dieron cuenta que iban a estar presos mucho tiempo. Tampoco tardaron en saber que los lugares en los que los recluían eran en realidad campos de trabajos forzados. Oficinistas, empleados, gente que nunca había hecho labores de campo, fue enviada a la selva para que enfermase y muriese lentamente.

Divididos por lo general en diferentes unidades de servicios, los prisioneros soportaron largas jornadas de trabajo servil y dolor físico. Unos llevaban descalzos, por carreteras empinadas, ladrillos, cemento, madera y todo lo necesario para levantar edificios. Otros, aunque no supieran hacerlo correctamente, aunque las ramas en pico cayeran sobre ellos y se les clavaran constantemente, cortaban bambú. Los más afortunados cultivaban de sol a sol, agachados, sin descanso, trigo, té y verduras. La fatiga desgastó a los hombres y les hizo más susceptibles a los accidentes. Poco a poco, una tras otra, los campos se llenaron de tumbas.

Oficiales del ejército, funcionarios y campesinos escuchan las teorías marxistas en un campo de reeducación norvietnamita. La mayoría de los prisioneros fueron encarcelados con penas de entre 3 y 10 años, aunque algunos llegaron a estar 17. En el país se abrió así una brecha muy difícil de cerrar.

Cada persona tenía apenas dos palmos de suelo de madera, colocado directamente sobre la tierra, para tumbarse a descansar. Eso suponía tener que colocarse de forma alterna, los pies de uno, frente a la cabeza del siguiente. Así dormían en una misma celda, barracón o tienda de campaña de 60 a 70 personas.

Tampoco se les alimentaba lo suficiente. Cada día les suministraban una pequeña porción de arroz y agua salada. No les daban más porque temían que pudieran acumular comida e intentar escapar a través de la espesa vegetación. Además, oficialmente, se suponía que durante su vida ya habían comido lo suficiente como para sobrevivir.

En ocasiones, cada tres o cinco meses, a los presos se les permitía comunicarse con sus familiares. Jamás recibieron respuesta. Cuando el gobierno cerró los campos de forma definitiva, se encontraron miles de cartas apiladas que nunca habían sido enviadas.

Según estudios publicados en Estados Unidos y Europa, al menos 165 000 personas perecieron en los campos de reeducación de Vietnam debido a las torturas y los malos tratos. El gobierno de Hanoi nunca ha querido hacer comentarios al respecto.

Dos de las formas de «enseñar» a los prisioneros en el campo de rehabilitación vietnamita Z30-D. A la izquierda, una celda sin ventilación en la que se les dejaba sin agua ni comida. A la derecha, los ya clásicos postes donde podían permanecer atados horas o días.

5.3 Los «alborotadores»

Otro de los asuntos más controvertidos de la guerra fue el trato dispensado a los prisioneros estadounidenses capturados por los norvietnamitas. Además, siguió vivo tras el final de la contienda. En su mayor parte, casi en su totalidad, se trataba de pilotos derribados, considerados «criminales de guerra», culpables de actos delictivos en una «guerra ilegal de agresión». Por lo tanto, según el gobierno de Hanoi, no tenían derecho a la consideración de prisioneros de guerra —POW o *Prisioner of War*, en sus siglas en inglés—, de acuerdo a las normas internacionales y lo dispuesto en la Convención de Ginebra de 1949. Vietnam del Norte, en consecuencia, se negó a dar a la Cruz Roja Internacional los nombres de los militares presos, y no aceptó las visitas periódicas de sus inspectores. Eso, como veremos, supuso a la larga un problema, al no conocer con exactitud su número.

A partir de 1969, el gobierno de Nixon hizo un serio esfuerzo a nivel internacional, con una fuerte campaña de publicidad y relaciones públicas, para que Vietnam del Norte se adhiriera a la normativa básica sobre trato a los prisioneros de guerra, posición que mantuvo desde el primer momento en las negociaciones de paz que se abrieron en París. Tal vez por la presión internacional, en agosto de ese año, ante la visita de una delegación de activistas opuestos a la guerra, el gobierno de Hanoi, aceptó liberar a tres prisioneros. Con dos de ellos, el 2 de septiembre, el Departamento de Defensa de Estados Unidos organizó una conferencia de prensa en la que los recién liberados, proporcionaron descripciones detalladas de los malos tratos y torturas a la que ellos y sus compañeros habían sido sometidos. Coincidió con el fallecimiento de Ho Chi Minh, y el escándalo internacional hizo que desde ese mismo otoño las condiciones de vida en los campos mejoraran.

El Politburó del Partido Comunista de Vietnam trato la cuestión de cómo comportarse con los prisioneros y, de un importante documento conocido después de la guerra, parece desprenderse que resolvieron, aún a pesar de no seguir considerándolos POW, que debían ser tratados de acuerdo «a la mayor parte» de las normas establecidas en Ginebra[87]:

> Nuestra política humanitaria hacia los pilotos estadounidenses capturados —decía— está dirigida a iluminar aún más nuestra justa causa con el fin de ganarse a la gente americana, y la simpatía de la opinión pública mundial para la guerra de resistencia de nuestro pueblo contra los estadounidenses, que salvará a la nación.
>
> A pesar de que no consideramos a los pilotos estadounidenses como prisioneros de guerra y no estamos obligados a tratarlos por los términos de la Convención de Ginebra de 1949, sí debemos aplicar aquellos puntos que sean consecuentes con nuestras políticas humanitarias.

Declaraciones y manifestaciones de buena voluntad que no eran más que palabrería hueca que el régimen norvietnamita y sus aliados soviéticos usaban, no tanto para atraer más gente a su causa, sino para ir minando al apoyo del pueblo estadounidense y el de las naciones aliadas a la Guerra de Vietnam. De hecho tuvieron un notable éxito al repetir una y otra vez la mentira de que los prisioneros estaban bien tratados, de acuerdo con los convenios internacionales.

En paralelo, la Agencia de Inteligencia para la Defensa de Estados Unidos realizó un trabajo en el que intentó organizar las diferentes formas de tratar a los prisioneros que usaban los norvietnamitas, en función de sus inte-

---

[87] *Documentos del partido. Volumen 30. 1969.* Editorial Política Nacional. Hanoi, 2004. Traducción de Merle L. Pribbenow.

reses políticos y de acuerdo a la marcha del conflicto. Siempre con atención al impacto que sus acciones tenían en el ámbito de la opinión pública mundial.

A partir de 1969, una serie de declaraciones forzadas de prisioneros estadounidenses que pretendían apoyar esta idea, ayudó a la propaganda del régimen de Hanoi, que además aseguró que sus cárceles «no eran peores que las cárceles de prisioneros de guerra y presos políticos en Vietnam del Sur». La verdad es que, en ese sentido, tenían razón.

Pilotos estadounidenses prisioneros en el Hanoi Hilton. El segundo por la derecha es el coronel Samuel Johnson, hoy congresista por Texas, que estuvo siete años detenido.

En total, fueron 13 las instalaciones de Vietnam del Norte empleadas como campos de «detención» y «reeducación» de prisioneros estadounidenses. Cinco estaban cerca de Hanoi, y otras ocho repartidas por el país.

Entre 1964 y 1969, se aplicó, en principio y de forma general, una política de aislamiento. Los campos de internamiento eran pequeños y dispersos y los prisioneros formaban grupos reducidos. La intensificación de los ataques aéreos entre 1968 y 1970, hizo que los responsables de su vigilancia y custodia se dedicasen a moverlos de un lado a otro, pero el espectacular ataque de las fuerzas especiales de los Estados Unidos, con un impresionante despliegue aéreo, a la prisión de Son Tay[88], ubicada a las puertas de Hanoi —estaba a 37 kilómetros al Oeste de la capital—, alertó a los norvietnamitas, que cambiaron su sistema de dispersión y pasaron a reubicar a los prisioneros estadounidenses en cinco campos principales: La plantación, El zoológico, Campo Fe, Hoa Lo y Dogpatch.

Finalmente, a partir de diciembre de 1972, los norvietnamitas comenzaron a preparar su progresiva liberación, y los internaron a todos en Hoa Lo,

---

[88] La historia completa la publicamos en *Arrozales sangrientos*. EDAF, 2013.

salvo los que habían sido capturados por los comunistas laosianos, que estaban en Hoa Mín. Este cambio afectó a la moral de los prisioneros, que en general estuvieron mucho mejor, al poder convivir con sus camaradas.

El 21 de noviembre de 1970, 56 comandos del ejército y la fuerza aérea de los Estados Unidos trasladados en helicópteros, asaltaron Son Tay, una zona en la que había 12 000 soldados norvietnamitas en un radio de 8 kilómetros. La misión no logró su objetivo principal, pues los 70 o 80 prisioneros que buscaban habían sido trasladados a Dong Hoi, pero militarmente fue un logro asombroso.

Básicamente, sin contar Hoa Lo, los campos de concentración utilizados en esas tres etapas fueron los siguientes:

- «Alcatraz», situado al norte de Hanoi. Recibió en 1967, 12 aviadores capturados en territorio de Vietnam del Norte, no reconocidos como prisioneros de guerra y tratados como «alborotadores».
- «Briarpatch», ubicado a unos 40 kilómetros al noroeste de Hanoi. Se usó desde septiembre de 1965 y, al parecer, lo cerraron por los bombardeos estadounidenses durante dos meses. Abrió de nuevo en diciembre, hasta 1967. Cerrado otra vez, comenzó a utilizarse de nuevo en 1971, con un grupo de prisioneros capturados en Vietnam del Sur o en Laos. Fue clausurado definitivamente poco después.
- «Campo Fe», a solo 11 kilómetros de Hanoi. Funcionó desde julio de 1970, como centro de reagrupamiento. Llegó a tener 220 prisioneros estadounidenses, pero tres días después del ataque a Son Tay, todos fueron trasladados a Hoa Lo.

- «Pájaro Sucio». No era un campo de detención ni una prisión, sino una parte de las instalaciones de la Central Térmica de Hanoi, a las que en junio de 1967 se trasladó a 30 prisioneros para usarlos como «escudos humanos». Los sacaron de allí en octubre.
- «Dogpatch», a 120 kilómetros al norte-noreste de Hanoi. Comenzó a funcionar en mayo de 1972, cuando 220 prisioneros de guerra estadounidenses capturados en Vietnam del Norte fueron transferidos desde Hao Mín. La razón de este traslado fue probablemente para perturbar la fuerte organización que los presos tenían en Hoa Lo. El campo se cerró en enero de 1973, cuando los prisioneros fueron devueltos a Hoa Lo para su repatriación.

Un campo de concentración norvietnamita sin identificar. En muchos casos, cuando los prisioneros estadounidenses fueron repatriados, su puesto lo ocuparon los ciudadanos sudvietnamitas que debían ser «reeducados».

- «Farnsworth», a 21 kilómetros al suroeste de Hanoi. Comenzó a funcionar en agosto de 1968, con 28 prisioneros capturados fuera de Vietnam del Norte. Tras el ataque a Son Tay fueron transferidos a Hoa Lo.
- «Campo de la montaña», a 45 kilómetros al noroeste de Hanoi. Se usó desde diciembre de 1971, cuando un preso de Hoa Lo y ocho presos de Skidrow fueron trasladados allí.
- «La Plantación», al noreste de Hanoi. Comenzó a funcionar en junio de 1967. Fue un auténtico centro de propaganda de los prisioneros estadounidenses. Numerosas películas, fotografías y entrevistas se realizaron allí. Tras el ataque a Son Tay se convirtió en uno de los campos de reconcentración.
- «Rockpile». En 1971, 14 prisioneros de guerra estadounidenses y extranjeros capturados fuera de Vietnam del Norte, fueron trasladados desde «Skidrow» a esta instalación, que dejó de funcionar en febrero de 1973.

- «Skidrow», a 7 kilómetros al suroeste de Hanoi. Funcionó desde julio de 1968. En marzo y junio de 1971, 14 de los prisioneros de guerra civiles capturados fuera de Vietnam del Norte fueron trasladados desde «Rockpile». Debido a la amenaza de inundaciones, los «alborotadores» fueron enviados a Hoa Lo, en julio y agosto de ese mismo año. A principios de septiembre, 21 prisioneros fueron devueltos desde Hoa Lo. Permanecieron allí hasta noviembre de 1971, que regresaron a su prisión de origen. Ese mismo diciembre «Skidrow» dejó de funcionar como centro de detención.
- «Son Tay». Se usó desde mayo de 1968, cuando 20 prisioneros de guerra estadounidenses capturados en Vietnam del Norte fueron recluidos en sus instalaciones. Posteriormente, recibió dos grupos más de presos, con lo que la población total de estadounidenses pasó a 55 hombres.
- «Zoo». En los suburbios del suroeste de Hanoi, comenzó a funcionar en septiembre de 1965. Permaneció abierta hasta diciembre de 1970, cuando todos los prisioneros de guerra fueron transferidos a Hoa Lo. Zoo fue utilizado durante dos períodos cortos en 1971, cuando dos hombres capturados en Laos fueron detenidos allí temporalmente antes de pasar a «Rockpile». En septiembre de ese año fue reactivado de forma permanente para los prisioneros de guerra de Estados Unidos capturados después de diciembre 1971. Sustituyó a «La Plantación» como «escaparate». Se hicieron películas con los prisioneros jugando al baloncesto, al voleibol o preparando la Navidad. Fue el punto de concentración para el cuarto y último grupo de prisioneros de guerra repatriados.

5.3.1 *Hanoi Hilton*

De todos los campos el más famoso fue, sin duda alguna, Hoa Lo, un lugar de Hanoi que, traducido libremente, significa «horno de fuego» o, tal vez mejor, «el agujero del infierno». Aunque también podría entenderse como «estufa», pues la calle Pho Hoa, en la que se encuentra, tenía una alta concentración de tiendas dedicadas a la venta de estufas de leña antes de la llegada de los franceses, a mediados del siglo XIX.

En 1886, el gobierno de París, que ya era el amo y señor de la fértil Indochina, ordenó edificar una cárcel a la que llamó la Casa Central —*Maison Centrale*—, un término burlón con el que se denominaba en toda Francia a las prisiones. Estaba cerca del barrio francés, donde se concentraban los funcionarios coloniales, sus familias y las oficinas de la administración y, desde un principio, tuvo como misión acoger a los presos políticos que se oponían a la ocupación, a los que desde el primer momento se torturó y ejecutó sin demasiados miramientos.

Ampliada en 1889, 1898 y 1901, en vísperas de la Primera Guerra Mundial, acogía ya a 600 reclusos. No es difícil imaginar que, como es lógico, las condiciones de vida, empeoradas con un toque racista, eran infrahumanas. Entre 1930 y 1940 albergó en sus sombrías celdas a los grandes dirigentes del partido Comunista de Vietnam, por lo que no tardó además en convertirse en uno de los grandes símbolos de la resistencia anti francesa. Normalmente estaba abarrotada y muy por encima de su capacidad, pero en 1954, durante la fase crucial de la Guerra de Indochina, llegó a su apogeo: 2000 internos.

«La caña», la forma tradicional de retener a los prisioneros en Vietnam. Fotografía de Georges Planté tomada en la Maison Centrale *de Hanoi en 1905 y utilizada para una colección de postales típicas del país.*

Tras la derrota en Dien Bien Phu y la firma de los Acuerdos de Ginebra, los franceses se la entregaron al Viet Minh, que la reconvirtió en un centro de adoctrinamiento, pero su fama mundial le llegó cuando fue internado tras sus muros al teniente estadounidense Everett Álvarez Jr., derribado el 5 de agosto de 1964. Con él y sus compañeros nacería el «Hanoi Hilton[89]».

Álvarez, fue ingresado junto a los presos comunes y los políticos y, con ellos, soportó las condiciones miserables e insalubres de la prisión, incluida la invariable falta de comida. Lo que al principio se suponía una estancia corta antes de un intercambio, se convirtió en una larga y cruel condena de 8 años

---

[89] Aparentemente fue Bob Shumaker, piloto de un F8-B, el primero en usar ese nombre, al tallar *Welcome to the Hanoi Hilton* en el asa de un cubo para saludar la llegada del teniente de la USAF, Robert Peel. Más adelante, otras zonas de la prisión recibieron nombres de hoteles de Las Vegas, como *Stardust, Riviera* o *Desert Inn,* tal vez porque muchos de ellos habían pasado por la Base Aérea de Nellis, en Nevada.

y 7 meses, con la sensación de que el mundo, lentamente, se iba olvidando de su existencia.

Aunque desde agosto de 1964 Hoa Lo se utilizó como campo de detención permanente para todos los prisioneros capturados en Vietnam del Norte, hasta 1967 no tuvo un área exclusivamente destinada a los estadounidenses. A pesar de las continuas torturas a las que fueron sometidos, era poco lo que en realidad podían decir de utilidad para los norvietnamitas los pilotos capturados. Especialmente se buscó romper su voluntad. Humillarlos y someterlos para que hiciesen declaraciones en contra de su país y de la intervención en la guerra, lo que sería una gran victoria propagandística. En cierto modo, ese objetivo se logró, pues al final, de una u otra manera, la mayoría de los prisioneros acabaron por hacer o firmar algún tipo de declaración de esa naturaleza.

En la práctica el astuto uso de una agresiva política de propaganda por parte de los comunistas les dio una innegable ventaja ante la opinión pública mundial, pues desde el primer momento la mayor parte se puso de su parte. Casi nadie se mostró de acuerdo con la forma en la que Estados Unidos actuaba en Vietnam. Ni siquiera sus aliados en la región, que tenían grandes dudas sobre los objetivos que pretendía y siempre fueron reticentes al envío de tropas en apoyo del régimen sudvietnamita[90].

Por su parte, los prisioneros estadounidenses rápidamente fueron conscientes de que el objetivo de sus guardianes o torturadores era hacerles confesar que su país atacaba de forma ilegítima al pueblo de Vietnam. Para hacerles frente desarrollaron un código interno en el que los recién llegados a los campos eran instruidos por los más veteranos acerca de lo que iba a ocurrir y como debían resistirlo.

El objetivo, por extraño que parezca, consistía en «absorber el máximo de tortura» en el menor tiempo y, al estar al límite de la resistencia racional, acabar haciendo lo que les pedían sus torturadores, para así evitar que la presión y la vergüenza que iban inexorablemente a sufrir al saber que habían confesado su «culpabilidad» y la de su país, les hiciera más vulnerables a las presiones.

Cuando los prisioneros estadounidenses comenzaron a ser liberados de esta y otras cárceles de Vietnam del Norte, durante la era del presidente Lyndon B. Johnson, hubo muchos testimonios del abuso y maltrato sistemático, declaraciones a las que el gobierno de Washington intentó restar importancia, pues temían que si les daban mucha difusión, podrían empeorar las condiciones de vida para los que aún permanecían aún en los campos de Vietnam.

---

[90] Tanto Australia, como Corea del Sur, Tailandia o Filipinas se vieron involucradas con el envío de tropas. Eso le costó a sus gobiernos un fuerte desgaste.

En cualquier caso, es evidente que a pesar de su brutalidad, no hubo ningún plan sistemático en Vietnam del Norte para acabar con las vidas de los prisioneros. Fueron para ellos incluso una oportunidad, una muestra de la «agresión imperialista» que sufría su país y de la lucha justa que llevaban contra la brutalidad «capitalista». Aparte de eso —la mera publicidad—, los prisioneros estadounidenses tenían otra ventaja, podían ser usados como arma de negociación y de desgaste del enemigo pues, en plena Guerra Fría, para los comunistas, era conveniente acabar con la moral de sus adversarios.

Presos inculpados de rebelión en la Maison Centrale *de Hanoi en julio de 1908. En «la barra de la justicia», solían estar encadenados varios días. Sin levantarse, haciéndose encima sus necesidades. La misma tortura se le aplicó a los prisioneros estadounidenses.*

Los Acuerdos de París de 1973, supusieron que los Estados Unidos y el resto de las naciones se comprometiesen a reconocer la soberanía de Vietnam, tal y como se dispuso en los acuerdos de Ginebra de 1954. El alto el fuego se fijó para el 27 de enero de 1973. Suponía el fin de la «ocupación» de Vietnam del Sur, la retirada de tropas y arsenales de guerra y el desmantelamiento de todas las instalaciones militares de Estados Unidos.

Asimismo, los 591 prisioneros estadounidenses que aún estaban en Vietnam del Norte, fueron repatriados, aunque, sorprendentemente, esa medida no acabó con el problema. Simplemente dio origen a una leyenda: los MIA.

5.4 Los olvidados: el problema de los MIA

El destino de los desaparecidos siempre ha sido una de las consecuencias más preocupantes e inquietantes de cualquier conflicto internacional, militar o civil, pues genera graves consecuencias. Desde desmoralización, a falta de confianza en el gobierno, al que se suele siempre culpabilizar de alguna forma.

Los MIA, siglas en inglés de *Missing in Action*, fueron el último rescoldo de la Guerra de Vietnam. Tras los acuerdos de París, quedó pendiente una lista de 1350 hombres de los que no se sabía si seguían prisioneros o habían muerto, y otra de 1200 que se suponía habían muerto en acción de guerra, pero de los que no había restos o elementos que pudiesen determinar su identidad. Se encontraban dispersos por toda Indochina. La mayor parte en Vietnam, pero también en Laos y Camboya.

Un grupo de pilotos estadounidenses en una celda abierta del campo de prisioneros de Hoa Lo, a la espera de una inspección conjunta de las autoridades norvietnamitas y la comisión de control y supervisión internacional. Cuando los liberaban les daban ropas nuevas y obsequios realizados por artesanos del país. La fotografía está tomada el 29 de marzo de 1973, es una de las que fueron distribuidas como propaganda por el régimen de Hanoi.

En 1974, los estadounidenses realizaron algunas operaciones limitadas en Vietnam del Sur para encontrar sus restos y, de conformidad con lo firmado en París, los norvietnamitas enviaron también algunos más. Estos esfuerzos se detuvieron tras el colapso de los acuerdos firmados y la caída definitiva de Vietnam del Sur en 1975, lo que supuso que durante los siguientes 10 años apenas se avanzara nada.

La Liga Nacional de Familiares de Presos y Desaparecidos de América en el sudeste asiático, formada en 1967 por Sybil Stockdale, Evelyn Grubb y María Crowe, un pequeño grupo de esposas de POW/MIA de Coronado, California y Hampton Roads, Virginia, se dedicó desde entonces a buscar con ahínco cualquier traza o rastro de los presos perdidos, entre gente que había oído hablar de su existencia.

Lo cierto es que tenía poco sentido y solo se basaba en la desesperación. Aún con declaraciones como la de un vietnamita, agente de la CIA, enviado por los comunistas a un campo de concentración, que aseguró «haber oído hablar a un número indeterminado de prisioneros estadounidenses». «Escuché sus voces —contó— y oí a los oficiales decir que se trataba de pilotos derribados a quienes intentaban reeducar». El preso, transferido en 1978 desde la prisión de Thank Hoa, en Hanoi, junto con 130 detenidos, afirmó haber visto a una treintena de ellos encerrados en tres campos distintos. Los describió «flacos y cubiertos de sarna». «Caminaban con dificultad —aseguró—, pero se les obligaba a recoger madera en la selva. A menudo se caían y los guardias los golpeaban».

Sus declaraciones sembraron las dudas y el miedo entre los familiares de los desaparecidos. El caso era complejo, por la creencia extendida en una parte del pueblo estadounidense de que era verdad que todavía quedaban prisioneros en Vietnam, y que el gobierno comunista los mantenía vivos en condiciones atroces. Según ellos, esa situación la conocían los sucesivos gobiernos, tanto demócratas como republicanos, y se la ocultaban a la opinión pública. Esta idea, defendida con energía por algunos ex prisioneros de guerra obligó a investigar el asunto de forma oficial, a pesar de que el gobierno de Washington insistía una y otra vez, que todos habían sido repatriados.

En realidad, buena parte de la culpa la tenía el propio gobierno estadounidense. Nixon había convertido la vuelta a casa de los prisioneros en uno de sus objetivos políticos ante la opinión pública, y su Administración se había encargado de elevar la cifra para que llamase más la atención. Cuando retornó el número real de prisioneros, no eran los esperados, sino muchos menos.

El mayor problema interno para Estados Unidos en esos años finales de la década de 1970 y en los primeros de la de los 80, era que los familiares de los POW/MIA había llegado a constituir un *lobby* de cierta fuerza que presionaba con insistencia no solo a su gobierno, sino también al de Vietnam, a través de organizaciones humanitarias internacionales. El llamado «Caso Garwood», en 1979, fue la culminación del asunto, al aparecer el soldado de primera clase Bobby Garwood, que afirmaba haber sido abandonado en Vietnam, pero a quien el ejército consideraba un agente del enemigo.

Una vez abierto el debate de forma intensa, a pesar de ser un caso aislado, hubo que esperar a la era de Ronald Reagan, y a la mejora de las relaciones entre Vietnam y los Estados Unidos, para que avanzasen algo las cosas. Aunque no sería hasta los años 90, con la caída del régimen comunista en la Unión Soviética y el completo restablecimiento de relaciones diplomáticas, cuando de verdad pudo abordarse el asunto. El principal escollo era entonces que ya habían pasado más de 20 años.

A comienzos de esa década aparecieron fotografías de prisioneros que supuestamente seguían en Vietnam. En 1990, fueron tres los militares identificados en una de ellas obtenida en Laos: el coronel de la *Air Force* John I. Robertson, el mayor de la *Air Force* Albro Lundy Jr. y el teniente de la *US Navy* Larry Stevens. Todos desaparecidos entre 1966 y 1970. Era de muy baja calidad y parecía un montaje, pero la opinión pública, mediatizada por la prensa, y por algunos sectores interesados en demostrar que el gobierno mentía, mantuvo una opinión radicalmente opuesta al Pentágono, que estimaba que era falsa y que, tras la liberación masiva y el final de la guerra, si realmente seguían allí, sería más por voluntad propia —deserción—, que por obligación.

Roy E. Ziegler, copiloto de un helicóptero Bell UH-1 Iroquois, derribado el 8 de febrero de 1968, recibe sus objetos personales el 12 de febrero de 1973, en el Hanoi Hilton, un día antes de salir en libertad para ser repatriado a Estados Unidos.

Poco más o menos por entonces los vietnamitas comenzaron a ayudar seriamente en los esfuerzos de localización de los desaparecidos. El gobierno de Laos, con quien los Estados Unidos ya mantenían relaciones diplomáticas, también acordó la búsqueda de los restos de pilotos derribados o accidentados, lo que dio como resultado la identificación y repatriación de los restos de unas pocas más docenas de estadounidenses. Solo en Camboya, la guerra impidió tales esfuerzos. Sin embargo, un pequeño grupo, empeñado en que el gobierno mentía[91], decidió actuar por propia iniciativa.

El teniente coronel retirado Jack Bailey había creado pocos años antes una organización particular de búsqueda, «Operación Rescate», que contaba

---

[92] Una encuesta de la CNN realizada en 1991 indicaba que un 60 % de las personas a las que se preguntó, pensaban que algunos soldados estadounidenses seguían presos en Vietnam o los países limítrofes.

con un antiguo barco de contrabando, el *Akuna III* . Con fondos de las asociaciones de POW y grupos MIA, y ayudado por Bo Gritz, un ex «boina verde» de las fuerzas especiales, dirigía viajes privados por el sudeste de Asia para localizar prisioneros de guerra con gran aparato publicitario, pero sin demasiada suerte. En 1982 pretendió liberar a 15 laosianos y 3 estadounidenses, pero fueron emboscados y fracasó en su misión poco después de cruzar la frontera de Vietnam a Laos. Y lo mismo le sucedió con otros intentos, como el del sargento mayor Eric L. Haney, un ex *Delta Force* o el protagonizado por Scott Barnes, que dijo haber visto un prisionero de guerra estadounidense, y a quien La Liga Nacional de Familias terminó por acusar de explotar el tema MIA para su beneficio personal, en los años siguientes.

Las historias sobre prisioneros estadounidenses abandonados en Vietnam alcanzaron una gran notoriedad en los años 80 del siglo pasado, pues las asociaciones que los buscaban lograron convencer con sus demandas a la mayor parte de la opinión pública de Estados Unidos e incluso del resto del mundo. Especialmente mediante varias películas de éxito, como First Blood *—Acorralado, 1982—, de Sylvester Stallone o* Missing in Action *—Desaparecido en combate, 1984—, de Chuck Norris.*

Su oportunidad saltó durante el verano de 1991. Gracias a sus contactos, apareció otra fotografía que demostraba las tesis que había defendido desde el principio. Esta vez era un retrato, supuestamente reciente, del capitán de los «boinas verdes» Donad G. Carr, desaparecido en el Sur de Laos el 6 de julio de 1971, durante una misión de reconocimiento. Su publicación en la primera plana de varios diarios, obligó a la Secretaría de Estado de Defensa a prestar atención a Bailey que, al fin y al cabo, era quién la había difundido.

El coronel no pudo proporcionar ninguna prueba adicional, ni siquiera un testigo o un informante local, que confirmase su veracidad. No tardó en saberse que era imposible. La fotografía era una estafa, se trataba de un contrabandista alemán, Gunter Dittrich, con un asombroso parecido con Carr, y el contacto de Bailey se la había vendido a un buen precio.

«Operación Rescate» perdió todo su prestigio —si en algún momento los había tenido—. Lo que sí provocó el caso fue una reacción a nivel institucional: se ordenó efectuar una investigación definitiva sobre el tema de los prisioneros.

La llevó a cabo el Comité Selecto del Senado de los Estados Unidos denominado «Asuntos POW/MIA» entre 1991 y 1993, encabezado por los senadores John Kerry, Bob Smith y John McCain. Este último un conocido POW. A pesar de que la Alianza Nacional de Familias para el regreso de los militares desaparecidos de Estados Unidos, fundada en 1990[93], se mostró muy activa y radical durante las audiencias, no se encontró «ninguna evidencia convincente que demostrase que estadounidense alguno permanecía vivo en cautiverio en el Sudeste de Asia». Oficialmente la cuestión se dio por cerrada.

A partir de entonces todo lo referente a los POW/MIA ya solo formó parte de un lucrativo negocio que bajó de intensidad con el tiempo. En la actualidad, es un tema prácticamente olvidado después de que, tras otras dos décadas de esfuerzos e investigaciones conjuntas, los expertos de Vietnam y los Estados Unidos intentaran identificar a los últimos 296 desaparecidos —conocidos como los «últimos casos vivos»—, de los que 245 habían fallecido durante la guerra.

5.5 Coletazos de colonialismo. El *Mau Mau*.

Es muy conocido lo ocurrido en Asia o en Oriente Medio durante la Guerra Fría, pero no tanto los sucesos protagonizados por los británicos en Kenia. Quizá porque el continente africano nunca parece encontrar su sitio. Ya hemos visto que se asentaron en gran número en Rodesia y Sudáfrica desde finales del siglo XIX, pero el territorio del Este de África también les resultó atractivo, en especial las tierras altas de Kenia, con un clima suave que les pareció magnífico. Eso motivó que un número relativamente alto de colonos estableciesen sus granjas en el país, especialmente después de que la Corona británica declarara su protectorado sobre el territorio en 1895.

Como en otras partes de África, los colonos blancos que comenzaron a llegar de forma masiva en 1902, ocuparon una extensión de tierras desproporcionadamente alta para su número, lo que no mejoró las relaciones con

---

[93] Su objetivo era y es resolver el destino de los prisioneros de guerra o desaparecidos en combate estadounidenses desde la Segunda Guerra Mundial en adelante, no solo el sudeste de Asia. La presidente y cofundadora del grupo era Dolores Apodaca Alfond, cuyo hermano mayor, Joe Victor Apodaca, Jr. fue derribado en Vietnam en 1967. Se negaron a aceptar las conclusiones del comité.

los nativos, especialmente con la etnia Kikuyu, con la que se mantenían desde el principio constantes enfrentamientos armados —los principales en 1880 y 1890—. Es más, se decidió que la mejor forma de «pacificar» el país era utilizar la violencia. Aunque fuera desproporcionada.

Durante los conflictos armados que se produjeron, la falta de equilibrio en las bajas fue aterradora —por ejemplo, 160 miembros de la etnia Gusii cayeron el 18 de enero de 1908 ante los soldados británicos sin que estos sufrieran ni una sola baja propia[94]—. Aún así, las insurrecciones fueron constantes, pues por medio de expropiaciones forzosas, el gobierno de la colonia se apoderó de unos 28 000 kilómetros cuadrados de tierra —7 millones de acres—, en las fértiles regiones montañosas, que se vendieron en su totalidad a colonos europeos, hasta formar una zona que llegó a ser conocida como «las tierras altas blancas[95]».

A lo largo de la primera mitad del siglo XX el aumento de la población africana y la avidez de más tierras de los colonos europeos degeneró en un conflicto cada vez más serio, especialmente por la oposición de los *masai* y los *ñandi*, las etnias más afectadas, y los kikuyus, los más numerosos, que plantearon una oposición legal a las acciones del gobierno colonial. No les sirvió para nada, pues en 1921 el Tribunal Superior de Kenia afirmó que las expropiaciones eran legales. Igual que las «reservas» en las que se concentraba a la población africana en etnias separadas para mantener su división, lo que agravaba todavía más la situación.

En realidad, lo que los colonos deseaban, a parte de las tierras, era lograr que la población trabajase como mano de obra barata, en condiciones de semiesclavitud, amparados en la infame *Ordenanza de amos y sirvientes* de 1906, que dejaba bien claro quiénes eran los primeros y quiénes los segundos. Es más, al finalizar la Primera Guerra Mundial se les otorgó un volante de identificación a los nativos, el *kipande*, sin el que no podían moverse a través del territorio. Paradójicamente provocó que muchos de los trabajadores de las granjas de los europeos, en su mayoría de etnia *kikuyu* se fueran asentando de forma ilegal en zonas que no les estaban asignadas. En 1939 eran más de 100 000, algo que a pesar de producir enfrentamientos entre blancos y negros, se toleraba por el afán de los colonos de conseguir mano de obra casi regalada.

---

[94] La expedición de castigo dirigida por el futuro sir Alexander Stafford Northcote, todavía un joven de 27 años, protagonizó durante una semana una orgía de sangre. Ese mes, Northcote le escribió a su padre: «Se necesitaría demasiado tiempo para describir la idiotez, obstinación y falta de preparación militar de estos nativos».

[95] La Comisión del África Oriental Británica declaró en 1925 expresamente que las ventajas que otorgaba la rica tierra de las regiones que bordeaban el Kilimanjaro, convertía el país en una zona especialmente interesante para el asentamiento de colonos europeos.

Cuando ese año comenzó la Segunda Guerra Mundial, la práctica totalidad de la economía agraria de Kenia estaba en manos de la minoría blanca, que también controlaba el comercio, las comunicaciones y el gobierno. Qué mejor que machacar también a impuestos a una población nativa que veía cómo los colonos disfrutaban de todos los beneficios sin que a ellos les llegara poco más que las migajas y, además, reclutarlos en las fuerzas armadas para que se jugaran la vida por una causa que les era muy lejana.

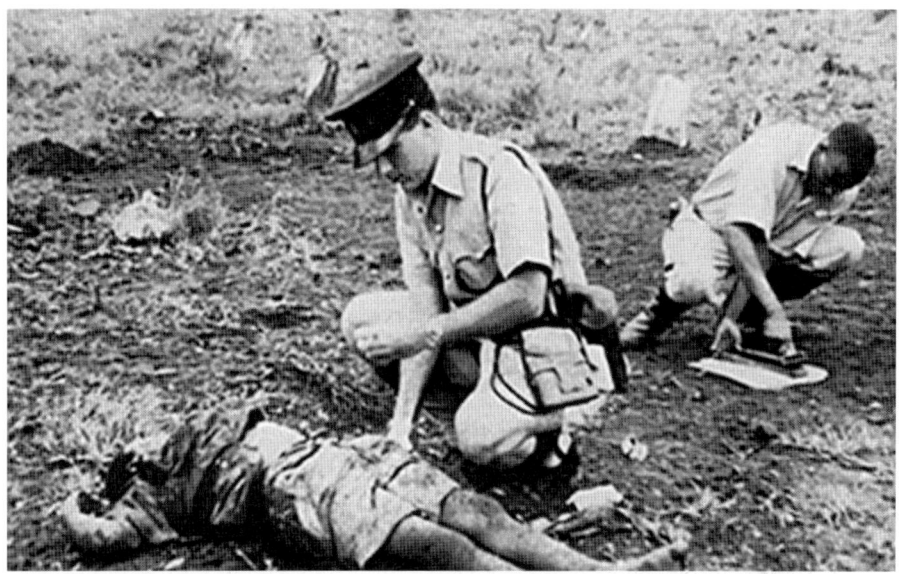

Un policía colonial toma las huellas dactilares a un guerrillero muerto. En muchos casos los soldados les cortaron las manos para no perder tiempo. A pesar de la campaña de prensa desatada en Gran Bretaña contra la «barbarie africana», solo murieron 32 europeos en los seis años de insurrección.

La guerra afectó mucho menos al continente africano que el conflicto mundial anterior. Al menos después de los breves combates que se produjeron en el África Oriental Italiana entre 1940 y 1941. El resultado fue que en 1945 había ya una minoría de africanos nativos convencidos de que podían autogobernarse sin necesidad de estar tutelados por una potencia colonial.

Un punto de vista que, por supuesto, no era respetado por los británicos. Ellos defendían que la tierra ocupada por los blancos en África era suya por derecho propio. El mismo que tenían para maltratar a su población, a la que se dirigían con un absurdo paternalismo y una legislación llena de perjuicios, que incluso aprobaba los castigos físicos a los trabajadores keniatas. Cuando la situación llegó a extremos intolerables[96], provocó un éxodo masivo kikuyu a

---

[96] En 1948, un total de 1 250 000 kikuyu tenía la propiedad de 5200 km², y 30 000 colonos británicos tenían 31 000 km². La situación era realmente vergonzosa.

las ciudades, en especial a Malindi, Mombasa y Nairobi —que dobló su población—. De esta forma, tanto los salarios como la *kipande*, que habían sido los principales motivos de queja de los africanos, se vieron sustituidos al comenzar la década de los años 50 por la exigencia de tierras y representación política.

La primera consecuencia, avalada por la «Unión Africana de Kenia», un movimiento creado en 1944 por Harry Thuku[97] que trataba infructuosamente de lograr mejoras sustanciales para la población africana, fue una progresiva radicalización de los *kikuyu* que, empujados por la pobreza a las ciudades, veían imposible lograr la más mínima cesión por parte de los colonos o el gobierno británico. A ellos se les unieron muchos ex-soldados keniatas que habían participado en la guerra y no tenían otro futuro que el desempleo o los salarios bajos. Juntos en lo que denominaron *anake wa 40* o «Grupo 40», comenzaron a ver la insurrección armada y el enfrentamiento abierto contra las autoridades coloniales como la única oportunidad de conseguir alguna mejora de su situación.

Pronto se unieron a ellos los seis sindicatos que formaban la *East African Trades Union Congress* —EATUC—, cuyos líderes fueron arrestados en la fiesta del trabajo del 1 de mayo de 1950. Su detención provocó una huelga general que paralizó Nairobi durante nueve días y se propagó a Mombasa y otras ciudades, que terminó, en una muestra de fuerza de las autoridades británicas, con el arresto de 300 trabajadores. El conflicto se radicalizaba.

A pesar de ello el régimen colonial parecía sólido, pues había descabezado y hundido a la EATUC. Se engañaba a sí mismo, sus miembros se unían ahora en masa al «Grupo 40», dedicado ya casi en exclusiva a acumular armas y municiones bajo las siglas KLFA —Ejército Tierra y Libertad de Kenia—, para iniciar ataques contra las granjas de los colonos blancos. Nadie, ni en Nairobi ni en Londres, escuchó las advertencias del ejército británico, que aceptó enseguida la gravedad de lo que ocurría. El 3 de octubre de 1952, una mujer británica fue asesinada cerca de su casa en Thika, y el 7, el jefe kikuyu Waruhiu wa Kungu, fue acribillado en su coche a plena luz del día. Un golpe importante contra el gobierno colonial, pues era uno de los defensores de la presencia británica, que obligó al gobernador Evelyn Baring a declarar el estado de emergencia.

Fue esos días cuando el Comisionado del Distrito de Nakuru, en su informe anual, usó por vez primera un extraño término para denominar a los grupos rebeldes que parecían formar una sociedad secreta. Los llamó *Mau Mau*, que en realidad no significaba nada[98]. Según algunos de sus miembros,

---

[97] Thuku era un kikuyu que trabajaba como funcionario para el gobierno. Fue uno de los primeros keniatas en poder realizar su labor en inglés.
[98] Podía ser el anagrama de Uma Uma —salir, salir— palabras basadas en un juego de lenguaje secreto de los niños kikuyu en el momento de su circuncisión.

los *Mau Mau*, nunca se referían a sí mismos así, preferían el uso de KFLA, algo que los británicos no pensaban utilizar ni remotamente, en un intento de negar legitimidad internacional a la revuelta. Así las cosas, a mediados de los años 50, el movimiento rebelde decidió adoptar esa denominación como un acrónimo en swahili de *Mzungu Aende Ulaya, Mwafrika Apate Uhuru*: «Deja que el extranjero regrese al extranjero, que el africano recupere la independencia».

5.5.1 Viejos métodos

La mañana del 21 de octubre, las fuerzas de seguridad británicas con apoyo del ejército comenzaron la operación «Jock Scott», para detener a todos los líderes o simpatizantes de los rebeldes, entre ellos Jomo Kenyatta, futuro padre de la nación. A pesar de su contundente actuación, los jefes militares del *Mau Mau*, como Dedán Kimathi y Stanley Mathenge[99], escaparon por filtraciones internas, lo que permitió que el movimiento contase con líderes fuertes y decididos desde el primer momento.

Miembros del Mau Mau custodiados por soldados del 5.º Batallón de los Rifles Africanos del Rey. La superioridad militar de los británicos fue incontestable. No es de extrañar que los militares ingleses considerasen al principio que se habían exagerado mucho las cosas.

---

[99] Ambos dirigirían poco después los denominados «Ejércitos del bosque».

La muerte brutal del jefe Nderi de Nyeri, otro líder africano pro británico, despedazado a machetazos por los *Mau Mau* y el comienzo de una serie de atroces asesinatos de colonos blancos, provocó una enorme alarma en el Reino Unido, donde la opinión pública asistía horrorizada a la campaña de prensa que convertía a los insurrectos keniatas y sus extraños «rituales» en una especie de demonios salvajes. Las autoridades reaccionaron rápido: en unos días, tres batallones de Rifles Africanos del Rey fueron enviados desde la vecina Uganda, junto a tropas de refuerzo desde Tanzania y *Royal Marines*. Incluso llegaron tropas británicas metropolitanas, como los fusileros de Lancashire, desplazados desde Egipto por vía aérea[100].

Las unidades británicas sabían poco sobre la fuerza, estructura y resistencia de los *Mau Mau*, por lo que según avanzó el conflicto y los soldados europeos vieron los excesos y brutalidades de los insurrectos con los colonos asesinados, todo se descontroló. Comenzaron a disparar contra cualquier negro que encontraban, aunque fueran campesinos o pastores inocentes, y empezaron a pagar 5 chelines por cada mano cortada de los «rebeldes», o a contar con un «marcador» los asesinatos. Su actitud obligó a intervenir al jefe de operaciones, el general William Hinde, —un veterano soldado que ya había visto suficientes barbaridades durante la guerra en Europa— para detener la espiral de violencia.

En enero de 1953 el Comité Central de Nairobi, ya reconstituido como Consejo de la Libertad, decidió comenzar una guerra abierta de liberación. A diferencia de otros movimientos de la época, su versión urbana estaba dominada por la clase media negra, sin elementos comunistas. Hombres educados y preparados que crearon redes de comités secretos para suministrar armas, municiones, alimentos, dinero, inteligencia y reclutas a los combatientes rurales del *Mau Mau*. Fue un error estratégico. La resistencia no tenía una estrategia nacional para la victoria ni cuadros entrenados en la guerra de guerrillas, le faltaban armas modernas, no tenía medios para conseguir más y ni siquiera se había extendido la revuelta más allá de las tribus de las montañas centrales, afectadas por la presencia de los colonos.

Durante los meses finales de 1952 y la primera quincena de 1953, pareció que los *Mau Mau*, con sus lanzas, *simis* —espadas cortas—, *kibokos* —látigos de rinoceronte— y *pangas* —un tipo de machete—, iban a tener éxito. Sus bandas de guerra, no mayores de 100 hombres, se movían desde sus bases en

---

[100] Aunque durante el conflicto los británicos llegaron a enviar 55 000 soldados, nunca sirvieron juntos más de 10 000. Todo el esfuerzo estuvo a cargo de la Policía de Kenia y las unidades nativas leales Es importante recordar que el Reino Unido, con su economía destrozada por la guerra, estaba en 1952 implicado en la guerra de Corea y en la campaña contra las guerrillas comunistas en Malasia.

los bosques de las Tierras Altas de la cordillera Aberdare y el Monte Kenia, mataban africanos leales al gobierno y atacaban a patrullas de la policía. Por la noche, destruían granjas aisladas y extendían su terror hasta los suburbios de Nairobi, pero ese era su límite. La escasez de armas de fuego y la falta de coordinación de sus líderes principales, Stanley Waruhiu iTote —alias «general China»—, en el Monte Kenia; y Dedán Kimathi, en el bosque Aberdare, impedían acciones de mayor envergadura.

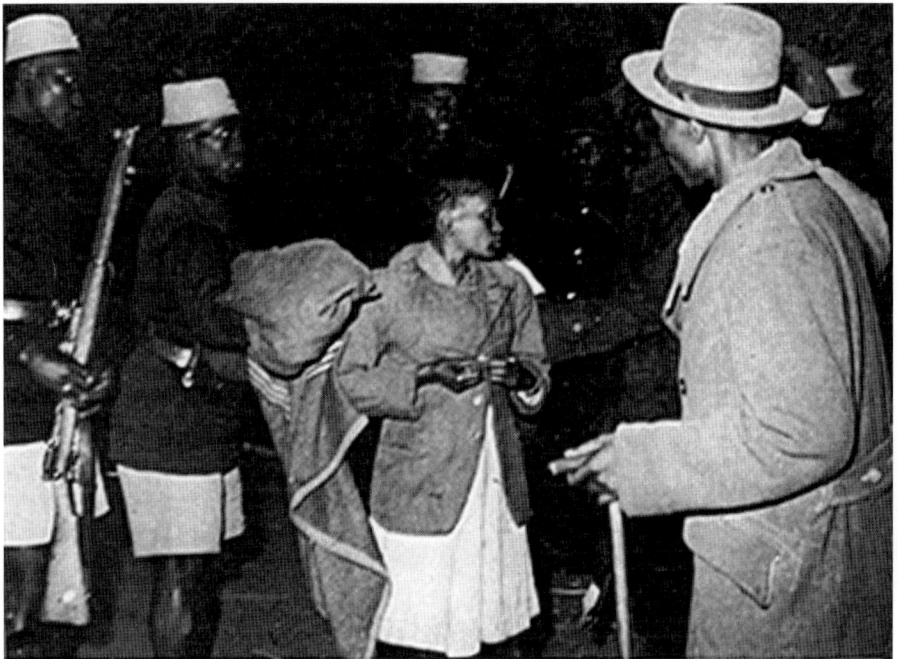

Una mujer arrestada por la policía de Kenia. Las mujeres «sospechosas» fueron casi en su totalidad objeto de todo tipo de aberrantes ataques sexuales mientras estaban cautivas. A unas 30 000 las internaron en campos de concentración. 8000 de ellas, algunas adolescentes, en un campo «especial», cerca de Nairobi.

El asesinato a golpes de *panga* del matrimonio Ruck, incluido su hijo de solo seis años, el 24 de enero, y la masacre perpetrada el 26 de marzo en el pueblo de Lari, donde 170 hombres, mujeres y niños africanos fueron despedazados o quemados vivos —acciones ambas muy difundidas por los periódicos británicos, que mostraban así la brutalidad y salvajismo de los rebeldes[101]—, cambiaron las cosas. Los colonos comenzaron a convertir sus granjas en forta-

---

[101] Las imágenes de los Ruck, incluyendo fotos del joven Michael con osos de peluche ensangrentados y su tren de juguete tirado en el suelo de su dormitorio dieron la vuelta al mundo.

lezas, despidieron a sus sirvientes y trabajadores *kikuyu*, armaron a sus mujeres e hijos hasta los dientes y, en muchos casos, se unieron en masa al ejército territorial de Kenia.

En junio, el general *sir* George Erskine, que durante su época en Normandía en 1944 había sido acusado de combatir a los alemanes con demasiada cautela, asumió el cargo de Director de Operaciones. Su enemigo parecía menos complicado que las divisiones SS, por lo que con sus 20 000 hombres se permitió mostrarse agresivo: decidió que en las reservas kikuyus, ahora denominadas «zonas especiales», cualquier persona no autorizada podía ser detenida y fusilada —lo utilizó a menudo para detener a «sospechosos» de forma indiscriminada—, y que las zonas de actuación del *Mau Mau*, como el bosque Aberdares y el monte Kenia eran «zonas prohibidas». Cualquiera que entrara sin autorización del gobierno sería ejecutado en el acto.

El sangriento campo de concentración británico de Hola, una «zona de seguridad» donde decenas de kikuyu fueron molidos a palos o asesinados. La dura represión británica abrió una brecha entre los colonos blancos y la etnia mayoritaria de Kenia que ya nunca pudo cerrarse.

A finales de año tropas del ejército y la policía barrieron el bosque Aberdare y capturaron o mataron a 125 guerrilleros, pero no se logró acabar con la revuelta, al contrario, en las ciudades comenzó una fuerte agitación. Erskine fue un paso más allá, comenzó la «Operación Yunque», que puso a Nairobi bajo control militar el 24 de abril de 1954. En una primera fase fueron detenidos más de 30 000 africanos y cerca de 17 000 enviados a campos de concentración. Tras la segunda, a finales de año, los campos tenían ya 77 000 kikuyus y otros 100 000 habían sido deportados a las «zonas de seguridad» de las reservas étnicas, en aplicación de un política de reasentamiento colectivo que llevó a 1 077 500 nativos a «concentrarse» en 854 aldeas, específicamente preparadas.

La medida fue brutal. La falta de recursos y de dinero para mantener a una población tan enorme, la escasez de raciones de comida, la falta de higiene, la represión —con violaciones de derechos humanos, que incluían torturas, abusos sexuales y castraciones— y la difusión de epidemias y enfermedades, provocó una catástrofe humanitaria que los británicos han logrado ocultar desde entonces cuidadosamente.

Nairobi, Kenia, 30 de marzo de 1953. El cuerpo horriblemente mutilado y carbonizado de un niño entre las ruinas de la casa quemada del Jefe Luka, que con sus tres esposas y ocho hijos perecieron en el incendio de su hogar durante una masacre Mau Mau en el área de las Tierras Altas de la reserva Kiambu.

Hoy se cuantifican en unos 70 000 los keniatas muertos en los campos —según los datos de la investigadora de Harvard Caroline Elkins—, aunque los británicos no aceptan un número superior a los 11 500. El demógrafo John Blacker ha estimado que del número total de muertes africanas, según él en torno a 50 000, la mitad eran niños menores de 10 años que murieron en los campos por enfermedades, escases de alimentos y falta de higiene.

En 1955 se declaró una amnistía, pero ante el fracaso de las conversaciones de paz, el ejército comenzó una ofensiva final hasta que la resistencia

Mau Mau se derrumbó. Su último líder, Dedán Kimathi, fue capturado por la policía tribal kikuyu el 21 de octubre de 1956 con los últimos 13 guerrilleros, y ahorcado a principios de 1957. Su captura marcó el final efectivo del levantamiento, aunque el estado de emergencia se mantuvo en vigor hasta enero de 1960[102].

Muchos colonos británicos tomaron un papel activo en la tortura de «sospechosos» y cometieron terribles atrocidades. Un oficial británico, al describir su enfado por la falta de cooperación de los detenidos, explicó: «Pegué mi revólver justo a su boca sonriente y me dijo algo, no recuerdo qué. Apreté el gatillo. Su cerebro reventó por toda la estación de policía. Los otros dos *Mickeys* —como llamaban los británicos a los *Mau Mau*—, estaban allí de pie, mirando. Les dije que si no decían dónde encontrar al resto de su pandilla los mataría también. No dijeron una palabra, así que hice dos disparos. Uno no murió, le alcancé en el oído. Cuando el subinspector llegó, le dije que los *Mickeys* intentaron escapar. No me creyó, pero solo dijo que los enterráramos y limpiáramos la pared».

El 12 de diciembre de 1963 Kenia, bajo el liderazgo de Jomo Kenyatta, un nacionalista de la *Kenya African National Union* —KANU— se convirtió en una nación independiente. Los colonos blancos abandonaron el país lentamente y apenas son el 0,2% de la población, mientras los kikuyus continúan como etnia dominante. Solo en el siglo XXI se ha comenzado a conocer la verdadera dimensión de la violencia y las atrocidades que se adueñaron del país en los años cincuenta del siglo anterior.

---

[102] Las acciones militares prosiguieron implacables. En 1959 hubo 200 muertos en Nanyuki, durante un bombardeo británico.

6

Los gritos del silencio

El horror sobre la tierra. Miles de calaveras son el recuerdo mudo de las víctimas del régimen político criminal de Pol Pot y los jemeres rojos, que acabaron con la vida de 2 300 000 personas en un espantoso caso de autogenocidio, pues tanto las víctimas como los verdugos eran de la misma nación, cultura y sociedad. El espanto de lo sucedido en Kampuchea entre 1975 y 1979 es aún mayor si nos damos cuenta del horrendo silencio de la comunidad internacional, ciega y sorda ante lo que ocurría. Fotografía de Tuol Sleng de la «colina de los árboles envenenados», hoy conocida como «museo del genocidio». Solamente 7 de las 20 000 personas que fueron llevadas para ser «interrogadas» a ese lugar de espanto sobrevivieron para contarlo.

Animé a los chinos a apoyar a Pol Pot.
Pol Pot era una abominación. Nunca podríamos apoyarlo, pero China sí que podía.

Zbigniew Brzezinski,
Consejero de Seguridad Nacional de los Estados Unidos, 1979

6.1 El reino del olvido

En el sureste de asia existe un reino remoto bien conocido por los españoles del siglo xvi denominado «Camboya». Aunque *Kampuchea* —pronunciación aproximada: *kampuŷa*— es el nombre más extendido entre sus habitantes, que hablan en su mayor parte en lengua *jemer*, no es su único nombre, pues *Srok Khmae* —Estado *jemer* o Estado de Camboya— y *Prateh Khmer* —Nación Jemer o Nación Camboyana—, son también usados de forma habitual.

El nombre del país proviene del antiguo Imperio Jemer y es, curiosamente una palabra de origen indoeuropeo, pues deriva de un vocablo sanscrito, que tiene origen en Kambu Svayambhuva, legendario fundador del país, y líder de una tribu que procedente de la India arribó a aquellas costas en el siglo i. Los invasores buscaban establecerse en un estratégico punto de paso del comercio del subcontinente indio a China, y la población original adoptó términos lingüísticos indios además de la religión hinduista, que se fue extendiendo por todo el estado, —en la actualidad el 95% de los camboyanos es practicante del budismo *therevada*—. Con todo, la posición geográfica del país y su compleja orografía interior, hizo que en Camboya, como en el resto de las naciones de la región, conviviesen varios grupos étnicos minoritarios, desde chinos a vietnamitas y desde *tais* a *cham*.

El avance hinduista fue lento, pero el año 802 Jayavarman II, consiguió proclamarse rey y asentar el Imperio Jemer como una de las mayores potencias de Asia Oriental. Nacía un estado poderoso que duró 600 años y llegó a conquistar extensas áreas de Asia Sudoriental, extendiendo la influencia cultural de la India y de sus costumbres, y dejando un legado inmortal, que se encuentra entre las grandes aportaciones materiales y culturales de la humanidad. Es muy conocido, por ejemplo, el impresionante complejo de Angkor Wat, la mayor estructura religiosa jamás construida, una joya arqueológica declarada Patrimonio de la Humanidad. Ubicado 5,5 kilómeros al norte de la actual Siem Riep, durante su época de esplendor, entre los siglos ix y xv, tuvo una extensión de 200 kilómetros cuadrados, —en la actualidad se cree que es posible que llegase a los 3 000— y más de 500 000 habitantes.

Tras la conquista de Angkor, por los guerreros del reino *tai* —siameses— de Ayutthaya, en el siglo xv, Camboya fue gobernada por extranjeros, sufrió todo tipo de conflictos civiles que la sumieron en permanente inestabilidad[103] y, finalmente, fue ocupada por los franceses, que constituyeron en 1863 un protectorado sobre el territorio.

---

[103] Incluyendo unas notables «intrusiones» españolas, descritas en nuestros libros *Naves negras* y *En tierra extraña*. Ambos publicado por EDAF en 2015 y 2012, respectivamente.

Por entonces era ya una nación que llevaba ya siglos en decadencia y que no fue capaz de presentar una resistencia sólida ante el poder militar europeo. Francia jamás unió su protectorado camboyano al territorio de la Conchinchina —Vietnam—, por lo que el país gozó de una relativa autonomía cultural ante sus vecinos laosianos y vietnamitas, y de un aceptable desarrollo gracias al periodo de paz impuesto por los franceses.

Guillotinado en Hai Phong, al Norte de Vietnam, en el delta del río Rojo. Francia, con mano dura, terminó desde el primer momento con cualquier intento de rebelión en el sudeste de Asia. A partir de 1900, con el mismo sistema de ejecución que utilizaba en la metrópoli.

Sin embargo, la crisis provocada por el hundimiento francés ante Alemania en 1940, afectó gravemente a Camboya, que se vio ocupada por tropas japoneses y que perdió territorios ante sus vecinos tailandeses, que en la primavera de 1941 atacaron la frontera y lograron recuperar una parte del territorio camboyano que hacía tiempo ambicionaban[104].

Francia intentó en 1945, tras la guerra, recuperar su posición dominante en Asia, pero lo único que logró fue involucrarse en una feroz guerra que no

---

[104] Tailandia recibió en el armisticio firmado en Tokio del 9 de mayo de 1941, todos los territorios laosianos al oeste del río Mekong, y una parte del noroeste de Camboya, algo considerado en Tailandia como un éxito histórico que corregía humillaciones recibidas de Francia en el pasado.

conducía a nada, y que Camboya aprovechó para lograr su independencia en 1953. La monarquía, que tenía ya cierta capacidad de gobierno en los temas internos, recuperó el control de los asuntos exteriores, pero no logró solucionar el problema de que durante el protectorado francés, una parte de los cuadros técnicos del país fueran vietnamitas, ni que la minoría china fuera prácticamente la que controlara el gobierno[105]. Eso aceleró aún más la inestabilidad del país, que no pudo mantenerse ajeno a la espantosa guerra que sacudía el vecino Vietnam[106].

Norodom Sihanouk, heredero de los reyes de Angkor, revista las tropas camboyanas y francesas en el Palacio Real de Phnom Penh, en 1947. Francia, bajo cuyo protectorado se mantenía Camboya, permitió su ascenso al trono en abril de 1941 a la edad de 19 años. El gobierno de París daba por hecho que el joven príncipe sería un aliado flexible.

6.1.1 Antiguos rencores

El 19 de mayo de 1928 en el seno de una familia de campesinos acomodados de la localidad camboyana de Prek Sbauv, nació un niño sano y bien desarrollado al que su familia decidió poner el nombre de Saloth Sar. Era el menor de siete hermanos, por lo que sus padres pensaron que lo mejor era enviar al pequeño Saloth a realizar estudios en un monasterio budista donde podría labrarse un futuro sin demasiados problemas. Allí se educó durante tres años. Era ya un incipiente adolescente cuando los monjes, no sin cierto embarazo,

---

[105] El problema era serio, en 1937 la Universidad Indochina de Hanói tenía 631 estudiantes, pero sólo 3 eran camboyanos.
[106] Véase nuestra obra *Arrozales sangrientos*, en la colección *Trazos de la Historia* de esta misma editorial.

comunicaron a la familia que Saloth Sar no podía seguir en el centro. Le costaba estudiar, explicaron. Intelectualmente, el chico no daba para mucho.

Así que Saloth se trasladó a Phnom Penh, donde su hermano mayor tenía un buen puesto como funcionario en el palacio real junto al rey Monivong. Por entonces se produjo un hecho que quizá marcara para siempre el destino de Saloth Sar: una de sus hermanas, Saroeung, fue aceptada como integrante del cuerpo de baile de palacio, y no tardó en convertirse en concubina del rey. En la corte, Saroeung debió sufrir continuos desprecios por su condición social, y Saloth, que vivía con ella y tenía 13 años cuando el rey falleció, puede que fuera testigo diario de la amargura de la joven. Es probable —nunca lo sabremos—, que allí comenzara a fraguarse en su mente un odio profundo hacia la clase dominante, que se valía de su posición para humillar a los inferiores.

En 1946, como muchos jóvenes de su tiempo admiradores de Ho Chi Minh, el líder de la revolución vietnamita, Saloth ingresó en el ilegal Partido Comunista Indochino y, más tarde, probó de nuevo a reemprender los estudios, esta vez en París, donde continuó con sus actividades políticas. No obtuvo títulos ni buenos resultados, pero de regreso a Camboya, en 1953, su paso por la Sorbona y la impagable ayuda de su hermano, que ahora servía a Norodom Sihanouk, le sirvieron para conseguir trabajo de profesor de francés en Phnom Penh.

Saloth Sar había traído de Europa una esposa —Khieu Ponnary, la primera mujer camboyana diplomada con estudios secundarios en el Liceo Sisowath, de Phnom Penh—, y nuevas ideas. Juntos se encargarían de ponerlas en práctica.

En 1951 ambos participaron en la fundación del PCK, el Partido Comunista de Kampuchea, una escisión del Partido Comunista de Indochina. Al principio mantenía solo algunas diferencias de carácter ideológico con la otra rama, el Partido Comunista de Vietnam, pero con el tiempo se transformaría en una extraña interpretación del maoísmo, que exaltaba las virtudes campesinas y aborrecía todo lo «burgués», para convertirse en una frontal oposición a su rival, tal vez por su rencor hacia los vietnamitas, hacía los que mostraba claras tendencias racistas.

Del 28 al 30 de septiembre de 1960, 21 líderes del partido celebraron un congreso secreto en Phnom Penh en el que se rebautizó como Partido de los Trabajadores de Kampuchea, PTK. Se eligió para dirigir a su Comité Central a Tou Samuth, un vietnamita moderado que había actuado como protector de Saloth Sar desde su incorporación al movimiento. Su desaparición y asesinato a manos de la policía camboyana en julio de 1962, llevarían al liderazgo en febrero del año siguiente a Saloth Star, que había decidido adoptar para la lucha que se avecinaba un nuevo nombre: Pol Pot.

No pasó mucho tiempo para que Pol Pot y buena parte del comité central del partido se vieran obligados a escapar a la selva. Allí, a partir de julio, comenzaron lentamente a organizar un movimiento de resistencia armada en la provincia de Ratanakari que fue ganando fuerza a lo largo de la década. La Guerra Civil Camboyana, que no era sino la oficialización de lo que ya se mostraba como un conflicto abierto, comenzó formalmente cuatro años después, a primeros de marzo de 1967 —mientras Sihanuk visitaba en Francia al general Charles de Gaulle—, cuando en la provincia de Battambang, cerca de Samlaut, un grupo de recaudadores de impuestos sufrió un ataque. El incidente lo utilizó en su provecho Pol Pot para fomentar la revuelta y, en unas semanas, hacerse con el control de la región.

Decretada la Ley Marcial, una ola de represión cayó sobre la provincia. Cientos de campesinos fueron asesinados por la policía y las tropas gubernamentales a las órdenes del general Lon Nol. De vuelta en Camboya, Sihanuk ordenó el arresto de los líderes opositores, Khieu Samphan, Hou Yuon y Hu Nim y, antes de que acabara el año, el PTK ya había organizado a los jemeres rojos encabezados por Pol Pot, Ieng Sary y Son Sen, el líder de la guerrilla maoísta. En los meses siguientes el PTK recibiría miles de armas y toneladas de municiones de Vietnam del Norte, China y la Unión Soviética, desde fusiles de asalto AK-47 y AKM, en su versión china y norcoreana, a carabinas semiautomáticas SKS, ametralladoras RPK y PKM, lanzagranadas RPG-7 y minas antipersona. Todo ello supervisado y organizado por asesores del Ejército Popular de Liberación chino.

En enero de 1968, cerca de 5000 guerrilleros comunistas lanzaron una ofensiva a nivel nacional. Sihanuk lo aprovechó para restablecer las relaciones con los Estados Unidos y formar, con Lol Nol de primer ministro, un gobierno de «salvación nacional» para enfrentarse al «comunismo asiático», pero a pesar de la brutalidad con la que actuó el ejército y de la llegada de material militar estadounidense en enormes cantidades, el gobierno no logró detener el avance de la guerrilla jemer. Había nacido un movimiento político terrible.

Dos años tardó el primer ministro en organizar un golpe de estado militar que derrocara a Sihanouk. El 12 de marzo de 1970 decretó el cierre del puerto de Sihanoukville a los norvietnamitas y ordenó al príncipe abandonar Camboya en 72 horas, debido a sus «simpatías» hacia los comunistas. Era una visión un poco peculiar de la realidad, pues si bien el gobierno de Sihanouk se había opuesto a la intervención estadounidense en el conflicto de Vietnam —lo que Washington había interpretado como un acto hostil— no dudaba, desde la independencia del país en 1954, en aplicar una política de mano dura en contra del comunismo camboyano,

El príncipe marchó primero a Moscú y después a Pekín. En ambas capitales solicitó apoyo para sus antiguos enemigos, los jemeres rojos, al Ejército Popular de Vietnam del Norte y el Vietcong. No dudó en amenazar a Lol Nol con su ejecución una vez regresase a Camboya y recuperase el poder.

Pol Pot conduce a una columna del Partido Comunista de los Trabajadores de Kampuchea por la selva. A mediados de la década de 1960 el Departamento de Estado de Estados Unidos no estimaba que tuviera más de 100 miembros.

El 18 de marzo, Lon Nol solicitó a la Asamblea Nacional votar por el futuro del país. Sutilmente dirigida, decretó la abolición de la monarquía y proclamó la «República Jemer» de la que Lon Nol se convirtió en su primer presidente. La llegada al poder de la derecha camboyana fue apoyada por los Estados Unidos, lo que incrementó la intervención de los norvietnamitas y del Vietcong en el país, en medio del caos provocado por la intervención de las fuerzas aéreas estadounidenses, que entre 1969 y 1973, arrasaron brutalmente los «santuarios» de Vietnam del Norte en el este de Camboya[107] con verdaderas alfombras de bombas que ocasionaron la muerte de cerca de 150 000 campesinos camboyanos. Un éxodo masivo de centenares de miles de refugiados abandonó las zonas rurales y se estableció en Phnom Penh, que en cuatro años vio cómo una población hundida en la pobreza y la miseria, sometida a terribles bombardeos casi a diario, incrementaba en el interior, de manera constante, el apoyo a los jemeres rojos.

Con la economía en ruinas, el país en el caos y rumores de una ofensiva masiva del Ejército Popular de Vietnam del Norte hacia la capital de Camboya, una parte del país enloqueció. Se produjo una sobrecogedora persecución de la minoría vietnamita —unas 40 000 personas— que el gobierno de Lol Nol intentó usar como rehenes para detener a cualquier precio las acciones ofensivas

---

[107] Lanzaron 539 129 toneladas, tres veces más que sobre Japón en toda la Segunda Guerra Mundial.

del ejército de Vietnam del Norte y del Vietcong —como si al régimen brutal de Hanoi le importase algo la suerte de los detenidos—. Los internó en campos de concentración y los trató con tal brutalidad, que no solo acabó enfrentado con los vietnamitas comunistas, sino también con el régimen pro-occidental de Vietnam del Sur, que se vio obligado a enviar tropas al otro lado de la frontera para intentar rescatar a cerca de 20 000 de los refugiados. Mientras, en una despiadada espiral de violencia sin fin, el mundo contemplaba cómo el ejército de Camboya asaltaba aldeas y campos, detenía a los vietnamitas, y asesinaba a centenares de ellos[108].

Líder del gobierno en el exilio establecido en China, y aliado al Jemer Rojo, Sihanouk posa en abril de 1973 con su séptima esposa, Norodom Monineath Sihanouk —la italiana Paule-Monique Izzi— en la parte del territorio controlada por los rebeldes.

La guerra se fue complicando para el gobierno, cuyo primer ministro, Son Ngoc Thanh, sufrió un atentado de los jemeres rojos el 21 de agosto de 1972, y un yerno del príncipe Sihanouk llegó incluso a bombardear el palacio presidencial el 17 de marzo de 1973 —mató a 20 soldados y dejó heridos a 35— en tanto el depuesto príncipe visitaba las zonas «liberadas», usando como propaganda la conquista por los jemeres rojos de Angkor Vat, lo que mostraba claramente que el régimen de Lol Nol se desmoronaba.

---

[108] Las imágenes de 800 cuerpos flotando en el Mekong hizo que tanto Vietnam del Norte como su enemigo del Sur condenasen la masacre. Igual hicieron todas las minorías que vivían en Camboya.

A mediados de año, los jemeres rojos controlaban ya el 60 % del territorio de Camboya, con un apoyo popular cada vez mayor. Su estrategia consistía en cortar las vías de comunicación a la capital, los suministros y servicios, para gradualmente rendirla por hambre. De hecho, a comienzos de 1974, Phnom Penh solo tenía contacto con el mundo exterior por el río Mekong y el aeropuerto de Pochentong, a través del cual los estadounidenses intentaron organizar un puente aéreo para garantizar la llegada a la capital de alimentos y medicinas.

El 1 de enero de 1975 comenzó la ofensiva final y, el 27, un enorme convoy que llegaba de Vietnam del Sur por el río fue destruido casi en su totalidad. A pesar de que los Estados Unidos ampliaron el puente aéreo con aviones DC-8 y C-130, no se logró detener el avance de la guerrilla, que había minado el río Mekong y logrado destruir la mayor parte de la armada fluvial del gobierno.

El 5 de marzo y desde sus posiciones artilleras en Tuol Leap, los guerrilleros bombardearon el aeropuerto de Pochentong. El ejército logró recuperarlo el día 15, pero aun así, los guerrilleros comunistas continuaron sus avances en el Norte y Oeste de la ciudad y reanudaron los ataques. El 22 de marzo, varios cohetes destruyeron dos aviones de transporte, lo que hacía ya inseguro su uso y, el 1 de abril, Phnom Penh quedó definitivamente rodeada.

Con los comunistas con zonas de la capital bajo su control, el aeropuerto, tras duros combates, no tardó en caer en sus manos. En ese momento, Lon Nol abandonó su puesto y huyó a Hawái[109]. Mientras, Estados Unidos comenzaban a preparar la salida del país de todos sus ciudadanos.

El 12 de abril, pocas horas después de amanecer y con los guerrilleros en las calles principales, los *marines* evacuaron al personal de su embajada, a líderes de la República Jemer y a civiles de varios países. Todo el gobierno rechazó la oferta excepto el presidente Saukam Khoy, sucesor de Lon Nol, otro valiente que también abandonó el país sin decírselo a sus ministros[110]. Acabada la operación, el gobierno declaró el estado de emergencia al día siguiente. Esa misma mañana, oleadas de refugiados, que narraban todo tipo de atrocidades —a las que nadie dio importancia— inundaron el centro de la ciudad.

El ejército, minado por las deserciones, ya no pudo hacer nada para detener el avance de los jemeres rojos. El día 17, a las 07:30, el general Sak

---

[109] Era el primero en la lista de los «Siete Traidores», en la que se detallaban las personas que iban a ser ejecutadas. Vivió en Hawái hasta 1979 y murió tranquilamente en California en 1985.

[110] Casi todos los funcionarios republicanos de alto rango, como Lon Non, Long Boret y el príncipe Sisowath Sirik Matak, prefirieron compartir el mismo destino que el resto de sus conciudadanos, pese a que algunos estaban entre los «Siete Traidores» Todos fueron ejecutados en el Estadio Olímpico tras la caída de la ciudad.

Sutsakan, recibió desde Hawái la orden del todavía presidente Lol Nol, de rendir la ciudad. Lo hizo a las 09:00. A esa hora ya habían desertado también los altos mandos de las fuerzas armadas. El helicóptero del general fue el último en despegar de Phnom Penh; el del primer ministro, Long Boret, no lo logró y fue capturado. Lo trasladaron al Estadio Olímpico, le dispararon en el abdomen y lo dejaron tirado sin tratamiento médico. Su agonía duró tres días. El mundo iba a conocer pronto quienes eran los nuevos dueños de Camboya.

A las 06:00 del día 12 de abril, una fuerza de 360 infantes de marina de los Estados Unidos, despegaron de sus portaaviones y se dirigieron a Phnom Penh. El punto de evacuación elegido era un campo de fútbol a 900 metros de la embajada. Con la salida del último de los helicópteros, Camboya fue abandonada a su suerte.

6.2 Ideales oscuros

Desde el mismo día de la toma de la capital, en la que había en ese momento casi 2 millones de habitantes, muchos de ellos refugiados de guerra, las nuevas autoridades comunistas dejaron muy claro cuál iba a ser su norma de actuación: un comportamiento despiadado y brutal.

El primer paso fue la liquidación del ejército vencido. El 19 de abril, solo dos días después de la caída de Phnom Penh, más de 300 oficiales recibieron la orden de vestir sus uniformes de gala y sus condecoraciones para ser recibidos por Norodom Sihanouk, de regreso al país. Los transportaron en camiones hasta la localidad de Kbal Damrey, donde fueron ametrallados mientras formaban[111].

El segundo, organizar a sus conciudadanos. Durante la primera semana en detentar el poder, los líderes del Jemer Rojo ordenaron sacar a la población de la capital de forma masiva. Sigue sin existir una explicación razonable de esa medida, aunque se hayan esbozado varias teorías que pretendan justificarla: un problema de seguridad en la ciudad; temor a la actividad de elementos contrarrevolucionarios o déficit en la sanidad, lo que podía suponer un problema de salubridad. En realidad, no caben muchas dudas de que se trataba del cumplimiento a rajatabla de su ideología, y de las teorías de Huo Yuon, uno de los ideólogos del futuro Estado, que había abogado ante Pol Pot acerca de la necesidad de formar una sociedad completamente agraria.

Jóvenes guerrilleros del Jemer Rojo celebran la toma de Phnom Penh en abril de 1975. Nadie imaginaba el dolor y el daño que iban a causar a sus conciudadanos.

Entre noviembre y diciembre de 1975, en un encuentro nacional de miembros del Partido en el macabro Estadio Olímpico, se proclamó que la futura Camboya, la que se merecían sus habitantes, debería tener solo dos misiones, el trabajo productivo y combatir al enemigo vietnamita. Unas semanas después, el 5 de enero de 1976, los jemeres rojos declararon el nacimiento de ese nuevo Estado con el nombre de «Kampuchea Democrática». El príncipe

---

[111] Dos de ellos sobrevivieron y pudieron contarlo.

Sihanouk, que desde que fuera restituido en el poder no acababa de definirse, perdió cualquier capacidad de influencia sobre los asuntos políticos y pasó a ser una figura protocolaria, casi como cuando Camboya era un protectorado francés. Muy pronto fue obligado a renunciar a su cargo de Primer Ministro y quedó recluido en palacio. Sus funciones las asumió Pol Pot[112], que si bien siempre mantuvo el poder, pasó el cargo enseguida a Ieng Sary.

El gobierno abogaba por la construcción, bajo la apariencia formal de una república popular de inspiración maoísta e influencia china, de un sistema económico radicalmente agrario. Estaba decidido a evacuar las ciudades, y destruir toda traza de la civilización urbana y de su cultura, considerada «burguesa». Un disparate mediante el que se intentaba crear una nueva sociedad que tuviera su inspiración en la mítica civilización Jemer. Con un aparato del partido siempre fiel a un líder fuerte, y un control militar de toda la sociedad civil, sometida a trabajos forzados y obligada a servir a sus líderes en condiciones prácticamente de esclavitud, se iniciaba el camino al más sorprendente y aterrador experimento de ingeniería social que el mundo recuerda.

De acuerdo al plan, unos tres millones de camboyanos fueron obligados a cambiar de residencia y convertirse en campesinos en poco menos de un mes. Poco importó su vida anterior o su profesión. La sociedad quedó de esta forma dividida en «viejos campesinos», ejemplo para el régimen del modelo a seguir, y «nuevos campesinos», ciudadanos de las urbes despobladas, que sufrirían lo indecible al enfrentarse a los desafíos de la nueva vida que el régimen les imponía. En su mayoría, fueron incapaces de acostumbrarse a la vida primitiva y de una dureza extrema que deberían llevar en adelante. Con la seguridad de que cualquier muestra de debilidad representaba, directamente, una condena a muerte.

El primer paso para asentar estos principios fue la delación y denuncia, bajo la teoría del «enemigo interno», de todos los opositores posibles al régimen. Se empezó por todos aquellos que habían apoyado el gobierno anterior, acusados de imperialistas y burgueses.

No pudo sorprenderle a nadie que los sometieran a torturas y humillaciones o que los ejecutaran. Durante la guerra, los jemeres rojos ya se habían comportado de forma brutal. Los prisioneros «gubernamentales» fueron maltratados y asesinados; se encarceló a sus familias, reales o inventadas y, junto a ellas, a toda la «gente sospechosa» que les rodeaba. Algo muy amplio e indeterminado que iba desde monjes budistas a profesores de escuela.

---

[112] Se ocultó al pueblo quien era Pol Pot, a quien no se asociaba con su verdadera personalidad, Saloth Sar. Era solo el «Camarada Uno».

En los centros de detención, los malos tratos, el hambre y las enfermedades acabaron con la mayoría, pero sobre todo, con la totalidad de los niños que habían sido arrestados junto a sus familias. Todo lo que sucedió en esos meses «de adaptación» mostró a un mundo que no se daba por aludido, que lo que el «Camarada Uno» estaba dispuesto a llevar a cabo era algo diferente a todo lo visto en el siglo XX.

Campos de trabajos forzados para construir canales en la provincia camboyana de Kampong Cham. Pol Pot intentó formar una sociedad sin clases por lo que obligó a casi toda la población a convertirse en agricultores. En los campos, lo que atemorizaba era la imprevisibilidad y el misterio que rodeaban las innumerables desapariciones. Los asesinatos se llevaban a cabo con discreción. Era frecuente el uso de los cadáveres como abono.

Dirigido por una minoría de fanáticos realmente enfermos a un nivel difícilmente imaginable —convencidos de que su camino era el único correcto, y de que sus ideas debían ser impuestas por las armas y la fuerza—, el nuevo gobierno, que contaba inicialmente con fuerte apoyo, llevó el comunismo radical hasta extremos jamás vistos. El dinero, máximo símbolo del capitalismo, fue abolido y, en menos de 60 días, se impuso una colectivización absoluta del campo y se eliminó todo rastro de propiedad privada.

Con metódica obsesión, los jemeres rojos se dedicaron con ahínco a convertir a los desdichados camboyanos en robots. Se suprimieron cárceles, tribunales, colegios, institutos y universidades, y también todo lo que daba forma al viejo mundo «burgués», desde el deporte a la radio, el cine, o cualquier tipo de distracción. Libros y juguetes fueron confiscados y destruidos.

Quedó penalizado el uso de calzado europeo y el de cualquier color de vestimenta, salvo el negro. Cruzar las piernas comenzó a ser apreciado como un hábito capitalista. Se prohibieron las gafas, porque eran una presunta demostración de intelectualidad. La expresión de sentimientos, incluso la sonrisa, el llanto, y hasta rezar, considerados un pecado de individualismo burgués. Los monjes budistas fueron obligados a casarse, y la minoría musulmana a comer cerdo. Hablar en un idioma extranjero podía suponer la muerte.

La familia era considerada una forma de resistencia natural al poder absoluto del Partido, que debía llevar al individuo a una dependencia total del Estado, por lo que fueron separadas y la tradicional autoridad paterna camboyana prohibida. La educación, la formación, todo, pasó a ser sólo responsabilidad del gobierno. Debía de renunciarse a la amabilidad, la educación, la piedad o cualquier sentimiento que mostrase «debilidad». El Estado convertía a los camboyanos en una pertenencia del sistema.

La vida de toda la población quedó estrictamente regulada por el Partido —el *Angkar*—. Era obligatorio hacer 12 horas de trabajo físico, 2 horas de comida, 3 para el descanso y la educación, y dormir 7 horas. No se permitían tiempos muertos. No cabía el error, cualquier descuido, fallo o problema, se convertía en una amenaza contrarrevolucionaria, y la consecuencia era sufrir duros castigos. El resultado de oponerse a cualquiera de las medidas establecidas, suponía la muerte. El país entero se convirtió en un inmenso campo de concentración.

6.3 Vivir en el horror

Al poco de tomar el poder, los jemeres rojos habían afirmado que, en su ideal, la Kampuchea Democrática no necesitaría más de un millón de habitantes «revolucionarios». Una decisión brutal que, en la práctica, condenaba a muerte a la mayoría de la población. Los asesinatos pasaron a ser algo habitual, pura y simplemente, una parte de la población de Camboya se dedicó fría y despiadadamente a matar al resto. Se llegó al extremo de que para ahorrar munición se mataba a palos, machacando el cráneo o por ahorcamiento[113].

---

[113] Se mantuvo una compleja estadística. Todos los presos recibían un número que se les marcaba en la ropa o en la piel. El 53 % fue ejecutado a golpes en la cabeza; el 29 % de un disparo; el 6 % ahorcado y el 5 % a palos o latigazos. Ninguno debía de sobrevivir. El resultado final siempre era la muerte. Quién entraba en un campo de concentración no debía jamás de salir de él.

Insistimos en que, a pesar de lo que ocurría, el mundo entero miraba hacia otra parte. En occidente, solo Francia mantenía abierta embajada, pero los intelectuales europeos, opuestos como siempre al «imperialismo» estadounidense y habitualmente insensibles al sufrimiento de las víctimas de los gobiernos comunistas, no veían con malos ojos al régimen criminal de Pol Pot. Tampoco los chinos ni los norcoreanos, que obtuvieron algunas ventajas comerciales. Sin embargo, Vietnam y su aliado, la poderosa Unión Soviética, se convirtieron en enemigos mortales del Jemer Rojo

Un grupo de jovencísimos guerrilleros del Jemer Rojo armados con fusiles chinos AKM. Fuertemente ideologizados y convertidos en verdaderos asesinos eran los mejores servidores del Angkar. En su nombre cometieron todo tipo de atrocidades.

Una vez establecido el nuevo régimen, la población quedó indefensa ante la locura de sus amos, que usaban de forma despiadada la fuerza que les otorgaban las armas. No había oposición, ni prensa, y la única forma posible de conocer lo que pasaba eran las declaraciones oficiales de los jerarcas del Jemer Rojo, o de su líder Pol Pot, algo que nunca estaba muy próximo a la realidad.

La obstinación por hacer coincidir la realidad con los deseos, algo típico de los regímenes comunistas, fue llevado en la Kampuchea Democrática a extremos grotescos. Pol Pot anunciaba en sus discursos, una y otra vez, un futuro maravilloso para el pueblo camboyano. Por ejemplo, al poco tiempo de alcanzar el poder, anunció que el país ampliaría la producción de arroz de una tonelada por hectárea a tres, algo imposible. El problema era que el fracaso no tenía cabida y lo que decía el líder supremo debía cumplirse, por lo que había que lograr lo prometido por Pol Pot al precio que fuera.

El arroz se convirtió en monocultivo solo para lograr ese objetivo, pero el fracaso fue absoluto. Lo ocurrido a lo largo de los años 1975 y 1976 en los campos camboyanos fue un espanto. Miles de hombres, mujeres y niños fueron obligados a trabajar hasta 18 horas al día en los campos, aunque en su vida hubiesen visto un cultivo de arroz. Murieron por centenares de malnutrición y enfermedades o de puro agotamiento. Los guardianes armados usaban la violencia de forma brutal contra todo el que manifestase la más mínima queja, y eran frecuentes las desapariciones de personas que, por supuesto, jamás regresaban. Como oficialmente nadie moría, se usó a los cadáveres para abonar los arrozales.

Niñas utilizadas como mano de obra en los arrozales. A pesar de su corta edad, al trabajo inhumano ellas debían sumar las violaciones y los abusos sexuales.

Obsesionados por cumplir su «cuotas» de producción, los agentes y comisarios políticos explotaron al máximo el trabajo de los hombres más robustos o más experimentados que, obviamente, fueron los primeros en caer. Las labores agrícolas quedaron entonces en manos de gente cada vez más débil o inexperta y, a finales de 1976, la superficie cultivada del país se había reducido a la mitad de la que existía cuando el Jemer Rojo ocupó la capital. La consecuencia era inevitable: el hambre.

El desastre, evidente, no amilanó a los enloquecidos comandantes del Jemer Rojo, que insistieron en eliminar todo vestigio de tecnificación para afianzar su añorada «cultura agraria popular». Aterrados, miles de camboyanos intentaron escapar a los países vecinos. Sufrieron todas las penalidades imaginables para lograrlo, y miles cayeron en el intento, desfallecidos de hambre y sed o abatidos por las balas de los milicianos del gobierno, que en los manuales del *Angkar* no dejaban a nadie lugar a dudas sobre cúal era su posición en el mundo: «Tu muerte no es una pérdida. Conservarte con vida no es de ninguna utilidad». Al menos eran claros.

Un muchacho camboyano golpeado repetidamente y atado a un palo como castigo por robar comida a un soldado del Jemer Rojo. Se le mantuvo crucificado todo el día sobre las puntas de los pies bajo el sol tropical. Tuvo suerte, lo normal hubiese sido que lo mataran.

Una antigua escuela de la capital, Tuol Sleng, convertida en prisión y denominada en código S-21, se convirtió en el ejemplo perfecto del espanto camboyano. Allí, durante el tiempo que duró el régimen asesinaron a cerca de 20 000 detenidos, de los que no más de 20 estaban vivos cuando llegaron las tropas vietnamitas en 1979. Junto a los centenares de cadáveres que no habían sido retirados todavía estaban unos 300 guardianes de la prisión, ejecutados por los propios jemeres rojos en su retirada.

Al llegar a S-21, los detenidos eran fotografiados y se les enganchaba un cartel con su número y la fecha de detención. A los que tenían camisa, en la camisa; al resto, clavado en el pecho. Ancianos, mujeres, niños, campesinos y burgueses, vestidos de la misma forma para aniquilar totalmente su individualidad, se amontonaban allí como ganado para sacrificar. Toda la población podía ser víctima de la represión de *Angkar*, pues a todo el mundo podía encontrársele culpable de algo.

En S-21, la obsesión de los jemeres rojos era encontrar «espías», «agentes enemigos» o «contrarrevolucionarios». Se sometió a los detenidos a torturas salvajes para lograr confesiones y que declarasen trabajar para la CIA, el KGB o cualquier otra organización, pues dijesen lo que dijesen su destino estaba sellado. Palizas, latigazos, palos, azotes y descargas eléctricas en oídos y dientes eran habituales a diario. Se colgaba a los prisioneros boca abajo y se les introducía en cubas de agua. A los hombres les arrancaban las uñas con tenazas, a las mujeres, los pezones.

Un par de veces a la semana, grupos de camiones llegaban a la prisión de Tuol Sleng para que los guardias cargaran en ellos a varias decenas de presos destrozados por las torturas, la falta de sueño y la malnutrición. Los llevaban al campo de Choeung Ek, a solo 15 kilómetros de Phnom Penh. De allí nadie salía con vida. Era un campo de muerte. Por la noche, los verdugos sacaban en fila india a decenas de hombres y mujeres atados, con los ojos vendados, y los abatían de un brutal golpe en la nuca con una azada o una caña de bambú. Había que ahorrar balas. Luego, un segundo verdugo les abría el cuello con un cuchillo y los tiraba a una enorme fosa, mientras los altavoces emitían atronadores himnos revolucionarios.

Todo el mundo era sospechoso, todo el mundo era enemigo. Primero fueron contra los miembros del ejército, la policía y los cuerpos de seguridad

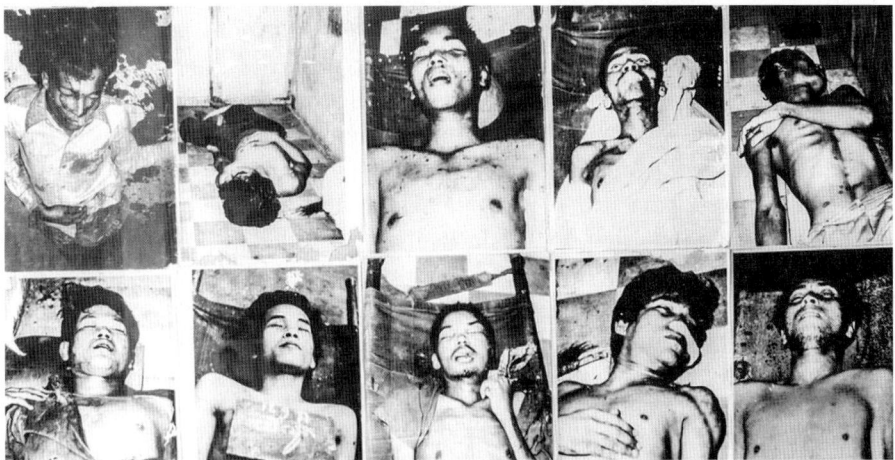

Fotografías de los detenidos por los jemeres rojos. De forma cuasi maniaca, los presos eran fotografiados, numerados y atrozmente torturados durante días y semanas para obtener su «confesión». Muchos morían, y lo que no, eran trasladados a campos de exterminio, de los que nadie salía vivo.

del derrocado gobierno «burgués» y «capitalista», y contra sus familias, de cualquier edad y sexo. Después actuaron contra los funcionarios, empleados del gobierno y la totalidad de los profesionales liberales, especialistas e «intelectuales», término este último que describía a los más odiados, quienes mostraban «engreimiento», lo que acabó afectando a quienes tenían estudios. Finalmente llegaron al extremo de condenar a quienes sabían leer y escribir.

Todos los susceptibles de tener relaciones con gobiernos extranjeros podían ser detenidos torturados y ejecutados, lo que incluía monjes budistas, sacerdotes católicos o pastores protestantes. Esta sospecha afectó también desde el primer momento a la totalidad de las etnias que convivieron en el país, primero vietnamitas, después tailandeses y chinos y por último cham[114].

A comienzos de 1979 el desastre era ya de proporciones apocalípticas, pero las críticas aparecían sobre la conducta criminal de los jemeres rojos se perdían en un vergonzoso silencio de la comunidad internacional. Sin embargo, el gobierno de Ieng Sary se enfrentaba a una peligrosa amenaza que venía de la nación vecina: Vietnam.

6.4 La guerra liberadora

Las relaciones entre ambos países se habían deteriorado mucho antes del final de la Guerra de Vietnam, por causa de las negociaciones que Pol Pot mantenía con los Estados Unidos, pero también por culpa del intenso nacionalismo radical de los revolucionarios camboyanos, que mostraban una agresividad cada vez mayor hacia la minoría vietnamita que residía en la nueva república. Los acusaban de todos los males imaginables y, ya en 1973, se produjeron los primeros choques armados entre guerrilleros del Jemer Rojo y del Vietcong, que acudieron en su defensa. Una situación que se agravó con la firma del acuerdo de colaboración y amistad entre Pol Pot y la China comunista, enemistada con la Unión Soviética, el principal aliado de Vietnam.

Pocas semanas después de la llegada al poder de los jemeres rojos quedó claro que sus acciones contra la población vietnamita y su alianza con los chinos los iba a convertir en enemigos declarados del gobierno de Hanoi, que acababa de salir victorioso de su larga guerra. Si a eso le suma-

---

[114] Los chinos, por ejemplo, que eran 425 000 en 1975, perdieron el 50 % de su población en cuatro años. A pesar de ello, en el Comité Central del *Angkar* dos de sus miembros eran de ascendencia china, dos vietnamitas y dos camboyanos, por lo que es difícil argumentar que hubo intención de acabar con las minorías. Es posible que, simplemente, los Jemeres Rojos matasen a todo el mundo.

mos el temor de los líderes camboyanos a que Vietnam intentasen ocupar Laos y Camboya para unificar bajo su mando los antiguos territorios de la vieja Indochina francesa y que fueron expulsados de sus filas los últimos asesores vietnamitas que mantenían, se veía que el conflicto se iba a producir tarde o temprano.

La situación se agravó en los tres años siguientes, con frecuentes incidentes en la frontera, y con la llegada de los primeros refugiados que huían de la persecución a la que estaban sometidos en la nueva Kampuchea Democrática. Luego, el 1 de mayo de 1975, el Ejército Revolucionario recién creado por Pol Pot invadió la isla de Phu Quoc, reclamada como parte del territorio camboyano desde años atrás y, el 11, tomó Tho Chu, donde ejecutó a 500 civiles. Los militares vietnamitas no les dejaron dar un paso más. Su respuesta fue conquistar la isla camboyana de Koh Wai, por lo que Pol Pot aceptó rápidamente negociar en Hanói las fronteras de ambos países. Aunque las primeras conversaciones celebradas en junio fracasaron, en agosto, en un gesto de buena voluntad, los vietnamitas se retiraron de Koh Wai y reconocieron la soberanía camboyana sobre la isla.

Tal vez el hecho de que el régimen del Jemer Rojo tuviese una notable tendencia a la irresponsabilidad y la locura ayudó a que los incidentes siguieran. El 30 de abril de 1977, las provincias vietnamitas de An Giang y Chau Doc recibieron un ataque a gran escala, en el que murieron centenares de civiles, aún así, Vietnam quiso negociar y recibió por toda respuesta que debía abandonar las zonas «en disputa» y aceptar la creación de un área desmilitarizada. La oposición vietnamita a esa proposición tuvo como consecuencia que en septiembre la artillería camboyana atacara de nuevo la frontera en Dong Tháp y arrasara seis aldeas. Esa acción fue seguida por una invasión limitada, pero a gran escala, lanzada por 6 divisiones camboyanas que avanzaron, en la provincia de Tay Ninh, casi 10 kilómetros. El contra ataque de 60 000 soldados vietnamitas con apoyo aéreo restableció la situación, y obligó a los iluminados líderes del Jemer Rojo a negociar, pero su agresividad permaneció intacta.

El 6 de enero de 1978, una desafiante declaración del *Angkar* en la que se aseguraba que cada jemer valía por treinta enemigos, comenzó a alarmar a Vietnam, que animó a los soldados camboyanos a la deserción. Además, las acciones de hostigamiento a sus puestos continuaba, a pesar de la inmensa diferencia en calidad y cantidad entre ambos ejércitos, pues la Kampuchea Democrática, que aniquilaba a conciencia a su propia población, apenas podría movilizar a algo más de un millón de hombres, escasos de material pesado, con una pobre tecnificación y con un apoyo aéreo limitado e ineficaz.

Vietnam, sin embargo armado hasta los dientes y con un ejército y una población experimentada en los rigores de la guerra, contaba con más de cincuenta millones de habitantes, de los que seis formaban parte de sus fuerzas armadas si se movilizaban las reservas. Aun sin ellas disponía de un potente ejército regular de 615 000 hombres, 900 carros de combate y 300 aviones entre cazas y bombarderos.

Pol Pot y su familia en 1976. La felicidad doméstica de la que disfrutaba el líder del Jemer Rojo era muy distinta a la del resto de sus conciudadanos, internados en campos de concentración.

Entre tanto, en Kampuchea la eliminación de «traidores» continuaba con su ritmo atroz. Ese año Pol Pot inició unas fuertes purgas para acabar con la «corrupción», por lo que algunos mandos y parte de sus tropas decidieron escuchar el llamamiento de sus vecinos y huir a Vietnam. A pesar de ello, ante la negativa de Hanói de reconocer sus ambiciones territoriales 2 divisiones de infantería camboyanas cruzaron la frontera y masacraron a 3 000 civiles en la localidad de Ba Chuc. Fue la gota que colmó el vaso. Vietnam, declaró la guerra.

Es posible que Pol Pot estuviese convencido de que contaría con la ayuda de los chinos, que el 13 de diciembre amenazaron con «castigar duramente» a Vietnam, cuyo gobierno, harto, había utilizado a varios emigrados para formar como partido alternativo el Frente Unido Camboyano para la Salvación Nacional. En cualquier caso, el día 21, sin que las amenazas le influyeran mucho, el gobierno de Hanoi lanzó un fuerte ataque con 2 divisiones contra la ciudad de Kratie que cortaron las rutas de suministro de los jemeres rojos. Fue el inicio de una invasión masiva de 13 divisiones —unos 150 000 soldados— con artillería pesada y apoyo aéreo, que el día 25 cruzó la frontera.

En apenas dos semanas, el ejército de Kampuchea Democrática fue barrido de un campo de batalla en el que los que actuaban como asesinos de sus conciudadanos no demostraron mucho valor en los enfrentamientos contra un ejército de verdad. El pueblo los temía y odiaba y nadie los ayudó. Sus jefes militares, en algunos casos casi adolescentes, solo demostraron una absoluta incompetencia. El 7 de enero, bajo la atenta mirada de chinos, rusos y estadounidenses —que se debatían ante apoyar a un régimen criminal o dejar que se expandiese el comunismo—, los vietnamitas ocuparon Phnom Penh. Al día siguiente, nacía la República Popular de Kampuchea —RPK—, con Heng Samrin, totalmente vinculado a Hanói, como jefe de estado. Los líderes del *Angkar* y la mayoría de los cuadros políticos y estructuras militares destruidas por la invasión vietnamita, se refugiaron en Tailandia, donde sorprendentemente fueron muy bien recibidos por el gobierno, que los acogió e instaló en el campo de Khao Larn.

Un campamento de los jemeres rojos en los años que siguieron a su triunfo. El ejército, como brazo armado del gobierno ejecutaba sin piedad todas las decisiones del Angkar, *no tolerando ninguna opinión contraria o disidencia, pero fue incapaz en 1979 de detener a los vietnamitas.*

Ya hemos dejado vislumbrar, que Estados Unidos, no estaba muy satisfecho con lo ocurrido. Las tensiones de la Guerra Fría provocaron que el Jemer Rojo no desapareciera del todo, pues el gobierno derrocado solicitó una reunión urgente del Consejo de Seguridad de la ONU, donde el príncipe Sihanouk acusó a Vietnam de agresión y solicitó una resolución que exigiera la retirada de las tropas extranjeras de Camboya[115].

Los enfrentamientos por obtener la legitimidad ante el mundo entre los jemeres rojos y la RPK se prolongaron durante años. En 1980, solo 29 países habían establecido relaciones diplomáticas con la nueva república, en tanto que otros 80 países todavía reconocían la legitimidad de los depuestos jemeres rojos, pues los representantes de la Kampuchea Democrática mantenían su asiento en la Asamblea General de la ONU con el apoyo de China. Muchos de ellos eran estados pro occidentales que recelaban de los vietnamitas por razones históricas e ideológicas, como Filipinas, Singapur o Tailandia, e incluso los Estados Unidos, apoyaron su presencia en la ONU. Los horrores de sus años de gobierno seguían sin importarle a nadie.

Tropas vietnamitas entran en las ruinas de Angkor Wat. A pesar de las atrocidades que fueron descubriendo en su avance, la mayor parte del mundo siguió ignorando el horror que había sufrido Camboya, pensando —otra vez— que se trataba de propaganda soviética.

Con el apoyo chino y la pasividad restante, los jemeres rojos organizaron la resistencia contra los ocupantes vietnamitas y el gobierno de la RPK en los meses siguientes. No tenía sentido, pues el apoyo de la población, aterrorizada por su sola presencia, era mínimo. Solo sirvió para que aparecieran otros dos

---

[115] La Resolución la firmaron China —un acérrimo enemigo de la URSS— y Vietnam, así como Francia, Noruega, Portugal, EE.UU. y el Reino Unido, todas naciones del OTAN. El documento fue bloqueado por la fuerte oposición de la URSS y Checoslovaquia.

grupos de oposición, las fuerzas monárquicas y las fuerzas republicanas anticomunistas, especialmente el Frente de Liberación Nacional del Pueblo Khmer —KPNLF—, este ya de tendencia conservadora pro occidental.

El KPNLF, liderado por el antiguo primer ministro Son Sann, se vio «beneficiado» por el temor a la potencia ocupante. Unido a una mala cosecha de arroz provocada por la sequía, llevó a decenas de miles de camboyanos a establecerse en campamentos de refugiados en Tailandia, donde muchos fueron reclutados para combatir contra los vietnamitas.

Soldados del ejército de Kampuchea Democrática. Tanto el ejército regular de Camboya como cualquiera de sus guerrillas se comportó de forma brutal y salvaje con el enemigo y con la población civil. Fue una vergüenza internacional que el rechazo y la oposición a que se juzgase por crímenes de guerra a los líderes del Jemer Rojo lo protagonizasen los países occidentales que, cuando les interesaba, parecían olvidar lo sucedido en Europa cuarenta años antes.

Tal y como señaló ACNUR, la Oficina de Naciones Unidas para los Refugiados, en los campos controlados por los jemeres rojos el poder de estos sobre la población refugiada fue mucho mayor que en los que estaban a cargo del resto de facciones, y si bien los civiles eran considerados refugiados políticos, mantenidos por agencias de la ONU, se dejó vía libre a las milicias del Jemer Rojo para reorganizarse y reconstituirse en una efectiva fuerza de combate. En cierto modo consiguió lograrlo hacia 1982, gracias a una alucinante mutación, pues para hacer más presentable su imagen ante el mundo —del que dependían para sobrevivir—, en septiembre de 1981 los dirigentes de la Kampuchea Democrática disolvieron su Partido Comunista, renegaron de sus raíces y declararon el respeto a la tradición religiosa y un apoyo incondicional a la economía de mercado. Todo ello, en un alarde de hipocresía insólito, sin reestructurar su triunvirato dirigente —Pol Pot, Ieng Sary y Khieu Samphan, se mantuvieron al mando—, ni modificar un ápice las condiciones en que mantenían el liderazgo.

China, humillada por la fácil victoria de Vietnam, respondió con un violento ataque contra su vecino, en febrero de 1979. Logró algunos éxitos locales a cambio de graves pérdidas y, finalmente, dejó a los jemeres rojos abandonados a su suerte.

Mediante este sorprendente cambio, financiado por Occidente, lograron acercarse a los otros grupos de la oposición y unificarse en 1982 en el llamado «Gobierno de Coalición de la Kampuchea Democrática». Contaban con 40 000 hombres en armas, la mayor parte jemeres rojos, y mantenían su representación ante la ONU[116].

6.5 Las cifras del espanto

Esos años en que las naciones occidentales siguieron oponiéndose al régimen pro vietnamita —lo que en cierto modo suponía apoyar al Jemer Rojo—, las atrocidades de los campos de exterminio camboyanos comenzaron a ser conocidas en todo el mundo. El conflicto, una vez finalizada la Guerra Fría, se fue apagando y, en 1991, durante los «Acuerdos de París» se decidió formar un «Consejo de Coalición» entre las cuatro facciones —las tres opositoras y el rebautizado Estado de Camboya—, que pasó de nuevo a ser presidido por el incombustible príncipe Norodom Sihanouk. El Consejo estableció un gobierno de transición hasta la celebración de elecciones en 1993.

---

[116] La guerra en Camboya siguió como un conflicto guerrillero de baja intensidad al que alguien llamó «el Vietnam de Vietnam», que se alargó hasta la caída del Muro de Berlín, no abandonando las tropas vietnamitas el país hasta septiembre de 1989.

Esta salida pactada del conflicto, hizo que un principio no fuese sencillo conocer la verdad de todo lo ocurrido. Durante la década de los ochenta, gracias al comercio de madera y de piedras preciosas, los jemeres rojos siguieron obteniendo fuertes ingresos. Eso facilitó su supervivencia y, a pesar de haberse unido a los Acuerdos de París, con la teoría de que Vietnam mantenía secretamente el control del país, boicotearon las elecciones de 1993 y asesinaron a centenares de personas. Los ilegalizaron finalmente en 1994[117].

Libre de la pesadilla, Camboya pudo por fin dar inició a un estudio sistemático del horror que había supuesto la Kampuchea Democrática. A pesar de que siempre a sido difícil la persecución de todos los responsables, pues la mayoría consiguieron integrarse perfectamente en la estructura de poder y en la administración del actual régimen. Por eso Pol Pot y algunos de los altos dirigentes del régimen fallecieron tranquilamente en la paz de sus hogares y muchos otros todavía hoy siguen en libertad, sin ningún temor a ser perseguidos y procesados.

A pesar de ello, tras largas de discusiones, el Reino de Camboya y la ONU llegaron a un acuerdo para formar una corte mixta integrada por ambos para perseguir los crímenes del Jemer Rojo. Ta Mok, segundo al mando después de Pol Pot, vive y puede ser llevado a juicio; Deuch, director de la horrenda prisión de Tuol Sleng, ya está en la cárcel; Nuon Chea, lugarteniente de Pol Pot, ha sido juzgado por un tribunal militar. Sin embargo, otros como Ien Sary, tercero después de Pol Pot, y Khieu Sam-pan, que fue presiente de la Kampuchea Democrática, siguen libres.

A finales de 1999, tras emplearse a fondo, los especialistas de la ONU localizaron e identificaron 343 «campos de la muerte», 19 440 fosas comunes y 167 prisiones, además del «recuerdo» de la guerra, estimado en 11 millones de minas sembradas a lo largo y ancho del país para desgracia de las generaciones actuales, que aún sufren sus efectos.

Craig Etcheson del Centro de Documentación de Camboya sostiene que la cifra de muertos está entre 2 y 2,5 millones, pues tras 5 años de investigar 20 000 tumbas y fosas, se concluyó que contenían restos de 1 386 734 víctimas. Por su parte, la investigación de Naciones Unidas estableció las cifras de muertos entre 2 y 3 millones, en tanto UNICEF estima en 3 millones los asesinados[118]. Sea la cifra que sea, el genocidio camboyano es el mayor ataque

---

[115] En 1998, mediante la operación «Repat 2» de ACNUR, los combatientes del Jemer Rojo que aún quedaban en armas, y los campamentos de refugiados que controlaban fueron desmantelados. Se repatrió a 46 000 personas.

[116] Hay muchísimas más referencias. El sociólogo Patrick Heuveline sugiere entre 1,17 y 3,42 millones en sus estudios de población y el demógrafo Marek Sliwinski opina que 1,8 millones sería la cifra más conservadora.

Centenares de calaveras del «campo de muerte» de Choeung Ek, en las proximidades de Phnom Penh, hoy uno de los museos del genocidio camboyano y en el que hay un memorial en recuerdo de las víctimas. Se conservan en él, 5 000 cráneos de víctimas del horror del Jemer Rojo.

realizado por un gobierno contra su propio pueblo en la historia moderna. Supuso la práctica destrucción social de la nación, y es muy probable que si no se hubiese producido la invasión vietnamita el país hubiese colapsado.

Junto a los jemer, o camboyanos, todas las minorías étnicas fueron casi eliminadas. Hoy se sabe que solo 800 monjes budistas estaban vivos en 1980 de los cerca de 60 000 que había en 1975, y que se destruyó el 95% de los templos. Sin duda se trató de uno de los mayores horrores de la historia.

7

Terror en los Balcanes

Petar Bzrica, antiguo estudiante del colegio franciscano de Siroki Brijeg, en Herzegovina, campeón de un concurso que consistía en cortar el cuello al mayor número de prisioneros del campo de concentración de Jasenovac.

Por eso, regocijaos, cielos y los que en ellos habitáis. ¡Ay de la tierra y del mar! porque el Diablo ha bajado donde vosotros con gran furor, sabiendo que le queda poco tiempo.

Apocalipsis 12,12

7.1 La sucursal del infierno

El campo de concentración de Jasenovac, situado en Eslavonia, una fértil región agrícola con grandes masas boscosas del Este de la actual Croacia, fue el mayor exponente de la campaña de exterminio protagonizada por el *Nezavisna Država Hrvatska*, el estado Independiente de Croacia, creado por los países del Eje el 10 de abril de 1941. Cuatro días después del ataque alemán a Yugoslavia y poco antes de la entrada de las tropas del *Reich* en Belgrado. Oficialmente era un reino que tenía a Tomislav II, de la Casa de Saboya, —primo segundo del rey de Italia Víctor Manuel—, como soberano, pero el monarca no disponía de ningún poder y ni siquiera llegó nunca a poner un pie en sus dominios.

La idea de un italiano en el trono de Croacia había nacido el 9 de marzo de 1939, cuando Gian Galeazzo Ciano, Ministro de Exteriores del gobierno de Mussolini —además de yerno del dictador—, recibió en su despacho al misterioso Giuseppe de Bombelles, un agente secreto al servicio de Ante Pavelic, líder del radical partido independentista croata Ustacha, de corte fascista. En su nombre se quejó del lamentable estado en el que se encontraban los serbocroatas en el reino de Yugoslavia bajo la absolutista y represora dinastía de los Karađorđević, —reinaba en ese momento el joven Pedro II, de 16 años, tras el asesinato de Alejandro I por terroristas de Ustacha[119], pero debido a su corta edad se había establecido una regencia dirigida por un primo de su padre, el príncipe Pablo— y sugirió como ideal para Croacia: «un reino autónomo con un príncipe italiano, o mejor aún, bajo la soberanía directa del rey de Italia».

Las razones por las que un hombre como Ciano, que tenía fama de frívolo pero que demostró en varias ocasiones una aguda inteligencia política en sus gestiones diplomáticas, se creyó esa proposición tan absurda, darían para otro libro. No nos vamos a extender. Como ya hemos indicado, el Eje acabó por acceder en 1941 a que se creara una Croacia independiente, en teoría con todo su territorio bajo influencia italiana.

El nuevo estado incluía la totalidad de las actuales Bosnia y Herzegovina y gran parte de lo que hoy es Croacia; el norte de Dalmacia quedó anexionado directamente a Italia y las regiones de Medimurje y Baranja del sur pasaron a depender de Hungría. La mitad septentrional del *Nezavisna Država Hrvatska* se encontraba bajo el dominio militar de Alemania, —que no estaba dispuesta ni

---

[119] El atentado se produjo en Marsella el 9 de octubre de 1934 en represalia por el asesinato en 1928, en el Parlamento de Belgrado, del fundador del Partido Campesino Croata, Stjepan Radić. Fallecieron el rey y el Ministro de Exteriores francés, Louis Barthou.

remotamente a dejar la gestión de las materias primas en manos italianas—, con la *Wehrmacht* ejerciendo la ocupación, y la mitad meridional quedó bajo el control del ejército de la Italia fascista.

Milicias anticomunistas chetniks asesinan en las montañas de Jablanica, Herzegovina, el 2 de octubre de 1942, a un supuesto guerrillero. A los chetniks kolyachi —literalmente «cortadores»— se les asignó la tarea de matar a los presos exclusivamente con cuchillos. En la fotografía, el kolyachi está listo para cortar la garganta de su desafortunada víctima, mientras dos de sus camaradas aseguran que el cautivo no se mueva. Bajo el pretexto de proteger a los serbios, los chetniks, monárquicos y nacionalistas, se convirtieron en parte de las fuerzas de ocupación italianas. Acabada la guerra, fotografías como esta permitieron a las victoriosas fuerzas comunistas identificar a los verdugos y, a su vez, ejecutarlos.

El país quedó desde la proclamación de su independencia en manos de un gobierno totalitario de Ustacha, que hasta entonces había sido poco más que un movimiento marginal al que se le conocía prácticamente solo por sus atentados. Pavelic, que asumió con poderes absolutos los puestos de Primer Ministro y Ministro de Exteriores, se caracterizó de inmediato por un nacionalismo extremo y un odio feroz a los serbios, a los que decidió acosar sin tregua. De forma algo más tardía optó también por el antisemitismo, pero en este caso quizá debido principalmente al deseo de no enemistarse con los alemanes por un asunto como el de la detención de los judíos, que consideraba intrascendente. Sobre todo, porque el suelo que pisaba no era demasiado firme. El *Reich* solo había acudido a él después de que el principal partido croata, el Partido Campesino, que dirigía en esos momentos Vladko Macek, le negase su colaboración y, aunque pueda parecer lo contrario, el autoelegido caudillo, líder de un «nuevo orden» basado en el culto a la nación y a su persona, no tenía unas relaciones demasiado cordiales con Hitler.

El Estado de terror croata, sustentado en varias leyes raciales proclamadas el 18 y 30 de abril, confirmadas a su vez por otra de 12 de junio que restringía la libertad de movimientos de serbios y judíos, comenzó sus matanzas de inmediato. Milovan Zanitch, Ministro de Justicia, ni siquiera tuvo el menor reparo en declarar el sentido de estas medidas: «Este Estado, nuestro país, es solo para los croatas y para nadie más. No habrá caminos ni medidas que los croatas no empleen para hacer nuestro país realmente nuestro, limpiando de él a todos los ortodoxos serbios. Todos aquellos que llegaron a nuestro país hace trescientos años deben desaparecer. No ocultamos nuestras intenciones. Es la política de nuestro Estado y para su promoción lo único que haremos será seguir fielmente los principios de los ustashi».

El príncipe Aimone Roberto Margherita Maria Giovanni Torino, conocido como Tomislav II de Croacia. Era nieto de Amadeo de Saboya. Como su abuelo, no reinó mucho. El 21 de julio de 1943, sin tener una idea clara de cuál era su labor en ese territorio, abdicó, para el 12 de octubre, cuando Italia ya se había retirado de la guerra, renunciar a todos sus derechos sobre la corona croata. Aimone se exilió en Argentina tras la proclamación de la República de Italia en 1946. Falleció en Buenos Aires, a los 47 años, el 29 de enero de 1948.

Tampoco la política de Pavelic fue un problema para la iglesia católica, cuyo arzobispo, Aloysius Stepinac, nombrado Supremo Vicario Apostólico Militar del Ejército ustashi, lo apoyó sin dudar, aunque optara por distanciarse de él más tarde. Prueba de ello es uno de los discursos con que justificó el inicio de los asesinatos: «Después de todo, los croatas y los serbios pertenecen a dos mundos distintos, polo norte y polo sur, nunca se llevarán bien a no ser por un milagro de Dios. El cisma de la Iglesia ortodoxa es la maldición más grande de

Europa, casi más que el protestantismo. Aquí no hay moral, ni principios, ni verdad, ni justicia, ni honestidad[120]».

Ni siquiera puede eximirse de lo ocurrido a los musulmanes; el régimen, ante la escasa población de auténtico origen croata de que disponía, proclamó a los musulmanes de Bosnia —aproximadamente el 15 % de la población— miembros de la nación croata, y los excluyó de la persecución extrema a la que sometió a serbios, judíos y gitanos.

Jasenovac, a 100 kilómetros al sureste de Zagreb, se estableció en agosto. La responsabilidad de crearlo y gestionarlo se le dio al III Departamento de la Policía de Seguridad Croata —*Ustashka Nadzorna Sluzba*; UNS—, dirigida por Vjekoslav Maks Luburic, que actuaba también como comandante del campo. Contaba con cinco subcampos, repartidos en 240 kilómetros cuadrados a orillas del río Sava. El complejo también incluía extensos terrenos en Donja Gradina directamente cruzando el río, un campamento para niños en Sisak al noroeste, y el campamento de mujeres de Stara Gradiška, al sureste.

La elección de ese lugar para levantar un sitio tan monstruoso se hizo por varias razones. Uno de ellas, sin duda, la posición geográfica adecuada. El ferrocarril Zagreb-Belgrado estaba en las inmediaciones y era importante para el transporte de los prisioneros. Además, el terreno, en medio de una zona pantanosa medio inundada por el río, deshabitada y lejos de testigos, hacían que escapar fuera casi imposible. Sin duda un lugar ideal para ocultar asesinatos en masa.

La rutina diaria era sencilla, no se diferenciaba mucho de la de otros campos de exterminio. A su llegada, los presos eran seleccionados por los comandos encargados del trabajo esclavo, que separaban a los más aptos como mano de obra. El resto, hombres, mujeres y niños, bien por inútiles o porque en ese momento excedían la capacidad del campo, cuantificada en 3000 prisioneros, eran conducidos a las riberas del río Sava, donde eran arrojados sin más preámbulos para que muriesen ahogados. Entre las víctimas del Sava y los ejecutados en el cercano bosque de Krapje, junto al pueblo de Gradina, se piensa que murieron unos 360 000 prisioneros —es imposible contabilizar la cifra exacta—. El resto, hasta los 600 154 establecidos como cifra oficial[121], fueron masacrados en el propio campo o en los sótanos y la torre de una antigua fortaleza militar próxima.

A diferencia del nacionalsocialismo, que ideó un sistema de exterminio industrial y discreto, los crímenes en Croacia y Bosnia-Herzegovina se caracte-

---

[120] Su autoría es innegable, el documento está escrito de puño y letra por el arzobispo.
[121] Según el Comité Nacional de Croacia para la investigación de los crímenes de las fuerzas de ocupación y sus colaboradores. Informe presentado el 15 de noviembre de 1945.

Miembros del movimiento ustashi le cortan la cabeza con un serrucho a Branko Jugic, un campesino del pueblo de Grabovci. La fotografía está tomada en Jasenovac a mediados de 1942. A los prisioneros se les asesinó con una gran variedad de métodos: desde astillas de madera en el paladar, mutilaciones y hogueras a las que eran arrojados vivos, hasta obligarlos a que se mataran mutuamente con un martillo pilón. Los documentos evaluados por el Tribunal de Nuremberg en 1946 citaban algunos más: «en Jasenovac se asesinaba con golpe de maza en la nuca, con hachas, con cuchillo, con toda clase de objetos contundentes, hambre y ahogamientos en piletas de cal viva».

rizaron por las ejecuciones y asesinatos rituales en lugares públicos, perpetrados con enorme crueldad y sádico entusiasmo.

Los métodos de los ustashi eran extremadamente salvajes. Además de violar varias veces a las mujeres antes de su ejecución o utilizar un cuchillo especial de carnicero denominado «*srbosjec*» —«cortaserbios»— para degollar a sus víctimas, se arrancaron dedos y uñas de los pies con instrumentos de metal; se sacaron ojos con ganchos realizados especialmente para ello; se cegó a víctimas con clavos; se desolló; se cortaron narices, orejas y lenguas con alicates; se asesinó con hachas, mazos y martillos; se fusiló; se colgó a hombres mujeres y niños de árboles y postes de la luz, boca arriba y boca abajo. Incluso se coció a víctimas en calderas. Un indescriptible catálogo de actos de violencia y depravación, tan brutal, que el general Edmund von Horstenau, representante de Hitler en Zagreb, escribió a Berlín: «Los campos de la NDH son el epítome del horror». Nadie le hizo mucho caso.

Solo en dos ocasiones las lamentables condiciones de vida de los presos mejoraron un poco: en febrero de 1942, con motivo de la visita de una delegación de prensa internacional y en junio de 1944, durante una inspección de la Cruz Roja.

Los últimos días del verano de 1942, cuando unos 10 000 campesinos serbios fueron deportados al campo, cuatro guardias —Petar «Pero» Brzica,

Ante Zrinusic, Mile Friganovic y un tal Sipka—, establecieron un concurso que consistió en cortar el cuello al mayor número de prisioneros. Lo ganó el teniente Brzica, antiguo estudiante de la facultad de Derecho de Zagreb, que de la mañana a la noche del sábado 29 de agosto asesinó a 1 360 prisioneros con su *srbosjec*. Luego disfrutó de su premio: un reloj de oro y unos cubiertos de plata robados, un cochinillo asado y vino.

Cuerpos en el río Sava, cerca del campo de Stara Gradiska. En el sótano 3 del complejo, conocido como el Hotel Gagro, los reclusos, muertos de hambre, eran torturados y luego estrangulados lentamente hasta la muerte con un cable.

Friganovic contó más tarde su experiencia:

> Cuando experimentaba mi mayor éxtasis, noté que un viejo campesino parado me miraba con tranquilidad mientras mataba a mis víctimas y las infligía enorme dolor. Esa mirada me impactó, me quedé congelado y no pude moverme durante unos segundos. Me acerqué a él y me enteré que era del pueblo de Klepci, cerca de Capljina, que su familia había sido asesinada y lo habían enviado a Jasenovac después de haber trabajado en el bosque. Me hablaba con una incomprensible paz que me afectaba más que los desgarradores gritos a mí alrededor. De pronto sentí la necesidad de destruir esa paz mediante la tortura y, con su sufrimiento, poder restaurar mi estado de éxtasis para continuar con el placer de producir dolor.

Lo señalé y lo hice sentar conmigo en un tronco. Le ordené «grita ¡Viva el caudillo Pavelic!, o te corto una oreja». Vukasin —así se llamaba—, no habló. Le arranqué una oreja. No dijo una palabra. Le dije otra vez que gritara «¡Viva Pavelic!» o le arrancaba otra oreja. Le arranqué la otra oreja. Grita: «¡Viva Pavelic!» —le dije—, o te arranco tu nariz. Cuando le ordené por cuarta vez gritar «¡Viva Pavelic!» y lo amenacé con arrancarle el corazón con mi cuchillo, me miró, y en su dolor y agonía me dijo: «¡Haga su trabajo, muchacho!» Esas palabras me confundieron, me dejaron helado. Le arranqué los ojos, le arranqué el corazón, le corté la garganta de oreja a oreja y lo tiré al pozo. Pero algo se rompió dentro de mí y no pude matar más durante toda esa noche.

Poco después de la conferencia de Wannsee, los alemanes propusieron a los croatas transferir prisioneros judíos a los campos alemanes en el este. Dido Kvaternik, jefe del sistema de campos de concentración, no se opuso, pero acordó que el NDH detendría a los judíos, los llevaría a estaciones que fueran cabecera de línea y cobraría por los gastos 30 marcos del *Reich* por cabeza. Un negocio que solo del 13 al 20 de agosto de 1942, le permitió a los croatas vender 5500 personas que fueron enviados a Auschwitz en cinco trenes desde Jasenovac, Tenja, Lobor Grad, Zagreb y Sarajevo. Lo que más sintió el siniestro Luburic cuando se lo comunicaron, fue haber perdido una fortuna. Para entonces ya había asesinado a más de 20 000 judíos, algunos con sus propias manos.

A principios de abril de 1945, los partisanos de Josep Broz «Tito» combatían ya en las proximidades de Jasenovac y sus subcampos, por lo que los ustashi comenzaron a eliminar las pruebas de su existencia. Asesinaron a buena parte de los reclusos, se desembarazaron de los cadáveres y trasladaron a otros a Lepoglava y los campos próximos.

La liquidación final de aquel horrible infierno se inició el día 20, cuando se ejecutó al último gran grupo de mujeres y niños. El 22, bajo el liderazgo de Ante Vukotic y antes de que las asesinaran, unas 600 personas armadas con ladrillos, palos y martillos rompieron las puertas y ventanas del recinto en que esperaban su ejecución y echaron a correr. Atrás dejaron a 470 personas que no podían valerse por sí mismas.

El largo camino de 150 metros hasta la puerta oriental del campamento lo cubría el fuego cruzado de las ametralladoras, por lo que muchos de los prisioneros ni siquiera lograron llegar al perímetro de seguridad. Otra parte cayó acribillada al intentar cruzar las vallas de alambre de espino. Solo un centenar de prisioneros pudieron llegar hasta la puerta y romperla. Unos 80, fueron los únicos que lograron escapar. Ni siquiera los 470 enfermos sobrevivieron. Ese mismo día fueron cruelmente asesinados en venganza por la rebelión.

Las fuerzas del autodenominado Ejército Popular de Liberación Yugoslavo entraron en Jasenovac el 2 de mayo. Los libertadores encontraron solo ruinas, hollín, humo y cadáveres.

Niños serbios en el campo de concentración de Sisk, organizado el 3 de agosto de 1942. Estaba bajo los auspicios de la rama femenina del movimiento ustashi, y dirigido por el doctor Antun Najzer, del Servicio de Seguridad.

Curiosamente, a diferencia de otros casos de la Segunda Guerra Mundial, el campo pasó casi desapercibido, no solamente a la opinión pública mundial, sino también a la historiografía. La razón fue que en la Yugoslavia de Tito existían muchos recelos sobre cualquier intento de investigación del genocidio croata contra los serbios. Se consideraba peligroso y poco adecuado para mantener los fundamentos de un estado nuevo que propugnaba la unidad y hermandad entre los yugoslavos, y se esperaba de los serbios y los croatas que vivieran juntos y olvidaran el pasado reciente. El problema llegó cuando esa hermandad ficticia quedó nuevamente resquebrajada a la muerte del dictador comunista.

7.2 Un velo de tinieblas

A<small>CABADA LA</small> S<small>EGUNDA</small> G<small>UERRA</small> M<small>UNDIAL</small>, Alemania devolvió el antiguo reino de Alejandro I de Serbia y nació la Segunda República Socialista de Yugoslavia, con un gobierno comunista en manos del ahora mariscal Tito —elevado a líder único de la resistencia contra los alemanes—, que desde el primer momento mantuvo una posición más independiente respecto a los soviéticos que los países de su entorno.

La república yugoslava —una federación como la soviética—, estaba formada por seis naciones que mantenían sus diversidades lingüísticas y religiosas: Serbia, Bosnia, Croacia, Montenegro, Eslovenia y Macedonia. Más tarde, en 1968, Tito reconoció también la autonomía de la provincia de Kosovo —con un 90% de albaneses y un 10% de serbios—. En esa histórica ciudad considerada «sagrada» por los serbios, habían perdido una batalla el 15 de junio de 1389 contra el imperio otomano, que había dejado esa zona bajo el poder político de Estambul.

Durante la era comunista, la represión contra los opositores políticos continuó con dureza. En 1949, en la isla Goli —en croata Goli Otok, que literalmente quiere decir «isla estéril» o «isla árida»—, se creó un campo especial de concentración donde los detenidos eran sometidos a «reeducación». Situada frente a la costa norte del Adriático, al noreste de la isla de Rab y del continente, en lo que hoy es el condado de Primorje-Gorski Kotar, Croacia, toda la isla, un lugar de costa completamente despejada, calas y escasa vegetación, se transformó en una cárcel de alta seguridad, prisión secreta y campo de trabajo. Próxima a ella, en la isla de Sveti Grgur, se instaló un campamento similar para mujeres.

Los barracones de Goli-Otok, apodada por la CIA «La isla del diablo». De 1949 a 1988, los enemigos internos del régimen yugoslavo fueron enviados a este campo de reeducación y castigo que no tenía nada que envidiar a los gulags *soviéticos. En la actualidad Croacia pretende poner a la venta sus ruinas para organizar un complejo vacacional.*

Ambas fueron utilizadas hasta 1956 para encarcelar a presos políticos. Desde monárquicos a independentistas croatas, estalinistas, y miembros «rebeldes» del partido opuestos a Tito, incluidos ciudadanos sin partido definido acusados de exhibir simpatía o inclinaciones hacia la Unión Soviética, hasta anticomunistas serbios, croatas, macedonios o albaneses. También para encarcelar a presos comunes con sentencias especialmente duras. En muchos casos, unos y otros fueron condenados a muerte. De los 16 000 presos políticos que pasaron por el campo, al menos 600 fueron ejecutados.

Los internos eran obligados a trabajar en una cantera de piedra o en trabajos de cerámica y carpintería, sin tener en cuenta las condiciones climáticas. En verano la temperatura subía a 35 o 40° C, mientras que en invierno los vientos colocaban el termómetro bajo cero. Los presos también eran golpeados regularmente y humillados por los guardias o por otros reclusos, y era muy frecuente que los guardias permitieran que los prisioneros de etnias diferentes se matasen entre ellos.

Después de que Yugoslavia normalizara sus relaciones con la Unión Soviética, el campo pasó a la jurisdicción provincial de la República Socialista de Croacia que siempre hizo de él un tema «tabú[122]». Cerrado definitivamente en 1988 y totalmente abandonado al año siguiente, hoy no quedan de él más que unas ruinas utilizadas por los pastores de la cercana isla de Rab o frecuentadas por turistas ocasionales que llegan en barco a sumergirse en las aguas cristalinas que lo rodean.

Tito mantuvo el gobierno con mano firme durante 25 años, pero su muerte, el 4 de mayo de 1980, desencadenó la lucha por el poder. El primer enfrentamiento se produjo rápidamente entre Croacia y Serbia, la nación más poderosa de Yugoslavia. Muchos croatas ya hemos visto que habían combatido junto a los alemanes contra los serbios durante la segunda guerra mundial y, aunque los *chetniks* serbios también lo habían hecho, ambos grupos siempre se habían sentido mutuamente ultrajados.

A pesar de ello, se decidió formar un gobierno de coalición entre las seis naciones, donde los cargos se alternarían todos los años. No sirvió de mucho. Al país le atenazaba una enorme crisis económica que le impedía deshacerse de su abultada deuda externa de cerca de 15 000 millones de dólares, y la presión asfixiaba a la población. Sumado a la debilidad del gobierno que ocupaba el poder en ese momento —serbio—, y a que a finales de la década de 1980 el comunismo empezaba a perder poder en Europa del Este, todas las nacionalidades vieron la posibilidad de separarse e independizarse del predominio serbio, que a fin de cuentas era el grupo racial más poderoso y pretendía imponer su autoridad sobre el resto de la federación.

Así nacieron distintos grupos nacionalistas y separatistas, disconformes con los límites territoriales que les habían impuesto las dos guerras mundiales, que cobraron fuerza, comenzaron a reivindicar violentamente sus derechos, y amenazaron la estabilidad política de la coalición con conflictos permanentes.

---

[122] En 1979 Antonije Isaković escribió la novela *Tren* —*Momento*— acerca del campo de concentración. No se pudo publicar hasta la muerte de Tito. Fue un auténtico éxito de ventas.

En mayo de 1986 entró en escena el abogado Slobodan Milosevic, que llegó a la presidencia de su partido, la Liga Comunista de Serbia —más tarde el Partido Socialista de Serbia—, tras una corta carrera política. Milosevic, que se convirtió en el máximo exponente del nacionalismo serbio, comenzó una violenta y agresiva campaña contra cualquier movimiento separatista, en detrimento del resto de las minorías nacionales. Tres años después, en mayo de 1989, era elegido por primera vez para dirigir la República Socialista de Serbia.

El primer objetivo de Milosevic para hacerse con el poder absoluto, y al mismo tiempo el que precipitó la desintegración de la Federación yugoslava, fue Kósovo. Abolió el estatuto de autonomía de la provincia, prohibió a los kosovares albaneses sus escuelas y toda representatividad pública, y, pese a ser mayoría, los convirtió en ciudadanos de segunda respecto a los serbios.

Mientras Milosevic establecía allí la ley marcial para acallar cualquier protesta, los demás estados, que veían cual podía ser su futuro, continuaron con su política separatista. Eslovenia, en el norte de la federación, una zona que era considerada homogénea a nivel étnico, tuvo suerte. La consiguió de manera prácticamente pacífica tras una corta guerra de 10 días que comenzó el 26 de junio de 1991. El Ejército Popular Yugoslavo, controlado por el gobierno central, se preparaba por entonces para combatir a las federaciones, donde la mayoría serbia sí tuviera reivindicaciones territoriales, y no se mostró dispuesto a malgastar recursos en una campaña por una región que no le interesaba lo más mínimo.

La declaración de independencia de Croacia, en octubre de ese mismo año, fue la primera que decidió a Serbia a desatar una sangrienta guerra. Tanto croatas como serbios manifestaron sentirse minorías maltratadas en los territorios de la respectiva república enemiga, pero el motivo real para iniciar los combates era mucho más tradicional: el deseo de expansión territorial y de dominio de los serbios sobre una zona siempre tan apetitosa como los Balcanes.

En febrero de 1992, la independencia de Bosnia, cuya población era una mezcla de musulmanes, croatas y serbios, agravó profundamente el enfrentamiento y lo complicó aún más. Milosevic pretendía utilizar su fuerza militar para apoderarse de las regiones serbias y algo parecido deseaban hacer los croatas en Herzegovina. La idea era proceder a la partición del país de acuerdo a las divisiones étnicas, algo que solo se podía realizar a costa del grupo más numeroso: los musulmanes bosnios. Los únicos que estaban en contra de la fragmentación dado que eran los que más tenían que perder. Para convencerlos, los serbios saquearon su capital. Sarajevo y, como en Bosnia no existían territorios étnicamente puros, comenzaron sus prácticas de «limpieza étnica» marcadas por un profundo odio racial y una violencia tan cruel que recordó a los tristes momentos en que el nacionalsocialismo se paseaba por Europa.

Por entonces, el control musulmán en Bosnia se limitaba a unos cuantos enclaves urbanos rodeados por fuerzas hostiles, que padecían un asedio constante. Para dominarlos el ejército yugoslavo primero los bombardeaba y cortaba sus suministros. Luego se iniciaba el trabajo sucio contra los civiles, a cargo sobre todo de facciones paramilitares serbobosnias, como los Tigres de Arkan, los Halcones o las Águilas Blancas. Grupos bien dotados de armamento, con rifles AK-47, morteros y tanques proporcionados por el ejército.

Prisioneros bosnios de las tropas de la República Serbio-Bosnia —República Srpska—. En general las matanzas de la guerra no se produjeron en campos, sino que estos fueron usados de forma común para acoger a los civiles y militares de las zonas sobre las que todos los bandos deseaban realizar limpiezas étnicas.

En los centros urbanos, la campaña de limpieza étnica fue un proceso más sutil y desapegado. A los que no eran serbios les hacían la vida insoportable: los apartaban de sus puestos de trabajo, los hostigaban con constantes amenazas de muerte, les negaban asistencia médica, o no les permitían formar grupos de más de cuatro personas, pero en las zonas rurales se desató el terror. Se cometieron sobre los civiles innumerables atropellos a los derechos humanos, incluidas torturas, detenciones forzosas, asesinatos masivos, violaciones y castraciones. Como si el reloj hubiera retrocedido en el tiempo, los campos de concentración donde se mantenían hacinados a gran cantidad de musulmanes bosnios se convirtieron en una estremecedora realidad. Por si fuera poco, una escalofriante novedad a partir de 1991 consistió en arrasar poblaciones enteras e incluir la violación sistemática de mujeres para que una vez terminada la guerra, dieran a la luz hijos que llevaran en las venas sangre de la raza victoriosa.

Un artículo aparecido en el periódico esloveno *Delo* señalaba que la estrategia psicológica serbia tenía en cuenta que «la mejor manera de combatir a los musulmanes, disminuir su espíritu de lucha y derrotarles moralmente consistía en violar a sus mujeres, sobre todo a las jovencitas e incluso a las niñas, matar a inocentes en presencia de los otros miembros de su familia, y destruir sus iconos culturales y edificios religiosos». Los serbios lo cumplieron a rajatabla.

Entre las declaraciones más espantosas están las de las violadas. «Una noche, cinco o seis *chetniks* violaron a todas las chicas detenidas, incluyéndome a mí —escribió una musulmana—. Cuando me di cuenta de que estaba embarazada, les pedí que me dejaran ir al médico para abortar. No me lo permitieron y me contestarom que querían que las musulmanas parieran *chetniks*. Ya embarazada de seis meses, nos intercambiaron a las 13 que éramos por prisioneros serbios. Todas estaban embarazadas como yo, excepto una niña de seis años a la que también habían violado».

Sin duda el peor campo establecido por las autoridades militares serbias de Bosnia fue el de Omarska, cerca de Prijedor, en el Norte del país. Había unas 4000 personas en él entre bosnios y croatas, instalados en locales, garajes y talleres. «Un día los serbios cogieron a 10 hombres —declaró para el Tribunal de La Haya uno de sus presos musulmanes—, les serraron el cuello y les cortaron la cabeza. Unas 60 personas murieron de esa manera. Los asesinaban en zanjas abiertas que cubrían con una excavadora. También utilizaban una especie de ácido. Nos llevaron para que viéramos lo que hacían». Entre mayo y noviembre de 1992 —cuando logró cerrarlo la Cruz Roja Internacional—, se estima que pasaron por él 30 000 detenidos. El maltrato fue generalizado con numerosos casos de tortura, violación y homicidio.

Tampoco los croatas se quedaban atrás. De acuerdo con la información de la Comisión de Derechos Humanos de Naciones Unidas, en el verano de 1993 aproximadamente 15 000 personas permanecían recluidas en sus campos de concentración de Herzegovina Occidental en condiciones de «abrumadora brutalidad y degradación», en los que torturas y ejecuciones sumarias eran comunes. En su esfuerzo por borrar la presencia histórica de la cultura musulmana, las fuerzas croatas destruyeron en ese período la mayor parte de las mezquitas de la región. Como la de la localidad de Visici, dinamitada y con sus escombros hechos desaparecer a golpe de bulldozer.

Una vez que el conflicto tomó un giro particularmente pernicioso, ocurrieron en los últimos momentos de la guerra, hacia el año 1995, algunos de los casos más salvajes y terribles de limpieza étnica. Entre ellos, la sorprendente matanza en el mercado del centro de Sarajevo, y el tristemente célebre episodio de la masacre de Srebrenica, donde los *chetniks* dieron muerte a unos 8000 musulmanes bosnios.

Los «Tigres de Arkan». Se les identificaba por sus gorros de lana de color negro y, en ocasiones, los guantes que llevaban con los dedos recortados. Zeljko Raznatovic «Arkan», su líder, era un personaje muy conocido en los bajos fondos de Belgrado, dirigente del club de hinchas del Estrella Roja —de donde sacó a sus «Tigres»— y dueño de una cadena de heladerías que, según dicen, servía de «tapadera» para sus actividades ilícitas de contrabando.

La guerra en Bosnia dio paso al ataque sobre Kososvo. Desde la revocación de su autonomía en 1989, los kosovares habían elevado sus demandas: de la devolución de autonomía habían pasado, en 1992 —animados por el reconocimiento oficial de la independencia de Croacia y Eslovenia—, a una postura decididamente secesionista. Desgraciadamente para ellos, como ya vimos, su territorio es considerado sagrado por la nación serbia y la independencia un tabú nacional.

Aprovechando que la atención mundial estaba centrada sobre Croacia y Bosnia, Milosevic había iniciado en 1990 una campaña de represión contra los albanokosovares. Además de imponer la ley marcial, cerró todos los diarios editados en lengua albanesa, despidió a cerca de 800 profesores kosovares de la Universidad de Pristina y expulsó al 97 % de los estudiantes. Las medidas, diseñadas para mantener a los kosovares dóciles a las órdenes y cultura serbia, provocaron la creación de una Liga Democrática por Kosovo con el objetivo expreso de organizar una resistencia civil y un gobierno propio.

El 22 de abril de 1996, el PKL —Ejército de Liberación de Kosovo—, una modesta organización terrorista, detonó cuatro bombas de manera simultánea contra objetivos serbios. La idea era provocar a Milosevic para que tomara medidas más severas contra Kosovo, aumentara el descontento de la población y atrajera la atención occidental hacia una de las etnias minoritarias que aún eran oprimidas por Serbia. Surtió efecto, pero no fue buena idea. El que se suponía imponente ejército yugoslavo, «derrotado» dos veces en el curso de 5 años, entró en Kosovo con la intención de desarticular las células terroristas.

Cuarenta mil hombres impermeabilizaron la provincia mediante la expulsión de la prensa internacional y comenzaron una matanza organizada con fría planificación, que ejecutaron con precisión científica, para hacer de Kosovo una provincia ciento por ciento serbia y ortodoxa, sin rastro de musulmanes ni albaneses.

Las milicias musulmanas de Nasser Oric, el 8.º Grupo Operativo de Srebrenica. En los primeros meses de la guerra, Srebrenica, Bratunac y otras ciudades cercanas, cayeron bajo control serbio, y la población musulmana fue obligada a irse. Orić organizó una serie de operaciones que devolvieron a los bosnios el control de la ciudad con ataques, matanzas, mutilaciones y violaciones sobre la población civil serbia de las aldeas cercanas. Las acciones de unos y otros tendrían un terrible desenlace en Srebenica el 12 de julio de 1995.

En los poblados ocupados, se separó a los jóvenes de los niños, ancianos y mujeres, y se los ejecutó, a veces haciéndolos cavar primero sus tumbas. A los supervivientes se les dio un plazo mínimo para huir hacia el exterior y, luego, se los despojó de sus documentos personales. Los registros públicos desaparecieron quemados, así como toda documentación que acreditase que aquellos kosovares eran propietarios de casas, tierras o, incluso que alguna vez vivieron allí, o existieron.

En escenas que Europa no había visto desde la Segunda Guerra Mundial, 850 000 kosovares fueron deportados hasta la frontera con Albania y otros 250 000 desplazados dentro de la provincia. Sus pueblos quedaron reducidos a cenizas y no faltaron las ejecuciones masivas —en algunos lugares las fuerzas de paz desplegadas al término de la guerra descubrieron fosas comunes con hasta 4500 cadáveres—.

La última etapa de la operación fue cerrar las fronteras, para convertir a los kosovares que quedaban en el interior en escudos humanos contra la campaña de bombardeos aéreos que iniciaba la OTAN, o ante la posibilidad de una acción militar terrestre.

Tras dos meses y medio en los que las bombas llegaron a caer sobre Belgrado, Milosevic cedió al fin a la presencia de una fuerza de paz y dio por terminadas las guerras que habían asolado la antigua Yugoslavia por culpa de su retórica nacionalista. Derrotado en las elecciones del 2000, fue entregado —no sin polémica— a la Justicia Internacional para ser juzgado por crímenes de guerra y lesa humanidad. Su caso, iniciado en el 2002 en el Tribunal Penal de la Haya, no llegó a concluir. Murió en su celda de un ataque al corazón el 11 de marzo de 2006.

La brutalidad que alcanzaron estos conflictos llevó a la muerte a unas 300 000 personas, y provocaron millones de refugiados, poniendo a prueba la escasa solidez de la Unión Europea, que de forma global fracasó estrepitosamente ante el primer desafío serio a su presunta solidez y unidad.

8

El poder de la locura

Un soldado norcoreano monta guardia en las proximidades del río Yalu, frontera entre China y Corea del Norte. Toda la frontera está fuertemente protegida para evitar la huida del país. Los guardias pueden disparar para matar a cualquier persona que intente cruzarla de manera ilegal. Si es detenida o deportada de regreso, se enfrenta a la pena de muerte.

Homo homini lupus.
El hombre es un lobo para el hombre.

Tito Maccio Plauto

8.1 Paralelo 38

Conquistada y colonizada por Japón después de la Guerra Ruso-Japonesa de 1905, la península asiática en la que se asentaba el antiguo imperio coreano, situada al Este de la República Popular China, entre el mar de Japón y el mar Amarillo, vio cómo el 8 de agosto de 1945, apenas una semana antes de que se rindiera el gobierno de Tokio, tropas soviéticas cruzaban su frontera y se internaban en el territorio.

La ocupación formaba parte de los acuerdos establecidos por los líderes aliados en febrero de ese año en la conferencia de Yalta, por lo que Estados Unidos, que no tenía tropas desplegadas en la región, ordenó que se delimitasen dos zonas más o menos iguales y eligió, de forma totalmente arbitraria, que las tropas de Stalin se detuvieran al llegar al paralelo 38. La barrera virtual, fue aceptada de inmediato por los soviéticos.

Corea del Norte, la zona que había quedado bajo la influencia del comunismo soviético y chino, rechazó en 1948 participar en las elecciones celebradas al amparo de las Naciones Unidas para conseguir su unificación. El resultado fue la creación desde mediados de agosto hasta primeros de septiembre de dos gobiernos independientes, uno en cada una de las zonas ocupadas, que reclamaron la península entera como territorio propio.

En el Sur, los estadounidenses organizaron el 15 de agosto la República de Corea, presidida por Syngman Rhee, un veterano político que se había opuesto a la invasión japonesa, pero desde un cómodo exilio en Hawái. En el Norte, los soviéticos instituyeron el 9 de septiembre la República Popular Democrática de Corea, con un gobierno a las órdenes de Kim Il-sung, uno de los líderes guerrilleros más populares, capitán del Ejército Rojo, que desde 1935 había luchado en primera línea contra las tropas japonesas.

Norte y Sur no tardaron en enfrentarse —dentro del choque de bloques de la Guerra Fría—, en un extraño conflicto que se inició el 25 de junio de 1950. El choque, irónicamente, combinó estrategias y tácticas que se pensaban ya obsoletas, utilizadas tanto en la primera como en la segunda guerras mundiales. Comenzó con una campaña de rápidos ataques de infantería seguidos de fuertes bombardeos aéreos, pero enseguida desembocó en estáticos combates de trincheras que convirtieron las posiciones de los dos bandos en algo inamovible.

Oficialmente, la guerra ocupó tres años de la naciente historia de las dos Coreas, sin embargo, el armisticio firmado en Panmunjong, el 27 de julio de 1953, que fijó la frontera definitiva entre los dos países en las proximidades del primitivo paralelo 38 y creó una zona desmilitarizada con una franja de 4 kilómetros de anchura para separarlos, terminó solo con los combates. A día de hoy, las dos repúblicas opuestas aún no han firmado la paz definitiva.

Toda la península coreana quedó devastada por la guerra, pero mientras Corea del Sur, adoptó el modelo occidental y consiguió mediante la fabricación destinada a la exportación y una mano de obra cualificada convertir su economía en rica e industrializada en un corto espacio de tiempo —el conocido como milagro del río Han—, el gobierno norcoreano desarrolló, a la manera soviética, atrasados planes económicos quinquenales, centrados en la ampliación de la industria pesada, el incremento militar y la colectivización de la agricultura.

La policía surcoreana lleva el 29 de julio de 1950 a presuntos comunistas acusados de traición hasta el lugar en que serán asesinados. Durante los primeros meses de la Guerra de Corea se produjeron al menos 100 000 ejecuciones sin juicio previo. Las masacres de civiles en las que intervinieron el gobierno surcoreano y fuerzas estadounidenses, como las de la Liga Bodo, Sinchon, o No Gun Riel —de las que realizó un célebre cuadro Pablo Picasso en 1951— han sido muy utilizadas por el régimen de Corea del Norte para mostrar la maldad imperialista. Fotografía de Haywood Magee.

Durante esos años, en que parecía mantenerse fiel a esos principios importados de la URSS, Kim fue visto como un comunista ortodoxo, leal, y así le trató el gobierno de Moscú. Pero durante el conflicto de intereses que enfrentó a China con la Unión Soviética durante la década de 1960, decidió no mostrarse partidario de ninguno de los dos bandos, y maniobró para mantener cierta neutralidad. Muy presionado, el dirigente coreano, que tenía un alto concepto de sí mismo, se vio obligado finalmente a la humillación de tener que criticar las posiciones maoístas de China. A partir de ese momento, pensó en desarrollar una ideología propia que se adaptase más a sus necesidades y le permitiera mantenerse independiente. La bautizó con el nombre de una corriente filosófica tradicional: *Juche*. Un sistema de gobierno basado en la autoconfianza, con medidas tan absurdas como la de establecer un nuevo calendario variante del gregoriano, en el que se puso como primer año 1912[124] —la fecha de nacimiento de Kim Il Sung—, que acabaría por llevarle a un aislamiento casi total del resto del mundo.

Juche, la filosofía de la victoria. Cartel norcoreano que defiende las teorías de Kim Il Sung como una ideología para los revolucionarios de todas las razas y nacionalidades. En la década de 1960 y en los primeros años de los 70, grupos radicales como los Panteras Negras estadounidenses vieron a Asia, África y América Latina como la alternativa al dominio mundial que se repartían la Unión Soviética y Estados Unidos.

La principal idea *Juche* enunciada por el propio Kim, ahora autoproclamado «Gran Líder» fue que el hombre y la mujer eran los responsables de sus destinos. Esta máxima, adaptada a un sistema revolucionario, trasladaba al conjunto de personas que componían las masas populares la autoría de la revolución y su desarrollo. De esa manera, cada coreano tenía su parte de responsabilidad en el destino de la colectividad. Era una teoría magnífica pero, como veremos más adelante, podía resultar catastrófica para el individuo.

No así para un gobierno dictatorial, que decidió basar la aplicación práctica de todos sus razonamientos en seis principios fundamentales: la defensa

---

[124] La numeración de los años sigue el sistema Minguo, empleado en la República de China. No hay cambios en los meses respecto al calendario gregoriano, ni existe un año cero. En los textos coreanos es habitual que el año Juche se ponga en frente del correspondiente año del calendario gregoriano.

de la independencia económica y política respecto a países extranjeros; el *songun* —considerar el aspecto militar como el más importante de la vida política—; el voluntarismo; fomentar el nacionalismo popular mediante la exaltación de los símbolos nacionales; el respeto y protección de la cultura tradicional coreana y la defensa de la patria ante la amenaza imperialista. Al principio, no le dio malos resultados.

Estatuas gigantes en Pyongyang de Kim Il Sung —a la izquierda— y Kim Jong-Il. Las escenas de adoración colectiva han caracterizado el comunismo a la norcoreana desde el primer gobierno de la posguerra. En Corea del Norte no hay jefe de estado, Kim Il-Sung sigue de presidente eterno, «como un Dios».

8.1.1 La república hereditaria

En diciembre de 1972, se aprobó la constitución que desarrollaba los nuevos ideales. En 1980, el congreso nacional dio el visto bueno a que el siguiente responsable de dirigir la nación fuera Kim Jong-Il, el hijo mayor que Kim Il-Sung había tenido con su primera esposa. Se instauraba así una dinastía comunista norcoreana que llevaría el culto a la personalidad a extremos faraónicos[125]. El sistema funcionó a su manera hasta la gran hambruna de la década de los 90 que causó la muerte de cientos de miles de personas y dejó al país al borde del colapso.

El 8 de julio de 1994, a los 82 años, el «Gran Líder» falleció por un repentino ataque al corazón y, después del período de luto tradicional, como

---

[125] Los principales festivos del año son el 15 de abril —el Día del Sol—, cumpleaños de Kim Il-Sung, y el 16 de febrero —el Día de la Estrella brillante—, cumpleaños de su hijo Kim Jong-Il. Todos los hogares deben tener los retratos de los dos líderes como referencias incuestionables de que representan al más allá y para simbolizar la fuerza y el quehacer de la vida diaria del país.

estaba previsto, accedió a la presidencia Kim Jong-Il, que asumió las riendas del país con mano tan firme como su predecesor. Solo hizo un cambio, en señal de respeto, varió ligeramente su apodo y permitió que se le nombrase como «Querido Líder».

Kim Jong-Il dio muestras ocasionales de favorecer reformas económicas similares a las que realizaba en China Deng Xiaoping para liberalizar le economía socialista, y en sus visitas al país vecino expresó su admiración por los resultados obtenidos, pero fronteras adentro, mantuvo de forma rígida la planificación existente, con el viejo sistema en que el gobierno suministraba bienes y garantizaba la alimentación de la población.

Tampoco tuvo la intención de considerar la descolectivización de la agricultura, que era la base de las reformas de Deng Xiaoping y lo más necesario para que en su país parte de la población dejara de morirse de hambre. En cualquier caso, introdujo algunas reformas en una línea similar a las de la economía china, como la colaboración con Corea del Sur en la Zona Industrial de Kaesong, el único complejo del país con empresas foráneas[126], y se mostró dispuesto a permitir la entrada de capital extranjero, lo que se materializó en marzo de 2006 en un gran viaje de negocios para inversores que supuso a la larga, por ejemplo, la llegada de la telefonía móvil con aparatos de procedencia china e infraestructura de telecomunicaciones proporcionada por Orecon, una compañía egipcia.

Esos años acabó de materializarse el sistema piramidal de castas que había organizado Kim Il-Sung, el *Songbun*, basado en la lealtad al régimen. La población quedó dividida en tres grandes grupos: leales —los descendientes de los que participaron en la resistencia contra la ocupación japonesa durante y antes de la Segunda Guerra Mundial, y los que eran trabajadores, obreros y campesinos en 1950—, vacilantes —la clase media en general, más o menos el 40 % de la población— y hostiles —los que tienen en sus antecedentes un dueño de tierras, propietario, comerciante, abogado, o un sacerdote cristiano—. A partir de ese momento, de forma hereditaria y solo en función de motivos políticos y religiosos, se condicionaron de manera absolutamente arbitraria aspectos como dónde vivir, las oportunidades de recibir alimentos, la educación, encontrar un trabajo, gozar de una vida digna e incluso sobrevivir. Mejorar el *songbun* se hizo casi imposible, pero empeorarlo se volvió muy sencillo. Cualquiera, y con él todos sus descendientes, pasó a poder ser degradado por una enorme variedad de razones. Entre ellas, falta de entusiasmo político,

---

[126] El parque industrial, que albergaba unas 110 factorías en su mayoría del sector textil y daba trabajo a 42 000 norcoreanos y 800 surcoreanos, lo cerró Corea del Norte el 9 de abril de 2013, en el contexto de la gran crisis que se produjo entre ambos países y que aún se mantiene.

casarse con alguien de menor prestigio, o ser declarado culpable —o tener un miembro de la familia condenado—, por cualquier delito.

En 1998, Kim Jong Nam, el hijo mayor del «Querido Líder», fue designado para un alto cargo en el Ministerio de Seguridad Pública, lo que indicaba que iba a ser promovido para heredar el puesto de futuro líder del país. Tres años después, en mayo de 2001, fue arrestado en el aeropuerto internacional de Narita, en Tokio, con un pasaporte dominicano falso. Viajaba junto a dos mujeres y su hijo de 4 años bajo el nombre supuesto de Pang Xiong. Pretendía visitar Tokyo Disneyland.

Tras el incidente —para el que evidentemente no se aplicó el *songbun*—, su padre, completamente avergonzado, decidió que fuera su hermano menor, Kim Jong-un, —el hijo de su tercera esposa, Ko Yong-hee—, su sucesor. Por si hubiera dudas por el origen japonés de su madre —había nacido en Osaka en 1953—, la elección se vio respaldada, de pura casualidad, por una campaña de propaganda iniciada en febrero de 2003 por el Ejército Popular de Corea, en la que se ensalzaba la figura materna representada por una genérica «Respetada Madre». Cuando Ko Yong-hee falleció el 27 de agosto del año siguiente de cáncer de mama, la cúpula del partido se apresuró a nombrarla más específicamente «La respetada madre que fue la más fiel y leal del Amado Líder Camarada Comandante Supremo». La sucesión, pese a que se vislumbraba algún movimiento en la sombra, estaba resuelta.

Mucho más desde que, desaparecidos el socialismo y el comunismo que daban vida a la revolución, Kim Jong-Il se dedicó a cambiar también parte de los principios del *Juche*. Los sustituyó por la total adhesión del pueblo a sus dirigentes. Con esa reactualización, el individuo pasó a ser guiado por el líder, el único capacitado para interpretar la voluntad del pueblo.

El 17 de diciembre de 2011, Kim Jong-Il falleció a los 69 años de un ataque cardíaco, como su padre. En su caso, según los medios norcoreanos que lo atendieron, provocado por el agotamiento físico y mental. Le sucedió el día 29, una vez finalizadas las exequias y honores, Kim Jong-un, tal y como se había acordado. Tenía 28 años.

En marzo de 2013, el líder norcoreano, que tras adoptar el título de «El brillante camarada» parecía querer abrir el país, reformar su complejo sistema económico y optimizar la producción agrícola —ahora después de entregar una cuota de producción al Estado, los campesinos podían vender el resto de forma privada y reinvertir o disfrutar la ganancia—, ordenó que se pusieran en alerta sus bases de misiles[127] por si debía demostrar su poder al imperialismo.

---

[127] Corea del Norte dispone de tres tipos de misiles Scud: el B, con un alcance de 300 kilómetros; el C —500 kilómetros— y el D —700 kilómetros—, aunque no se conoce el tipo exacto de los proyectiles, que podrían ser una versión mejorada de los KN-02 o un nuevo tipo de artillería de calibre superior a 300 mm.

El enfado era producto de unas maniobras militares realizadas entre Corea del Sur y Estados Unidos en las aguas del Golfo de , así como por las sanciones que le había impuesto la ONU por llevar a cabo el lanzamiento, el diciembre anterior, de un misil balístico de largo alcance —que al parecer era para colocar un satélite en el espacio— y, en febrero, realizar una prueba nuclear —la tercera en su historia—.

El líder norcoreano Kim Jong-un, con abrigo, da la bienvenida a los participantes en la reunión de representantes del partido en todo el ejército. La fotografía fue publicada por la Agencia Central de Noticias de Corea del Norte, oficialmente, la única autorizada para ofrecer cualquier información del país.

Washington, que desde un discurso del presidente George W. Bush el 29 de enero de 2002 había incluido a Corea del Norte junto a Irak e Irán en lo que denominó el «eje del mal[128]», para sacarla en 2008 tras firmar un acuerdo en materia nuclear, respondió a lo que también consideró una provocación con el vuelo sobre la zona de modernos bombarderos espías B-2 *Spirit*. Como resultado del incremento de la belicosidad, entre amenazas mutuas, ambas Coreas cortaron cualquier comunicación o colaboración y volvieron a declararse el «estado de guerra».

---

[128] Desde entonces, Estados Unidos crea todos los años una lista nueva de países del «eje del mal» —los que considera que apoyan al terrorismo internacional— que modifica a su gusto según sus intereses. En 2015 lo forman Irán, Siria y Sudán.

Solo un percance interno pareció alterar esos días a la bien organizada dinastía Kim. El 12 de diciembre de 2013, el joven dictador ordenó ejecutar a su tío, Jang Song Thaek, considerado el número dos del régimen. La prensa occidental no dudó en buscar explicaciones jocosas para contar lo sucedido, como que no había aplaudido lo suficiente durante la toma de posesión de su sobrino, o se hizo eco de las triviales razones oficiales norcoreanas —«se gastaba las divisas en casinos, hacía orgías con prostitutas»—, pero las razones de que fuera fusilado[129] eran mucho más profundas y peligrosas para el régimen: Jang llevaba desde la década de 1990 preparando un golpe de estado.

Cuando el encumbrado ideólogo norcoreano Hwang Jang Yop desertó en 1997, no dio una explicación convincente de por qué abandonaba su alto cargo y exponía a su familia, que se quedaba en Corea del Norte a un castigo seguro. Ahora se sabe que Hwang informó confidencialmente a las autoridades de Corea del Sur que había conspirado con Jang Song Taek para eliminar a Kim Jong Il. El complot había quedado al descubierto y Hwang había optado por la fuga.

Jang, al que nadie había relacionado con la trama, se quedó y, durante los siguientes 15 años, esperó su momento. Incluso es muy posible que en ese tiempo tuviera conversaciones secretas con China para intentar sustituir a Kim Jong-un por uno de sus hermanos. Mientras, sí es cierto que se dedicó a acumular poder y dinero por si llegaba el momento de tener que sortear algún obstáculo. Es evidente que había perdido la fe en el sistema; no es raro que le costara aplaudir con entusiasmo.

Jang Song Taek, que pertenecía a la elite norcoreana, estudió en la Universidad Kim Il Sung. Pero cuando conoció en el campus a Kim Kyong Hui, el padre de ella, Kim Il Sung, se opuso a su relación porque no formaban parte de la misma «casta». No obstante, los dos se casaron, y Jang pasó a convertirse en un cercano confidente de su cuñado, Kim Jong Il[130]. Desde entonces, su imagen en Occidente era bipolar. Por un lado formaba parte del sistema y supervisaba periódicamente las auditorías de rutina de las empresas públicas, presidía las ejecuciones y encarcelamientos o despedía a miles de funcionarios. Por otro, se le consideraba un «reformista» que apoyaba un cambio hacia una economía de mercado, pretendía acabar con los campos de trabajo y buscaba la liberación de la mayoría de los presos políticos.

---

[129] A mediados de 2014 llegó a los medios occidentales la noticia de que, junto con sus cinco ayudantes, había sido devorado por una jauría de 120 perros hambrientos. Según la incuestionable agencia de noticias Reuters, era solo un bulo que tenía su origen en un blog satírico chino y se extendió por toda la prensa internacional.

[130] Kim Kyong Hui tuvo mucho cuidado de conseguir el divorcio de su marido antes de la ejecución.

Un soldado norcoreano monta guardia en 2012 ante la estación de satélites Sohae, en Tongchang-ri. Tras él, un cohete Unha-3.

Es posible que la gran hambruna de la década de 1990, y la muerte de tantos fieles del partido arrojados a los campos de concentración llevaran a Jang a la desobediencia encubierta. En todo caso, el suyo era un juego peligroso, ya que pretendía limar las asperezas del régimen mientras conspiraba para derrocarlo. Ser un «reformista» en Corea del Norte nunca fue seguro, sin importar lo encumbrado que se estuviera. En la corta historia del país lo demostraban miles de ejemplos que habían albergado esperanzas de cambio antes de desaparecer para siempre.

Claro que, por otro lado, los movimientos de Jang avisaban a Kim de que un futuro complot podría destronarlo. Rápidamente demostró que, a pesar de su aspecto, que se intenta presentar en Occidente como algo cómico, era capaz, igual que su abuelo, de actuar con decisión y sin piedad para mantener su posición de privilegio. Además, tenía los medios necesarios para llevarlo a cabo.

8.2 El secreto mejor guardado

Los campos de concentración en Corea del Norte comenzaron su andadura nada más terminar la Segunda Guerra Mundial, a raíz de la liberación del país del dominio japonés. A la manera comunista, cualquier persona que fuera considerada un «adversario de clase» —propietarios, colaboradores de los japoneses o devotos religiosos—, fueron detenidos e internados. La cantidad de prisioneros fue tal, que hubo que levantar más campos de los previstos. Luego, llegaron las luchas de poder de las décadas de 1950 y 1960, y hubo que habilitar aún un mayor número de recintos.

Porque, aunque pueda parecer lo contrario, y ya hemos puesto un ejemplo, las intrigas y las conspiraciones nunca han sido ajenas a Corea del Norte. Cuando Kim Il Sung entró junto a sus 200 guerrilleros en Pyongyang en 1945, ocupado por un contingente de tropas soviéticas, el aspirante a líder tuvo que enfrentarse a facciones comunistas mucho más grandes, dirigidas por partidarios más experimentados. No era un hombre dubitativo —tenía 33 años, poco más que su nieto al llegar al poder—, y le pareció que la manera más eficaz de lograr la victoria era eliminarlos a todos.

Campo de concentración de Corea del Norte en la década de 1950. Los prisioneros recitan las consignas comunistas ante retratos de Lenin, Stalin, Mao y Kim Il Sung.

Mejor todavía, borrar de la faz de la tierra cualquier persona o cosa que pudiera recordara su presencia. En pocos años, logró purgar, ejecutar o desplazar de diversas maneras a tres grupos rivales completos: los comunistas que lucharon en el norte, los comunistas del sur que viajaron al norte tras la partición del país, y los comunistas alineados con China. A ellos y a sus allegados. Lo que surgió de ese baño de sangre fueron muchos reclusos y un cuerpo dirigente de familias vinculadas al grupo original de guerrilleros que, desde entonces, hemos explicado como gobiernan Corea del Norte.

Acabados los enemigos políticos, llegó el momento de encarcelar a los norcoreanos que habían visto el peligro y decidido emigrar al Sur. Se los acusó de criminales y traidores y, junto a todos los suyos —incluso los niños pequeños y los ancianos—, se los trasladó también a campos de concentración sin juicio previo ni contacto con el exterior. Simplemente, como había ocurrido con otros miles de personas, se les hizo desaparecer durante la noche.

Para entonces, mientras se consolidaba la dictadura de Kim Il Sung y la posterior cesión del gobierno a su hijo, hubo que incrementar de nuevo el número de campos.

Oficialmente, a los de los presos políticos se los denominó Kwan-li-so —«centro de control y de gestión»—, y hasta 1990 llegó a haber una docena. En la actualidad operan 6 campos conocidos, fusión de los anteriores[131], con capacidad para unos 200 000 presos. Se ha reducido su número para mantenerlos mejor bajo control y en mayor secreto.

Esa ha sido en las últimas décadas una de sus características, que, sistemáticamente y con insistencia, ha sido negada su existencia por cualquiera de los gobiernos de Pyongyang. Solo a primeros de octubre de 2014, tras acusar a Naciones Unidas de «mentir» y formar parte de una conspiración internacional para desprestigiar el país, Corea del Norte reconoció, por primera vez de forma pública, que disponía en su territorio de campos de concentración para controlar y «corregir» a los ciudadanos que difieren de la línea de pensamiento único del régimen. Un funcionario del Ministerio de Exteriores, representante en Naciones Unidas, negó ante un grupo de periodistas que su gobierno tuviera campos de prisioneros, considerados como tales, pero admitió la existencia de «centros de trabajo para reformar» a los detenidos. Según su explicación, se trataba de lugares de «detención donde las personas revisan su ideología y reflexionan sobre sus actos inmorales».

Campos de concentración —*Kwan-li-so*—

Nombre	Tamaño	Presos	Localización	Ocupación
N.º 14 Kaechon	155 km²	15 000	P'yongan del Sur	Zona minera
N.º 15 Yodok	378 km²	46 500	Hamgyong del Sur	Zona de control total
N.º 16 Hwasong	378 km²	10 000	Hamgyong del Norte	Pruebas nucleares
N.º 18 Bukchang	378 km²	50 000	Hamgyong del Norte	Zona minera
N.º 22 Haengyong	225 km²	50 000	Hamgyong del Norte	Zona minera
N.º 25 Chongjin	0,25 km²	3 000	Hamgyong del Norte	-

---

[131] El campo de concentración n.º 12, Onsong, se cerró en mayo de 1987 a raíz de una revuelta en la que murieron alrededor de 5000 presos; el n.º 11, Kyongsong, se cerró en octubre de 1989; el n.º 27, Chonma, en noviembre de 1990; el n.º 13, Chongsong, en diciembre de 1990 y el n.º 26, Hwachon, en enero de 1991.

Campos de reeducación —*Kyo-hwa-so*—

Nombre	Presos	Localización	Características
N.º 1 Kaechon	6000	P'yongan del Sur	-
N.º 3 Sinuiju	2500	Norte de P'yongan	Junto a la frontera china
N.º 4 Kangdong	7000	P'yongan del Sur	A 30 km. De la capital
N.º 8 Yongdam	3000	Kangwon	-
N.º 11 Chungsan	3000	P'yongan del Sur	Desertores repatriados
N.º 12 Chongori	2000	Hamgyong del Norte	Desertores repatriados
N.º 15 Hamhung	500	Hamgyong del Sur	-
N.º 22 Oro	1000	Hamgyong del Sur	-
N.º 77 Danchon	6000	Hamgyong del Sur	-
Hoeryong	1500	Hamgyong del Norte	-

A pesar de esas explicaciones, no es de extrañar que los campos norcoreanos, denominados también en occidente gulag, como en el caso soviético —a partir de la era postsoviética este término se utiliza para describir a cualquier tipo de establecimiento carcelario alejado—, sean tan vergonzosos que se hayan convertido en una de las mayores incógnitas del país. Están divididos en dos categorías: los de la zona de Control Total y los de la zona Revolucionaria. Los primeros, administrados por el Departamento de Seguridad del Estado y no vinculados específicamente a las leyes y tribunales del país, para personas acusadas de cometer delitos contra el régimen y para aquellos que se considera que no tienen ninguna posibilidad de rehabilitación. Son los condenados a cadena perpetua.

Los segundos, a cargo del Ministerio del Interior, con presos «culpables por asociación» —amigos y familiares de los acusados de infracciones menores contra el régimen—. Sus sentencias pueden ser desde unos meses a 10 años, dependiendo del delito, aunque suelen ser puestos en libertad después de «solo» 3, 4 o 5 años, si estudian con interés los principios que rigen la marcha del estado —la misma *Juche* que les ha llevado hasta allí—, y consiguen pasar los extensos exámenes de reeducación ideológica a los que les someten las autoridades, que incluyen aprenderse de memoria extensos discursos de Kim Il-sung y Kim Jong-il. En este caso se hace especial hincapié en adoctrinar a los niños internos.

El poder de la locura 291

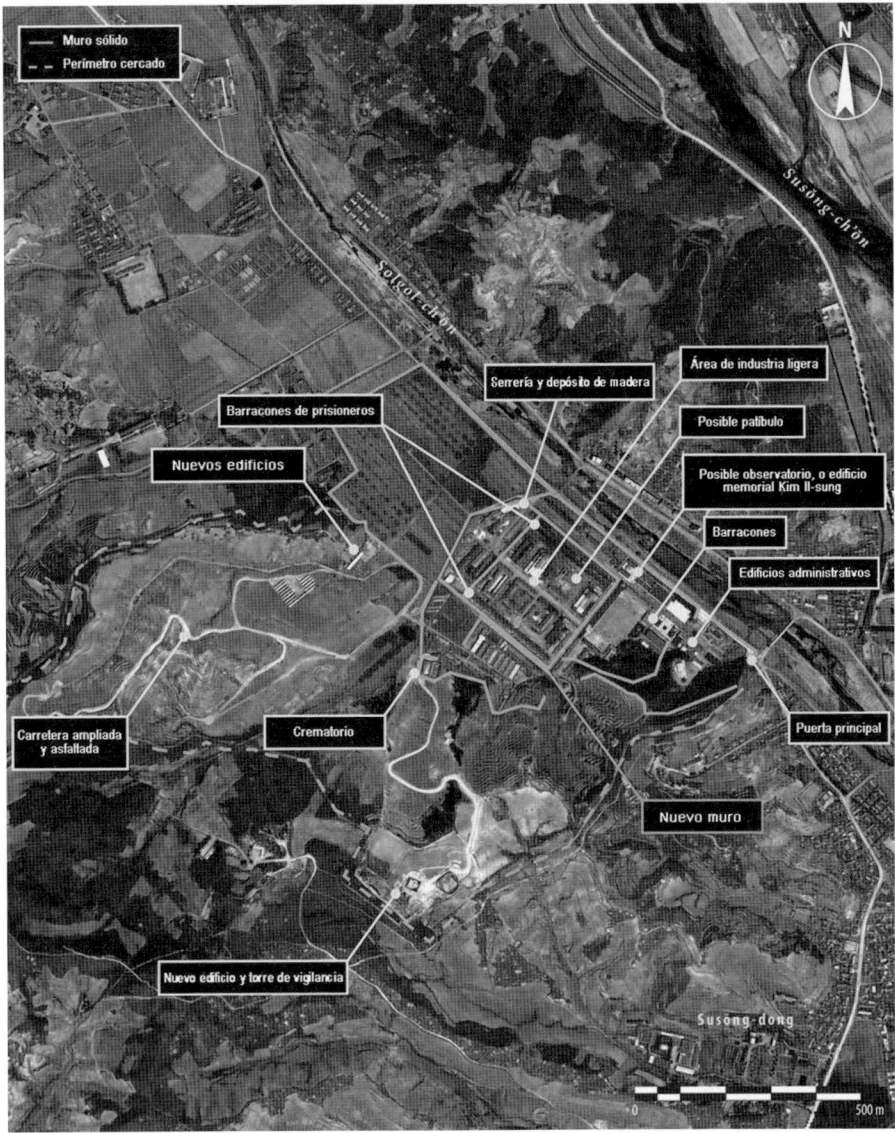

Recientes imágenes de satélite de la «institución penal» conocida como Campo 25, en el noroeste del país. Las imágenes muestran que el área del centro de internamiento, que ha aumentado de tamaño en un 72 % desde el 2009-2010, crece todavía más. Fotografía publicada por el Washington Post.

Tanto en unos como en otros, los presos realizan trabajos forzados de 14 a 16 horas diarias sin apenas comida; decenas de personas mueren cada día de hambre y enfermedades; hay espías, por lo que no se puede confiar en nadie, ni siquiera en los miembros de tu propia familia y golpes, torturas y ejecuciones —a las que es obligatorio asistir— forman parte de la rutina diaria. En palabras de Kwon Hyuk, exadministrador arrepentido de uno de los campos: «Los prisioneros eran como cerdos o perros. Se podía hacer cualquier cosa sin importar si vivían o morían».

El mismo Hyuk contó también que se han probado armas químicas contra los presos. «Fui testigo —dijo en una entrevista el 1 de febrero de 2004—, de toda una familia con la que se probó una cámara de gas. Los padres, un niño y una niña. Los padres murieron entre vómitos, pero hasta el último momento trataron de salvar a sus hijos mediante la respiración boca a boca». Otro expreso también aseguró haber visto morir a 50 mujeres después de ser envenenadas deliberadamente y se han encontrado documentos que parecen sentenciar a un prisionero a uno de los campos, solo «con el propósito de la experimentación humana».

A mediados de 2014 se conoció en Ginebra, durante unas jornadas sobre las violaciones de los derechos humanos en Corea del Norte, el estremecedor relato de otro arrepentido, Ahn Myong-Chol. Hijo de un responsable local, fue seleccionado a los 18 años como guardián y trabajó en cuatro campos distintos del tipo «zonas de control total».

En su primer destino, el campo 14, al norte de Pyongyang, le animaron a practicar sus conocimientos de taekwondo contra los prisioneros, considerados como la encarnación del «mal». «Teníamos derecho a matarlos y si traíamos su cuerpo, podíamos recibir como recompensa el ir a la universidad —explicó el ex guardián—. Muchos de mis compañeros los dejaban escapar a propósito para dispararlos y obtener la recompensa». «Una vez —contó también—, vimos a tres perros que atacaron a cinco niños. Tras escapar de sus dueños, se echaron encima de ellos, que volvían de la escuela del campo, y mataron a tres en ese mismo instante. Los guardias enterraron vivos a los otros dos, que aún respiraban a duras penas. En lugar de obligarlos a sacrificar a los animales, recompensaron a sus propietarios con una comida especial al día siguiente».

Por supuesto, Ahn admitió haber participado en los actos violentos, pero afirmó que no mató nunca a nadie. Por su testimonio sabemos que algunos prisioneros estaban en los campos desde que tenían 2 años o incluso nacieron allí, y que el 90% de los reclusos ni siquiera sabían por qué estaban detenidos.

En 1994, con 8 años de experiencia a sus espaldas, descubrió cuando volvió a casa durante un permiso, que su padre, en un momento de embriaguez, había criticado en público a los dirigentes del régimen y decidido suicidarse. Su madre, su hermana y su hermano estaban detenidos y no se sabía nada de ellos. Ahn, que temía por su vida, decidió marcharse cuanto antes. Pudo esquivar a las patrullas fronterizas, atravesar a nado el río Duman una noche, y llegar a China. Desde allí, se trasladó con todo tipo de precauciones a Corea del Sur.

Cierto o no, de lo que no cabe duda es de que en todos los campos, de cualquiera de los dos tipos, las condiciones de vida siempre han sido deplorables. Se considera normal una letrina por cada 200 reclusos y, a pesar de que las temperaturas pueden caer hasta los -40 ° durante los meses de invierno, los presos deben dormir hacinados en chozas sin calefacción ni mantas.

Reclusos en la colonia penal número 22, Haengyong, la mayor construida en Corea del Norte. La férrea disciplina, la tortura, y el trabajo esclavo en el campo buscan la misma meta de siempre: romper la voluntad, imponer una idea draconiana de la ley y mantener el poder.

Otra de las peculiaridades del modelo penal norcoreano —que sus habitantes también deben agradecer a la *Juche*—, es que se considera la sedición como una labor conjunta y transforma localidades enteras en prisiones: los pueblos considerados ideológicamente contaminados son aislados del resto mediante alambradas, torres de control y cientos de guardias que disparan a quienes tratan de huir. Es el caso, por ejemplo, de la colonia penal número 22, un inmenso presidio que tiene como objetivo lograr la limpieza ideológica y ocupa una extensión superior a la ciudad de Valencia. Ha estado cuatro décadas en funcionamiento y llegado a tener una población de 50 000 habitantes, sin embargo, nunca ha aparecido en ningún mapa. Dicen que es el mayor campo de concentración construido en Corea del Norte y que no fue concebido solo como prisión, sino como una ciudad amurallada para que los condenados vivieran en perpetuo olvido.

Algo parecido les pasa a los demás campos, que en realidad son grandes colonias penales en manos de funcionarios políticos, situadas en los valles de montañas aisladas del centro y noroeste del país, construidas a ese «estilo siberiano» al que nos referíamos antes. Es decir, extensos terrenos vigilados donde los presos políticos pasan años torturados y trabajan hasta la muerte. Solo gracias a los testimonios de algunas docenas de presos que han conseguido salir libres y escapar del país, se sabe lo que sucede en su interior.

La trágica experiencia de Jung Kwang Il, por ejemplo, un hombre de mediana edad que logró salir de Corea del Norte en 2004 tras pasar tres años en Yodok, puede verse desde una perspectiva especialmente valiosa, porque además de ser cierto que cometió un delito de tipo común, durante su reclusión fue nombrado preso supervisor de varios cientos de compañeros, entre los que se encontraban reos políticos. Una copia exacta de las teorías nazis y soviéticas aplicadas para regular, con un escaso número de guardias, la vida diaria de los internos.

Valla de alta tensión en la provincia de Hamgyong, frontera entre Corea del Norte y China, para evitar la deserción de norcoreanos. Las autoridades chinas los consideran inmigrantes ilegales y, por lo general, los devuelven a su país, donde les esperan los campos de trabajo.

Jung que había sido reclutado para hacer el servicio militar y llevaba una década de servicio a las armas, fue nombrado tras ser licenciado encargado comercial en el extremo norte del país, donde vendía pescado congelado a compradores chinos a 300 dólares por tonelada. Los chinos lo revendían luego a compradores occidentales de Corea del Sur por seis veces ese precio. Jung se enteró, y decidió mejorar su negocio.

Puesto que el contacto con occidentales es un delito capital en Corea del Norte, Jung entró en contacto en secreto con sus vecinos del Sur para que estos lo vendieran directamente, y negoció un precio de 900 dólares por tonelada con el que todos conseguían beneficios. Parte de las ganancias las envió a la sede de su departamento en Pyongyang, la capital del país, pero la mayoría se las quedó él. Cuando fue descubierto le detuvieron por «espionaje», le aplicaron unas primeras sesiones de tortura y lo enviaron por tiempo indefinido al *kwanliso* n.º 15, en Yodok, 128 kilómetros al este de Pyongyang. Con unos 50 000 prisioneros políticos, y una extensión que cubre aproximadamente cinco valles y 146 kilómetros cuadrados, uno de los campos que creció más rápido.

Durante cinco meses, no todos los días, sin un criterio determinado, los guardias del campo en que le internaron se dedicaron también a ejercer sobre él una gran variedad de métodos de tortura hasta lograr su confesión, entre ellos, la técnica de «la paloma». Le ataron las dos manos a la espalda y le encadenaron a una pared de manera que no pudiera estar de pie o sentado correctamente. Así, con el tiempo —no una o dos horas, sino varios días o una semana, en las mismas condiciones—, la columna vertebral se fuerza hacia delante y acaba por producir malformaciones permanentes, además de un dolor atroz.

Si lo comparamos con otro procedimiento —muy popular entre los guardias— que emplearon con Jeong Kyongil, que también pasó tres años en Yodok tras ser detenido por espionaje en 1999, Jung incluso pudo sentirse un hombre afortunado.

A Kyongil lo llevaron a una sala llena de todo tipo de instrumentos de tortura. Lo desnudaron, esposaron sus piernas, ataron sus manos con una cuerda y lo colgaron del techo por las piernas y las manos. Lo golpearon hasta que le rompieron todos los dientes inferiores y, luego, encendieron un fuego de carbón justo bajo su espalda. Cuando el calor acumulado le hizo gritar de dolor, sus verdugos le clavaron un gancho de acero cerca de la ingle para poder darle la vuelta. Lo mantuvieron así, retorciéndose entre alaridos hasta que se desmayó. Al día siguiente Kyongil estaba dispuesto a admitir que era un espía y a firmar cualquier confesión.

En Yodok, los trabajadores estaban obligados a desbrozar, preparar, cultivar o recolectar, de forma manual y según la estación, una hectárea al día. No había baños ni instalaciones sanitarias. Cada cierto tiempo, le daban una manguera a uno de los presos y lanzaba un chorro de agua sobre cada uno de sus compañeros para lavarlos. El reparto de alimentos —600 gramos de comida al día— se realizaba mediante una especie de prorrateo: trabajo terminado, comida completa; mitad del trabajo, mitad de comida. Es fácil ver que ese sistema pone en marcha un ciclo de debilidad y hambre con el que es sencillo matar a una persona en no más de dos semanas: cuanto menos trabajo, menos comida y más hambre, lo que la convierte en menos productiva al día siguiente, que consigue una ración aún menor. Así, hasta que fallece de inanición.

Entre las prácticas más usuales de los guardias a la hora de repartir la comida a los grupos de trabajo que formaban cada cuatro presos —contó Jung—, estaba dejar sobre la mesa solo tres porciones de una especie de papilla hecha con torta de arroz. Cuando llegaba el trabajador más lento, el plato ya estaba vacío.

Guardianas norcoreanas. Las mujeres constituyen aproximadamente el 10 % de los efectivos del Ejército Popular, aunque algunas unidades, como la 4302 de artillería, desplegada en el Mar de Japón —Mar del Este para los norcoreanos—, sean exclusivamente femeninas. Realizan las mismas labores que los hombres.

Durante el invierno, los presos debían ocuparse de obtener leña. Cada uno estaba encargado de arrastrar diariamente cuatro árboles de unos cuatro metros de largo y 30 centímetros de ancho, valle abajo y valle arriba, para recorrer una distancia de 4 kilómetros. Era normal que en esta ocupación se produjeran accidentes mortales, porque el suelo estaba congelado. Los muertos, unidos a los fallecidos por hambre o agotamiento se arrojaban a un depósito común y no se enterraban hasta la primavera, cuando el suelo podía excavarse con mayor facilidad. Para entonces, buena parte de ellos ya había sido devorada por las ratas y los lagartos. Los mismos animales que, sin que nadie los vea —está prohibido comer nada que no sea lo ofrecido por el estado, y el castigo puede ser la ejecución—, intentaban cazar los reclusos para alimentarse.

En verano, los reclusos plantaban verduras. La tentación de robar y comer las semillas era tan grande que los guardias las mezclaban con ceniza y excrementos humanos antes de dárselas a los presos encargados del trabajo. Muchos de los internos estaban tan hambrientos que se las comían de todos modos después de intentar lavarlas, por lo que morían de disentería y otras enfermedades intestinales transmitidas por los residuos.

Campo de trabajo de Tynda, en el lejano oriente ruso. Los internos son voluntarios norcoreanos, la mayoría de Pyongyang, que tratan de escapar del desempleo y la pobreza de su país. El funcionamiento y distribución del campo es similar a los de Corea del Norte, pero sin trabajo esclavo. Los internos son vigilados de cerca por las fuerzas de seguridad para evitar deserciones. Muchos cobran en vales, en lugar de en moneda de curso legal. Se estima que a través de estos trabajadores el gobierno gana más o menos cada año 7 millones de dólares en divisas.

A pesar de tanto secreto, los norcoreanos saben que los campos existen, de hecho se refieren a los presos con un metafórico «personas que se envían a las montañas». No cabe duda de que, en muchos sentidos, la península de Corea, un microcosmos geográfico de la enorme amplitud moral de la humanidad, es el lugar más increíble sobre la faz del planeta. Por un lado, podemos ver el crecimiento de Corea del Sur: de una dictadura campesina hacia una democracia rica, de alta tecnología, en el espacio de solo una vida. Quizás la transformación más impresionante de cualquier sociedad en la historia de la raza humana. Por otro, Corea del Norte, al lado opuesto de la zona desmilitarizada, donde amparados en una trasnochada y radical ideología comunista, se dan los impulsos humanos más monstruosos, tiránicos y peores imaginables.

La ironía es que muchos de sus ciudadanos creen realmente que son afortunados, después de haber sido alimentados constantemente con una dieta a base de propaganda. Para ellos, la Corea del Sur moderna no es más que una dictadura donde solo una pequeña élite está bien, y el resto es inmensamente pobre.

A pesar de ello, alrededor de 25 000 norcoreanos, incluidos decenas de desertores y un puñado de presos modelo liberados, han arriegado su vida para escapar del país mediante una red —similar al «ferrocarril subterráneo» que se estableció en Estados Unidos en la época de la esclavitud[132]—, que conduce a China, Camboya, Tailandia y Corea del Sur. Es a través de su testimonio como se han conocido una parte de las atrocidades que tienen lugar dentro de sus límites.

El problema es que si no consiguen salir con toda su familia, los que se quedan pagan el precio de su osadía. Ese fue el caso del economista Oh Kilnam, funcionario de la embajada de Corea del Norte en Dinamarca, que el 21 de noviembre de 1986 pidió asilo político y huyó sin su esposa, Shin Suk-ja, ni sus dos hijas, Oh Hae-won, de 10 ños, y Oh Kyu-won, de 8. Fueron detenidas y enviadas a Yodok. Según antiguos presos tuvieron que posar en condiciones deplorables para un mordaz «retrato de familia» que le fue enviado al señor Oh como evidencia de su captura[133].

---

[132] Ver nuestro libro *Abraham Lincoln. La fuerza del destino*. EDAF, 2013.
[133] En mayo de 2012 Corea del Norte declaró oficialmente en una investigación de las Naciones Unidas que Shin Suk-ja había fallecido en el campo de hepatitis, una dolencia que arrastraba desde antes de que la abandonara su marido. De sus hijas dijeron que habían renunciado a su padre por abandonar a su familia.

Epílogo

De Basora a Guantánamo

Alambre de espinos y torre de vigilancia del Campo Rayos X, el centro de detención al aire libre de la base naval estadounidense de Guantánamo, Cuba, abandonado el 29 de abril de 2002.

La creencia en una fuente sobrenatural del mal no es necesaria; el hombre por sí mismo es muy capaz de cualquier maldad.

Joseph Conrad.

En el sur de Irak, aislado en el desierto de Um Kasar, a las afueras de la ciudad de Basora, se encontraba durante la mayor parte de la primera década del 2000, un laberinto de corredores de alambre de espino con tres edificios principales y un enorme patio abierto central: Camp Bucca. Una antigua instalación británica utilizada como centro de detención para prisioneros de guerra iraquíes, que en abril de 2003 pasó a manos de la 800.ª brigada de la policía militar del ejército de los Estados Unidos. Ellos fueron los que le pusieron el nombre con el que se haría famoso el campo de concentración, en memoria de Ronald Bucca, jefe de bomberos de Nueva York, fallecido en los atentados del 11 de septiembre de 2001 contra las Torres Gemelas. Sin duda Bucca se merecía un homenaje, pero no que su nombre fuera unido a un centro tan siniestro como este.

Los detenidos, repartidos en 24 instalaciones diferentes dentro del mismo recinto, se clasificaban mediante uniformes de colores según su estatus, riesgo de amenaza, nacionalidad o religión, lo que permitía a carceleros y prisioneros por igual reconocer rápidamente el lugar de cada uno en el orden jerárquico del campo. El rojo era para quienes habían mostrado mal comportamiento en la cárcel; el blanco, para los presos que actuaban como jefes de cada campamento; el verde lo vestían los que tenían una larga condena y el amarillo o el naranja, los presos «normales». La mayoría se alojaban al principio en barracones de madera, luego, dada la gran cantidad de internos, tuvieron que instalarse durante años en tiendas de campaña o módulos prefabricados.

Lo que pretendía ser un centro modelo «de internamiento», con múltiples actividades, su propio hospital y personal cualificado para tratar con respeto las tradiciones musulmanas de los presos, perdió toda su credibilidad cuando organizaciones de derechos humanos denunciaron la práctica habitual de torturas en el campo y el ingreso durante años de numerosas personas detenidas sin cargos. Métodos confirmados por el general de división estadounidense Antonio Taguba, —un veterano oficial de origen filipino, con 30 años en el ejército a sus espaldas y experiencia en la frontera coreana y la campaña de Kuwait—, en su informe presentado en mayo de 2004 sobre la situación de las cárceles del gobierno de Washington en Irak, a raíz de las denuncias realizadas por los infames sucesos ocurridos en la prisión de Abu Graib.

En el *Informe Taguba* se especificaba sobre Camp Bucca: «Detenidos golpeados, pateados y apaleados; obligados a saltar descalzos; grabaciones y fotos de detenidas y detenidos desnudos; forzados a posar en posiciones sexuales explícitas para fotografiarlos; forzados a quitarse la ropa y permanecer desnudos durante varios días; detenidos desnudos de género masculino, forzados a ponerse ropa interior femenina; grupos de detenidos de género masculino forzados a masturbarse mientras son grabados o fotografiados; detenidos desnudos apilados sobre los que se salta; colocar una cadena de perro sobre el cuello de un detenido desnudo y hacer una foto con una soldado de género femenino que le sujeta; usar perros sin bozal para intimidar y atemorizar a los detenidos que, al menos en un caso, lo mordieron e hirieron gravemente»

Uno de los detenidos de la prisión de Abu Ghraib desnudo y cubierto de heces humanas, después de haber sido obligado por los miembros de la 372.ª compañía de la policía militar estadounidense a rodar sobre ellas. El escándalo de Abu Ghraib dañó de forma irreparable la credibilidad y la imagen de Estados Unidos y sus aliados en Irak.

Tampoco políticamente puede considerarse Camp Bucca como un éxito de la política estadounidense. Fue el punto de conexión clave para fraguar la alianza entre los líderes yihadistas, y antiguos miembros del ejército de Saddam Hussein y del partido Baath que se sumaron a ISIS, siglas en ingles de *Islamic State of Iraq and Siria* —también conocido como Estado Islámico de Irak y el Levante o, simplemente, Estado Islámico—. Entre ellos, su líder, Abu Bakr al-Baghdadi, ingresado tras su detención en Fallujah en febrero de 2004; su número dos, Abu Muslim al Turkmani; Abu Qasim, encargado de los combatientes extranjeros o el experimentado coronel de los servicios de inteligencia de Saddam Hussein, Haji Bakr, ya fallecido.

Los prisioneros enseguida se dieron cuenta de que, lejos de sus peores temores, el campo ofrecía una oportunidad extraordinaria para reunirse sin ser molestados. Mucho más seguro que Bagdad o cualquier otro lugar. No solo era menos peligroso, sino que permitía que todos los dirigentes de Al Qaeda, a pesar de los malos tratos, estuvieran solo separados por apenas unos cientos de metros.

Incluso militares estadounidenses de alto rango, como el general David Petraeus, comandante de la fuerza multinacional en suelo iraquí de febrero del 2007 al 16 de septiembre de 2008, James Skylar Gerrond, oficial de las fuerzas de seguridad de la USAF —Fuerzas Aéreas de los Estados Unidos—,

Epílogo: De Basora a Guantánamo 303

que ejerció como comandante del campo de 2006 a 2007, o el coronel del ejército Kenneth King, comandante de Camp Bucca, se dieron cuenta de lo que ocurría, pero su gobierno, empecinado en una política que acabó por resultar desastrosa, no les hizo demasiado caso.

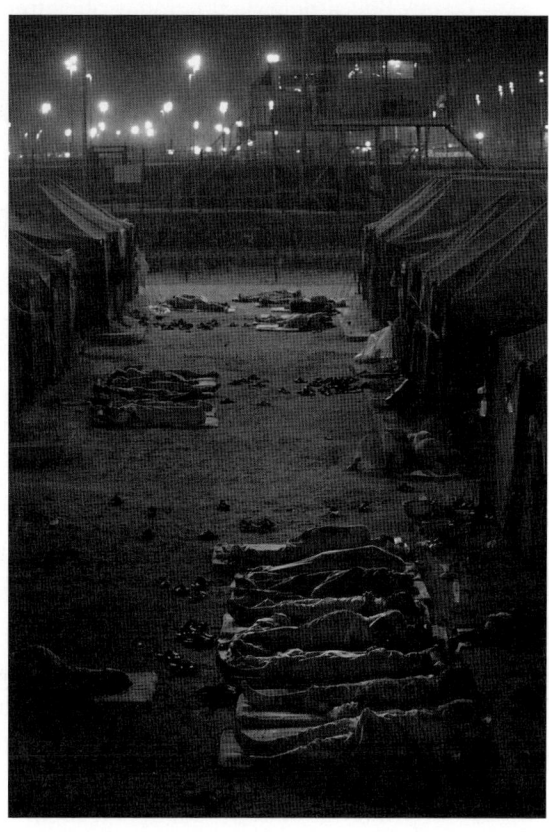

Detenidos iraquíes duermen fuera de sus tiendas en Camp Bucca, en Irak. En su momento de máximo apogeo, el campo de concentración, ubicado a unos 450 kilómetros al sureste de Bagdad, llegó a los 26 000 prisioneros. Entre ellos Abu Bakr al-Baghdadi, que llegó a convertirse en el líder de ISIS.

En octubre de 2007, el Comité Internacional de la Cruz Roja, que visitaba todos los centros de detención en Irak para supervisar las condiciones de los detenidos y hacer recomendaciones sobre las mejoras que podrían hacerse, anunció que abandonaba sus inspecciones a Camp Bucca, debido a la deteriorada situación de seguridad en la zona. Ese mismo mes, el día 31, el gobierno estadounidense anunció que el campo de concentración se ampliaba una vez más para aumentar su capacidad de 20 000 a 30 000 detenidos. El proyecto, que iba a recibir un presupuesto de 110 millones de dólares estaría supervisado por el Cuerpo de Ingenieros del Ejército e incluiría partidas por 17 600 000 dólares para agregar pavimentos de cemento y hormigón para prevenir túneles, nuevas zonas de segregación, mejores ducha y letrinas, nuevos barracones, una planta de tratamiento de aguas residuales, otra de tratamiento de agua potable y, lo más importante, una fábrica de ladrillos en cuya construcción se iban a invertir 3,2 millones de dólares para el trabajo forzado de prisioneros. Se volvía a la teoría, nunca abandonada, de los campos de concentración y trabajo tradicionales.

Camp Bucca dejó de funcionar oficialmente en noviembre de 2009, en cumplimiento de los acuerdos entre los gobiernos de Estados Unidos e Irak. La base militar fue subastada y adquirida en 2011 por el Grupo Kufa, de capital iraquí y estadounidense, para la construcción de Basra Gateway —La puerta de Basora—, un enorme y moderno complejo industrial capaz de operar las 24 horas todos los días del año, con centro logístico, planta de manipulación de carga, centro de almacenamiento de contenedores de crudo, conexión directa a la principal carretera de Basora que enlaza con Bagdad y los principales campos petrolíferos del Sur de Irak y un hotel, que da servicio a las empresas que se encargan de explotarlos. El hotel, con los mismos barracones que se habían utilizado en el campo —apenas tras un lavado de cara—, se inauguró extraordinariamente rápido, el 24 de noviembre de ese mismo año. El motivo de la urgencia: una conferencia sobre el petróleo y gas de la zona, en las cercanías de Basora.

Se cierra el círculo

En Cuba iniciamos nuestro recorrido y en Cuba lo terminamos. En los primeros años del siglo XX, los Estados Unidos, instalaron una base naval en la isla. Los terrenos, parte del municipio de Caimanera, dentro de la provincia de Guantánamo, y a 920 kilómetros al sureste de La Habana, se le exigieron en 1903 al primer gobierno cubano, en régimen de concesión a perpetuidad, como condición indispensable para darle la independencia a la isla. Desde la Revolución de 1959 Cuba lo ha considera un territorio ocupado, pero los Estados Unidos se niegan a poner fin al arriendo haciendo valer el Tratado cubano-estadounidense, la parte más jugosa de la conocida como Enmienda Platt.

Desde entonces, la denominada oficialmente Base Naval de Guantánamo, que con su territorio circundante ocupa una línea costera de 17,5 kilómetros y 117,6 kilómetros cuadrados —solo 49,4 son de tierra firme—, evolucionó de forma similar a cualquier otra de las que Estados Unidos diseminó por el mundo. Se convirtió en un microcosmos norteamericano que simulaba ser una pequeña localidad estadounidense con un centro comercial, una oficina postal, bares, restaurantes, servicio de bomberos, gasolinera, una capilla, una mezquita, una piscina, dos cines al aire libre, un hospital, una estación de radio y dos colegios.

Sin embargo la ruptura de relaciones con el gobierno cubano en 1961 la aisló por completo y convirtió a sus vecinos en enemigos. Fue cercada por una alambrada electrificada de tres metros de altura, fortificada y preparada para un enfrentamiento armado en cualquier momento. Además, quedó como la única base aliada enclavada en territorio comunista durante la Guerra Fría.

Ante la negativa de Washington de devolver Guantánamo a Cuba, que amparaba su petición en la violación del artículo 52 de la Convención de Viena sobre el Derecho de los Tratados, que declara la nulidad de cualquiera de ellos «si su firma se consigue bajo amenaza o uso de la fuerza[134]», los cubanos cortaron el suministro eléctrico y de agua, lo que obligó a la construcción de sofisticadas instalaciones que permitiesen la vida autónoma del recinto, desde plantas de desalinización, hasta sistemas para producir su propia electricidad. Eso supuso que evolucionara en su aislamiento.

En febrero de 1993, 250 haitianos fueron detenidos e ingresados en la base naval de Guantánamo. Se decidió que tenían motivos para solicitar asilo, pero se les negó la entrada a los Estados Unidos debido a la política del gobierno de George H.W. Bush de restringírselo a posibles inmigrantes infectados con el VIH. No se les hicieron pruebas, pero se aprovechó para detener también a otros familiares próximos a ellos. Fotografía publicada en el Miami Herald.

En la actualidad, con una población de unas 8 500 personas y protegida por 435 *marines*, que conviven con otros militares y civiles estadounidenses, la

---

[134] En realidad es una condición absurda, todos los tratados de la historia en que, de una forma u otra, ha participado una fuerza militar se han conseguido bajo amenaza.

notoriedad de la base naval proviene de una de sus características más interesantes, precisamente esa que hemos explicado, que una parte de la Administración estadounidense no la considera territorio de los Estados Unidos. Puede entenderse así que, para ellos, los derechos amparados por la Constitución no sean aplicables en los terrenos de la base, y ya lo demostraron cuando internaron allí, en un campo de concentración que denominaron «campo de refugiados», hacinados, en malas condiciones y privados de derechos, a grupos de balseros haitianos y cubanos para impedir que llegasen a las costas de Florida.

Esta evidente barbaridad jurídica no impidió que el 17 de septiembre de 2001, menos de una semana después de los ataques terroristas del día 11 en Nueva York, y especialmente tras el comienzo de las operaciones militares en Afganistán, Guantánamo fuese de inmediato acondicionada como cárcel y «centro de detención masivo», gracias a un memorando firmado por el presidente Bush en el que autorizaba a la CIA a instalar recintos de ese tipo fuera del territorio de Estados Unidos. Un documento que sigue estando clasificado como secreto.

Bush también consiguió la aprobación por el Congreso de una resolución que le permitía el uso de la fuerza militar contra toda nación, organización e individuos que estuviesen relacionados o apoyasen al terrorismo internacional, un documento vago y poco claro que dio un poder inmenso al gobierno estadounidense. Prácticamente se le dejó las manos libres para actuar casi contra quien quisiese y sin justificación alguna, solo con señalarlo con el dedo y acusarlo de «terrorista». Con pruebas, o sin ellas.

En cualquier caso, la decisión final que iba a convertir a Guantánamo en un gigantesco campo de concentración fuera de la ley se dio en noviembre de 2001, con la orden ejecutiva sobre «Detención, tratamiento y enjuiciamiento de ciertos extranjeros en la guerra contra el terrorismo», que autorizaba al Pentágono a mantener a ciudadanos no estadounidenses bajo custodia indefinida sin cargos. Una ruptura brutal con la tradición legal de los Estados Unidos, y una norma digna de cualquier estado totalitario. Así, el 11 de enero de 2002 llegaron los 20 primeros prisioneros, seguidos por decenas más que fueron sometidos a un trato vejatorio y brutal a manos de los hombres de la *Join Task Force* 160 —Fuerza de Tarea Conjunta 160, JTF-160—, bajo el mando del general de brigada de la armada Michael R. Lehnert[135] y la *Join Task Force* 170, JTF-170, la encargada de los interrogatorios.

El gobierno de Estados Unidos entendía que los detenidos eran combatientes enemigos «ilegales». Ese término se usó para justificar que no pertenecían a un estado en guerra formal ni a un ejército organizado, que no eran otra cosa

---

[135] En marzo de 2002, con el cierre del campo rayos X, Lehnert fue sustituido por el general de brigada Rick Baccus y las fuerzas JTF-160 y 170 combinadas en la Fuerza de Tarea Conjunta de Guantánamo, JTF-GTMO.

que «terroristas». Fue suficiente la acusación de pertenecer a Al Qaeda o cualquier organización talibán para considerarlos fuera del ámbito de aplicación de la Convención de Ginebra, lo que permitía su detención y retención sin juicio y de forma indefinida. Sin autorizarles defensa ni representación jurídica alguna.

Los primeros presos de la «guerra contra el terror» en Campo X —Xray, rayos X, en el alfabético fonético de la OTAN—, hasta entonces una «instalación de almacenamiento temporal de detenidos» en Guantánamo.

Curiosamente solo el 14% de los presos fueron capturados por tropas de los Estados Unidos —para algunas organizaciones como Amnistía Internacional, esa cifra no supera el 5%—. La gran mayoría fueron entregados a su custodia por fuerzas pakistaníes o por afganos, a menudo por una recompensa de 5000 dólares por cabeza. Los detenidos, la mayoría sin pruebas de haber perpetrado ningún delito, fueron internados en centros de detención clandestinos gestionados por la CIA en más de 10 países distintos, donde pasaron largos periodos de tiempo, sufriendo torturas y malos tratos hasta su traslado a Guantánamo[136].

Lugares, entre otros, como «Pozo de Sal» o centro de detención cobalto, en Afganistán, al norte de Kabul; Stare Kiejkuty, o centro de detención azul, en el noreste de Polonia; centro de detención negro, en la base aérea de Mihail Kogalniceanu, en Rumania y centro de detención verde, en Tailandia. Allí, los métodos de los interrogadores de la CIA incluían el uso de antiguos sistemas de tortura árabes, sobre todo el «Esclavo negro» o *al 'Abd al-Aswad*, una técnica en la que se emplea una silla de metal a la que se ata desnuda a la víctima y se la introduce un pincho de metal al rojo vivo por el ano, u otras técnicas medievales como la «Cátedra de Salomón», donde la víctima también desnuda es obligada a sentarse sobre una silla con clavos de punta, o la «Corbata de

---

[136] Según Amnistía Internacional, 14 detenidos fueron trasladados a Guantánamo en septiembre de 2006 tras permanecer recluidos en régimen de incomunicación bajo custodia secreta de la CIA durante periodos de hasta 4 años y medio.

tres piezas» —el método estándar utilizado en el Este de África—, que implica atar los brazos del detenido detrás de su espalda hasta que los codos se encuentran. Gracias a esa técnica no solo se produce un dolor extremo, si no que puede llevar a la muerte por gangrena, rotura del esternón o asfixia.

Los primeros años, hasta 2008, pasaron por Guantánamo cerca de 800 prisioneros de 42 países —entre ellos dos españoles—, principalmente afganos y pakistaníes. En junio de 2003 estaban registrados oficialmente 683 y, a partir de entonces, su número bajó lentamente al ser devueltos cerca de medio millar a sus países de origen, la mayoría a Afganistán[137] y Pakistán, pero también a España, Francia, Reino Unido, Bélgica, Rusia, Suecia, Turquía, Arabia Saudí, Australia, Baréin, Bangladesh, Egipto, Irak, Irán, Jordania, Kuwait, Libia, Maldivas, Marruecos, Mauritania, Sudán, Tayikistán, Uganda y Yemen. A finales de 2008 quedaban 208.

De 2003 a 2011 fallecieron 8 de los prisioneros. Cuatro se suicidaron en junio de 2006, otro en 2007 y uno más en 2009, todos ahorcándose con las sábanas de sus camas. Otro murió de cáncer y el último falleció de repente en febrero de 2011. A ninguno se les practicó la autopsia.

En campo Delta, el sustituto de Rayos X, los presos están distribuidos en tres recintos muy similares rodeados de alambradas y malla metálica —Campo 5, Campo 6 y Campo 7 «Eco»—, donde pasan todo la jornada. Cada bloque tiene un total de 48 celdas, con las luces de los pasillos y el resto de las instalaciones encendidas las 24 horas del día, para alterar la percepción de los internos. En Campo 7, por ejemplo, donde ni siquiera llega la luz del sol, nunca es de noche.

El 80% de los detenidos están recluidos en régimen de aislamiento en el Campo 5, que se construyó para albergar a 178 presos. Es la zona donde las condiciones son más severas. Los allí destinados están confinados durante un mínimo de 22 horas al día en celdas individuales de acero sin ventanas al exterior, vigilados en todo momento por los guardias —incluso en el baño o la ducha—, y se les impide el acceso a cualquier información de televisión, radio o prensa. Hasta el lápiz y papel están vedados salvo durante 30 minutos a la semana.

El resto, los llamados «conformes» —aquellos que siguen las reglas—, en la actualidad tienen algo de intimidad en el Campo 6, el de menor seguridad. Viven juntos de manera comunal, pueden conocer a otros presos de su propio bloque, leer y estudiar el Corán y se les permite realizar media hora de ejercicio diario —a algunos solo tres días a la semana— en una pista deportiva que mide 7,6 por 9,1 metros. Ninguno puede recibir visitas de sus familias ni

---

[137] Se detuvo a 220 afganos. Tres murieron en prisión. El resto, menos 19, fueron liberados sin cargos y, por lo general, regresaron a sus casas donde los recibieron como héroes.

hablar con ellas por teléfono de forma regular. La Cruz Roja es la única autorizada a asistirlos periódicamente y les lleva cartas de sus familiares, pero los estadounidenses inspeccionan, censuran y oscurecen el contenido de toda la correspondencia.

A pesar de que, según las autoridades estadounidenses, Guantánamo es «un centro moderno con las instalaciones más avanzadas», en los interrogatorios se incluyeron torturas, vejaciones —cómo la profanación del Corán—, inyección forzada de drogas y humillaciones sexuales —desde continuas inspecciones anales, hasta tener que ducharse desnudos ante las guardias femeninas—.

Interior del campo de Guantánamo. Los presos más rebeldes son sometidos a largos periodos atados al suelo con cadenas en posición fetal, privados de alimentos y agua, bajo un sol inclemente. En la actualidad, salvo los presuntos miembros de Al Qaeda, el resto de los prisioneros sí está amparado por las convenciones internacionales, pero no deja de ser una situación extraña que algunos juristas consideran como un «vacío legal».

A los reclusos se les sometió a crueles técnicas de agotamiento físico, como privarles de sueño o exponerles a frío y calor extremos; se les practicó interrogatorios de más de 20 horas diarias durante 50 días consecutivos en los que se practicaba el *water-boarding* —un simulacro de ejecución mediante ahogamiento, ahora prohibido—, se les enfrentó con perros adiestrados para causar pánico, o se les infligieron castigos físicos que les provocaban desgarros y múltiples lesiones. Muchos de estos métodos de tortura, que en su día reveló el *New York Times* y luego quedaron al descubierto en 2011 a través de los papeles de «WikiLeaks[138]», fueron reconocidos ese mismo año por el gobierno

---

[138] Una organización que se ofrece a publicar filtraciones sobre asuntos políticos, religiosos y empresariales de todo el mundo.

de los Estados Unidos, que se apresuró a prohibirlos. Lo malo es que «WikiLeaks» también reveló las fichas secretas de 759 presos, entre ellos adolescentes[139], enfermos psiquiátricos, o ancianos, sin vínculo alguno con la *yihad*, que únicamente habían sido capturados por vivir en un pueblo con actividad de los talibán, y fueron sometidos a tortura para obtener información.

Los uniformes y objetos que se suministran a los presos en el campo de Guantánamo según su comportamiento. Arriba, junto a una toalla, el pantalón y camiseta de color caqui de los que cumplen las normas; abajo el mono naranja de los que no lo hacen. Fotografía de Liz Goodwin.

En los juicios a los presos, celebrados por tribunales militares creados en la propia base al amparo del acta de poderes especiales de 2006, formados por entre 5 y 12 oficiales de las fuerzas armadas estadounidenses y presididos por un juez militar, se incumplen las normas más elementales para un juicio justo, se aceptan confesiones extraídas mediante tortura y se permitan pruebas de testigos que no comparecen ante el tribunal. Para lograr una condena, al menos dos tercios de los miembros tienen que estar a favor, pero si se trata de una sentencia de muerte —que puede solicitarse si llega a probarse que alguien murió por culpa del acusado—, la decisión tiene que ser unánime y ratificada en última instancia por el presidente de los Estados Unidos.

Esta brutalidad, impropia de una nación adalid de la democracia, provocó protestas de organizaciones y activistas pro derechos humanos de todo el

---

[139] Según Amnistía Internacional 17 de los detenidos eran menores de edad cuando fueron puestos bajo custodia, si bien Estados Unidos admitió que eran 12, de los que uno se suicidó.

mundo, que consiguieron movilizar a la opinión pública internacional a favor del cierre del centro de detención. Opinión que empezó a calar entre personalidades dirigentes y algunos gobiernos de todo el mundo, y de los propios Estados Unidos, donde hasta el ex presidente Jimmy Carter intervino para afirmar que «por primera vez en mi vida, nuestro país ha abandonado el principio básico de los derechos humanos. Hemos dicho que podemos torturar a los detenidos y privarlos de libertad sin ser acusados de un delito». También el prestigioso general Colin Powell declaró que, «hemos debilitado la fe que el mundo tenía en el sistema de justicia de Estados Unidos».

En cualquier caso, el debate ya estaba abierto en el país desde el 31 de julio de 2002. Collen Kollar-Kottely, la juez federal del Distrito de Columbia, fue la primera en avalar que el sistema legal estadounidense carecía de jurisdicción sobre personas retenidas en Guantánamo. Un fallo que ratificó en marzo del año siguiente otro juez federal. Sin embargo, en junio de 2004, ante la reclamación de tres presos, el Tribunal Supremo de Estados Unidos sí la reconoció, dictaminó que «los tribunales de Estados Unidos tienen la jurisdicción requerida para disputar la legalidad de la detención de ciudadanos extranjeros capturados en el extranjero en actividades hostiles y encarcelados en la bahía de Guantánamo» y falló que tres prisioneros que habían invocado su derecho a ser juzgados podían llevar su caso ante tribunales civiles.

No obstante, la mayoría de jueces federales, en cuyas manos está cómo aplicar la doctrina marcada por el Supremo, secundó las tesis de la Administración de que es posible retener a los «combatientes extranjeros» indefinidamente, sin presentar cargos contra ellos o someterles a juicio, por lo que en 2006, el Supremo volvió a atacar la estrategia del Pentágono y señaló que organizar tribunales militares para prisioneros de guerra extranjeros «viola el Código de Justicia Militar y la Convención de Ginebra», y que, además, no está recogido en norma alguna. El Congreso, de mayoría republicana en aquel momento, reaccionó con la aprobación de una ley en la que se daba cobertura expresamente a esos tribunales militares.

Fueron los largos últimos coletazos del mandato de George Bush. Las críticas del mundo entero eran tan evidentes que, bajo presión, se liberaron algunos presos, y se suavizaron algo sus condiciones de vida.

El 16 de noviembre del 2008, el entonces recién electo 44.º presidente de los Estados Unidos, Barack Obama, concedió su primera entrevista a la prensa. Ante millones de telespectadores del programa de la cadena CBS *60 Minutos* realizó dos promesas en materia de política exterior que formaban parte de su compromiso de campaña y estaba dispuesto a llevar a acabo de inmediato: apenas tomara posesión de la Casa Blanca el 20 de enero del año siguiente, diseñaría un plan que permitiera la retirada de las tropas desplegadas en Irak y ordenaría el cierre del campo de Guantánamo en un plazo no superior a 12 meses. En 2014, tras seis años de gobierno, terminado su primer período presidencial y reelecto bajo las mismas promesas anteriores, ninguna de las dos se había cumplido.

Ese mes de enero del 2014, como parte de un mensaje a la nación, Obama reiteró la intención de cerrar Guantánamo y reubicar a los prisioneros que aún permanecían en el recinto —149, principalmente de Afganistán, Paquistán y Yemen—. Ante esa idea, el Congreso, que no estaba dispuesto a secundarla, estableció una serie de frenos legales, para evitar el cierre y trasladarlos a Estados Unidos o enviarlos a otro país.

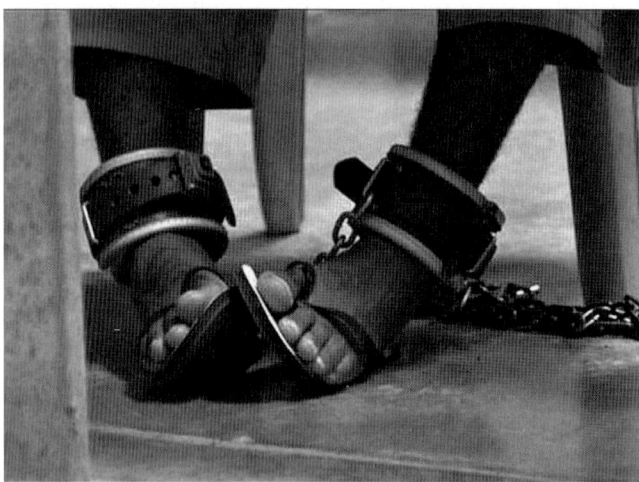

A los prisioneros «conformes» solo se les permite ver unas cuantas horas de televisión censurada cada semana, encadenados a un sillón, si sus vigilantes deciden que lo merecen como premio por su buen comportamiento. Fotografía autorizada por el Departamento de Defensa de los Estados Unidos. Agencia EFE.

El 6 de febrero, en vista de la situación, 130 de los presos, en su mayor parte de los que llevaban 11 años encarcelados sin juicios ni cargos concretos, comenzaron una huelga de hambre, copia de la realizada en 2006. Según la versión oficial, la negativa a comer surgió, en apariencia, porque los vigilantes empezaron a revisar los Coranes —es una afrenta que un no creyente en el islam toque su libro sagrado—, bajo la sospecha de que, camuflados entre la palabra de Dios, recibían alimentos, medicinas e incluso armas. En realidad, es más que posible que fuera porque se había paralizado el proceso de devolver a Yemen a los detenidos de ese país —la mayoría de los huelguistas— cuya liberación y traslado ya habías sido aprobado.

Se reanudaron las torturas. Esta vez, para realizar la alimentación forzada. Un procedimiento muy violento, criticado incluso por la Cruz Roja, consistente en insertar una sonda nasogástrica —un tubo de plástico— por la nariz, que llegue hasta el estómago para así introducir nutrientes líquidos. Sistema que implica atar al detenido y forzarlo a aceptar la comida sin vomitar, sin levantarse y sin hacer sus necesidades, durante varias horas, casi siempre más de 24.

El 29 de abril aterrizaron en el aeropuerto de Guantánamo, refuerzos médicos, enfermeras y técnicos para poner a los presos bajo más supervisión médica, no fueran a morirse en esas sesiones. Ese mismo mes, poco antes de reiterar en varias oportunidades que compartía la decisión de alimentar así a los prisioneros y asegurar «No quiero que esos individuos mueran», Obama señaló de nuevo que su intención era cerrar el campo de Guantánamo. No dijo nada de que fuera inhumano, se limitó a declarar: «es caro e ineficaz, daña nuestra imagen internacional y reduce la cooperación con nuestros aliados en los esfuerzos antiterroristas, además de ser una herramienta para el reclutamiento de extremistas». Fatuas palabras. El presidente era también el autor de una Orden Ejecutiva, para preservar el sistema de detenciones indefinida de la prisión que ni se había molestado en derogar.

Cinco meses después, el 29 de septiembre, el chileno José Miguel Insulza, Secretario General de la Organización de Estados Americanos, OEA, recibió la petición de Obama de acoger en territorio de los países sudamericanos a 79 de esos presos que Estados Unidos estaba en condiciones de liberar si alguna nación les recibía. Una idea surgida de la ya imperiosa necesidad de la administración estadounidense de cerrar el recinto, que se enfrentaba a la férrea oposición de los congresistas republicanos de recibir a los presos en territorio propio[140].

Insulza, puso en evidencia con sus declaraciones al gobierno de Washington: «Si se trata de personas que no han sido juzgadas —dijo—, ni lo serán por crimen alguno, y las exhaustivas evaluaciones a que han sido sometidas por parte de las autoridades de Estados Unidos han determinado que no presentan riesgos graves para la seguridad de ese país, ni de aquel que los acoja ¿cómo es posible que esos 79 hombres hayan pasado una década en la cárcel, bajo sufrimientos inenarrables, sometidos a apremios físicos y psicológicos que han merecido la condena unánime de organizaciones defensoras de derechos humanos de todo el mundo, para que finalmente las propias autoridades que los encarcelaron afirmen que no representan peligro alguno?». Nadie contestó.

A finales de 2014 y primeros de 2015, después de años de estancamiento, comenzó una inusitada actividad para trasladar a los presos fuera de Guantánamo. Entre octubre y diciembre, 28 fueron enviados a Kazajstán y Uruguay y, en los primeros meses de 2015, otros 5, —todos los yemeníes que quedaban— salieron de prisión: 4 para ir a Omán y 1 a Estonia. Fueron los últimos.

[140ww] Kelly Ayotte, senadora republicana por Nueva Hampshire desde 2011, presentó el 11 y 12 de mayo, apenas cuatro meses después de ocupar su cargo, un proyecto de ley para «mejorar» incluso las prohibiciones de los detenidos en Guantánamo. Exigía que no fueran liberados ni siquiera de regreso a su país de origen y que no se modificaran en modo alguno las instalaciones del campo.

Eso dejó todavía a 122 hombres en el campo —54 que tienen aprobado su traslado; 35 que continuaran internados, nunca han sido acusados de un delito y es improbable que sean puestos en libertad; 23 en espera de ser procesados por los tribunales militares y 10 imputados de cargos criminales—.

En el Campo 7 nunca es de noche. Guantánamo es la demostración de que las peores características de los estados totalitarios pueden ser usadas a discreción por los gobiernos de naciones democráticas con desprecio a sus propias normas y principios. El futuro de los presos es incierto, porque no existe evidencia suficiente para acusarlos, pero son considerados demasiado peligrosos por Estados Unidos para quedar en libertad. Se les mantiene así en una especie de limbo legal.

Pese a la denuncia permanente de las atrocidades cometidas por la CIA y las fuerzas militares estadounidenses, la base sigue abierta. Efectivamente representa un enorme gasto para los contribuyentes norteamericanos, como dijo su presidente, pues cada interno le cuesta al presupuesto estatal más de 800 000 dólares al año contra los 35 000 con los que se mantiene un preso en los establecimientos penitenciarios de Estados Unidos, pero no parece ser ese el problema. En enero de 2015 se clausuró la oficina del enviado gubernamental que estaba al frente de los esfuerzos para cerrar la instalación y, actualmente, el ejército estadounidense invierte en una costosa instalación de cable de fibra óptica hasta la base mientras planea cuidados médicos especialidades para detenidos de edad avanzada. Eso sugiere que, a pesar de las declaraciones con nuevas promesas de cierre realizadas por el presidente Obama exáctamente un año después —en enero de 2016, durante su discurso sobre el Estado de la Unión— algunos van a seguir allí durante mucho tiempo. Probablemente por el resto de su vida.

ANEXO

Los otros campos

Alemania
En la Primera Guerra Mundial civiles aliados —hombres y algunas mujeres—, fueron internados nada más comenzar las hostilidades en campos de concentración en territorio alemán —*internierungslager*—. Fueron Ruhleben, un hipódromo en las afueras de Berlín con capacidad para 4500 internos; Holzminden en Baja Sajonia, con capacidad para 10 000 internos; Havelberg, en Sajonia-Anhalt, para 4500 internos; el Castillo de Cele, en Baja Sajonia, para unos 400 indios británicos y Rastatt, para los civiles franceses.

Argentina
Durante la Guerra Sucia que acompañó a la dictadura militar de 1976 hasta 1983, hubo más de 300 lugares en todo el país que sirvieron como centros de detención secretos, donde fueron interrogados, torturados y asesinados los prisioneros. Los niños que fueron detenidos con sus familiares, y los bebés nacidos de mujeres presas más tarde asesinadas, se dieron con frecuencia en adopción a familias políticamente aceptables, a menudo militares.

Australia
Durante la Segunda Guerra Mundial, hubo campos de internamiento en Nueva Gales del Sur para los alemanes étnicos de Australia de lealtad sospechosa y los inmigrantes italianos.

Canadá
En los años de la Segunda Guerra Mundial, el gobierno canadiense internó a todas las personas de ascendencia alemana, italiana y japonesa, además de a otros ciudadanos que consideró peligrosos para la seguridad nacional. Entre ellos estaban 2300 judíos que fueron enviados a los campos de Nuevo Brunswick, Ontario y Quebec. 850 canadienses de origen alemán llegados en 1876, acusados de ser espías, subversivos y saboteadores, a los que se les internó sin oportunidad de defenderse y les fueron expropiadas sus fincas sin ninguna compensación, y un elevado número de japoneses. De estos, más del 75 % eran ciudadanos del país, vitales en áreas clave de la economía, como la pesca, la explotación forestal y la agricultura. Las detenciones se llevaron a cabo de dos formas: centros de reubicación para familias e individuos relativamente acaudalados que no se consideraban una amenaza, y campos de concentración para hombres solteros, todo tipo de pobres, y aquellos que eran considerados como un riesgo para la seguridad.

Chile
Los campos de concentración existieron en todo Chile durante la dictadura del general Pinochet. En las décadas de 1970 y 1980, solo en Santiago se llegaron a contabilizar más de 80.

China
Laogai era una palabra, abreviatura de «reeducación por el trabajo», que hacía referencia a laborales penales o a granjas penitenciarias en las República Popular de China. A partir de la década de 1990 el término se sustituyó por el de «cárcel». Los campos de concentración existen, pero es imposible distinguirlos de los centros penitenciarios tradicionales.

Chipre
Después de la Segunda Guerra Mundial, los esfuerzos británicos para impedir la emigración judía a su Mandato de Palestina llevaron a la construcción de campos de internamiento en Chipre, donde hasta 30 000 supervivientes fueron internados para evitar su entrada en el país. Los pusieron en libertad en febrero de 1949, una vez fundado Israel.

Cuba
Las Unidades Militares de Ayuda a la Producción fueron campos de concentración y trabajo establecidos por Fidel Castro de noviembre de 1965 a julio 1968. Eran una manera de eliminar la supuesta «burguesía con valores contrarevolucionarios» de la población cubana. También se internó a «desviados sociales», como homosexuales, vagabundos, Testigos de Jehová y otros religiosos, para su reeducación.

Dinamarca
Durante la Primera Guerra Mundial, el gobierno danés estableció el campo de Horserød para prisioneros de guerra que necesitaran «tratamiento», aunque nunca llegó a explicar a que se refería con esa denominación. Durante la Segunda, lo utilizó junto al de Frøslev como un campo de concentración para evitar la deportación de ciudadanos daneses a Alemania. Acabada la guerra Frøslev albergó a colaboradores del régimen nacionalsocialista.

En 1945, Dinamarca recibió cerca de 240 000 refugiados procedentes de Alemania y otros países. Los concentró en campamentos vigilados por el ejército y limitó su contacto con los daneses de forma estricta. Cerca de 17 000 personas murieron en los campos de Dragsbæklejren, Gedhus, Grove, Rye Flyveplads, Kløvermarken, Oksbøl y Skallerup Klit por sus deficientes condiciones higiénicas, lesiones, enfermedades o como consecuencia de la mala salud que los internos arrastraban desde su huida de Alemania.

Eslovaquia
Durante la Segunda Guerra Mundial, el gobierno de Eslovaquia tuvo un pequeño número de campos de tránsito —Sered y Nováky, por ejemplo—, para los ciudadanos judíos. Fueron transportados a Auschwitz-Birkenau y Ravensbrück. Para obtener la ayuda alemana que permitiera la arianización del país, el gobierno eslovaco pagó una cuota de 500 *reichsmark* por cada judío.

España
Entre 1936 y 1947 —los años de la Guerra Civil y algunos de posguerra—, funcionaron al menos 180 campos de concentración y 137 de trabajos forzados coordinados por el Servicio de Colonias Penitenciarias Militarizadas. Algunos, con carácter estable. Otros muchos, provisionales. El primero se organizó el 20 de julio de 1936 en el monte Hacho de Ceuta. El último, el de Miranda de Ebro, se cerró en enero de 1947. Los pri-

sioneros eran empleados como mano de obra para extracción de sal o mercurio, construcción de carreteras, presas y grandes obras —en El Valle de los Caídos, en Madrid, estuvieron casi hasta 1960—, trabajos de reconstrucción —Belchite—, o excavación de canales —Canal del Bajo Guadalquivir—. Durante los últimos años el trabajo se subcontrató a empresas privadas y terratenientes, que utilizaron a los prisioneros para mejorar sus propiedades.

Estados Unidos
El primer confinamiento a gran escala de un grupo étnico específico en centros de detención comenzó en el verano de 1838, cuando el presidente Martin Van Buren ordenó al ejército estadounidense hacer cumplir el Tratado de Nueva Echota, que suponía meter a los indios cherokee en campos de prisioneros antes de su reubicación. Los denominó «depósitos de emigración». Los tres principales eran Ross, en Chattanooga, Tennessee; Fuerte Payne, en Alabama; y Fuerte Cass, en Charleston, Tennessee. Fuerte Cass era el más grande, con más de 4800 prisioneros. Muchos cherokee murieron en los campos debido a las enfermedades, que se extendieron rápidamente, y las malas condiciones sanitarias. Durante el resto de las guerras indias, varias poblaciones más de nativos americanos fueron obligadas a realizar largas marchas a través del país para ingresar en «reservas» y a muchos de sus miembros se les recluyó en prisiones sin ninguna acusación, algunos hasta por 2 años.

Finlandia
Al acabar la Guerra Civil Finlandesa el 5 de mayo de 1918, el victorioso Ejército Blanco y las tropas alemanas tenían alrededor de 80 000 prisioneros rojos. Cuando terminaron las tradicionales ejecuciones sumarias, los niños y las mujeres fueron puestos en libertad, por lo que la cifra se redujo a unos 74 000 o 76 000. Todos fueron recluidos en los campos de concentración de Suomenlinna, una isla frente a Helsinki; Hämeenlinna; Lahti; Viipuri; Ekenäs;Riihimäki y Tampere. La tasa de mortalidad debida al frío y las pésimas condiciones de vida fue mayor en Ekenäs, de un 34%, mientras que en el resto varió entre el 5% y 20%. En total, entre 11 000 y 13 500 finlandeses perecieron. Los muertos fueron enterrados en fosas comunes cerca de los campos. La mayoría del resto de prisioneros fueron puestos en libertad condicional o indultados a finales de 1918, cuando las potencias occidentales ganaron la Primera Guerra Mundial.

Cuando el ejército finlandés ocupó Karelia Oriental durante la Segunda Guerra Mundial, de 1941 a 1944, varios campos de concentración fueron establecidos para internar a civiles étnicamente rusos, también en deplorables condiciones.

Francia
Durante la ocupación francesa de Argelia, sus fuerzas internaron a gran número de argelinos en «ciudades de carpas» y campos de concentración. Incluso poblaciones enteras sospechosas de haber apoyado a los rebeldes del Frente de Liberación Nacional Argelino.

También tras el final de la Guerra Civil española, hubo duras represalias contra los refugiados que huían del régimen del general Francisco Franco. Fueron confinados en campos como los de Rivesaltes, Gurs o Vernet, donde más de 12 000 republicanos fueron alojados en condiciones miserables. Muchos pàra ser devueltos a España e ingresar en el campo de «purificación» de Miranda de Ebro.

Después de la proclamación por el mariscal Philippe Pétain del régimen de Vichy, los refugiados se convirtieron en prisioneros políticos. Junto con otros «indeseables» fueron enviados al campo de concentración de Drancy antes de ser deportados a Alemania. Entre 5000 y 6000 hombres y mujeres murieron en los campos de concentración de Mauthausen y Ravensbruck.

Además, en las zonas que Alemania anexó formalmente de Francia, como Alsacia-Lorena, se contruyeron otros campos de concentración, el más grande el de Natzweiler-Struthof, que se complementaron con más en el Norte y Oeste de África, Somalilandia y Madagascar. Por ejemplo, los campos de Conakry, Tombuctú y Kankan, en África Occidental, no tenían agua corriente, electricidad, ni gas. No había cloacas, aseos, ni baños. Los prisioneros se alojaban en cabañas y casas de barro.

Gales (Gran Bretaña)

Frongoch, en Merionethshire, Gales, un antiguo campo de prisioneros de la Primera Guerra Mundial se reconvirtió en campo de concentración para 1800 prisioneros políticos irlandeses tras el Alzamiento de Pascua de 1916. Entre ellos, el líder independentista Michael Collins. Los malos tratos a los que fueron sometidos serían un nuevo caldo de cultivo para futuros revolucionarios irlandeses.

Gran Bretaña

Durante la Primera Guerra Mundial los republicanos irlandeses fueron encarcelados en los campos de Shrewsbury y Bromyard. Durante la Segunda, también se internó en campos a unos 74 000 refugiados alemanes, austriacos e italianos que habían huido de Alemania, sospechos de simpatizar con los nacionalsocialistas, como lo hacían los miembros de la Unión Británica de Fascistas de Oswald Mosley. Los hombres y las mujeres quedaron separados sin contacto con el mundo exterior. Algunos campos tenían solo tiendas de campaña en lugar de edificios, donde había que dormir directamente sobre el suelo. Los últimos detenidos fueron puestos en libertad a finales de 1945.

India británica

Durante las dos guerras mundiales los civiles de países enemigos de los británicos, en su mayoría alemanes, fueron internados en campos de concentración. En 1939 eso incluyó también a los refugiados que huían del *Reich* y a los alemanes que habían adquirido la ciudadanía británica, en la India.

En la Primera Guerra Mundial se creó Ahmednagar, en el que también se internó a detenidos en el África Oriental Alemana. Tenía dos secciones. La A, con más de 1000 presos hacinados en viejos barracones «médicamente condenados», con miseras condiciones de vida y la B, para privilegiados presos con dinero y oficiales.

En 1915 se creó un campamento de Libertad Condicional en Diyatalawa, Ceilán. Otro en Belgaum para las mujeres, que comenzó a funcionar también a finales de 1915, y uno más en Kataphar, para las familias.
En febrero de 1941, durante la Segunda Guerra Mundial, se creó el «centro de internamiento» de Ahmednagar, com presos transferidos de los campos de Dehrad, Diyatalawa —en Ceilán—, y extranjeros de Ceilán, Hong Kong y Singapur. Las mujeres fueron separadas y enviadas a campos de libertad condicional como los de Yercaud, en Madrás, o Kataphar.

En Dehrad se clasificó a los internos y se los separó, a partir de septiembre de 1941, en pro-nazis, antinazis e italianos. Desde allí escapó al Tibet el alpinista miembro de las SS Heinrich Harrer.

Pequeños campos de libertad condicional establecidos en Naini Tal, Kodaikanal y Katapahar —cerca de Darjeeling—, fueron cerrados a finales de 1942. Los presos se tranfirieron por reunificación familiar al de Satara, próximo a Pune. Para los refugiados judíos se creó Purandhar, donde más adelante se internó también a otros alemanes, muchos, misioneros con familias.

La mayoría de los internos de los campos de concentración fueron deportados a finales de 1946. A los alemanes los enviaron a Hamburgo, donde los internaron en el campo de Neuengamme para su desnazificación.

Irlanda
Durante la década de 1920, los británicos utilizaron como campo de concentración el buque HMS Argenta, amarrado en el puerto de Belfast, para internar a los republicanos irlandeses. Era el complemento de otros sitios en tierra, como el campo de trabajos forzados de Larne o las prisiones de Belfast y Derry Gaol. La diferencia era que los presos del Argenta ni siquiera habían sido sometidos a juicio. Las condiciones de vida en el buque eran increíbles. Enclaustrados bajo en cubierta en jaulas, de 50 en 50, los prisioneros —había 263—, estaban obligados a utilizar los retretes rotos, que se desbordaban con frecuencia. Privados de mesas y sin poder lavarse, debían comer en un suelo nauseabundo, contaminado de heces y orina, lo que con mucha frecuencia los hacía sucumbir a las enfermedades.

Irlanda del Norte (Gran Bretaña)
Uno de los más famoso ejemplos de internamiento moderno —hasta que comenzó a funcionar Guantánamo—, se produjo en Irlanda del Norte en 1971, cuando 342 nacionalistas y republicanos irlandeses fueron detenidos por el ejército británico y la Real Policía del Ulster por orden del entonces Primer Ministro de Irlanda del Norte, Brian Faulkner, con el respaldo del gobierno británico. Los ingresaron en la prisión de Maze, por entonces denominada Centro de Detención de Long Kesh. Al año siguiente ya eran 1981 los internos. El campo se cerró en 1975, porque aumentaba el apoyo al IRA y creaba tensiones políticas, pero el encarcelamiento de personas bajo las leyes antiterroristas específicas para Irlanda del Norte continuó hasta el Acuerdo de Viernes Santo de 1998.

Isla de Man (Gran Bretaña)
Durante la Segunda Guerra Mundial, la Isla de Man se utilizó como sede principal para internar a enemigos extranjeros civiles, tanto hombres como mujeres. Los campos de concentración eran hoteles requisados y pensiones en pueblos de la costa. Alrededor de ellos se levantaron alambradas y se puso guardia armada enviada desde Inglaterra. Los campos estuvieron en funcionamiento desde el 27 de mayo de 1940 al 5 de septiembre de 1945. El mayor número de internos se alcanzó en agosto de 1940: 10 024. Se levantaron 10 campos de concentración: Mooragh, en Ramsey; Peveril, en Peel; Onchan, en Onchan; Rushan Camp, en Port St. Mary, con una ramificación en Port Erin solo para las mujeres y las familias de los presos; Campo Central, Palace, Metropole, Hutchinso, Grenville y Sefton, todos en Douglas.

Islas del Canal (Gran Bretaña)
Alderney, en las Islas del Canal fue el único lugar de las Islas Británicas, donde se establecieron campos de concentración alemanes. En enero de 1942, las fuerzas alemanas de ocupación establecieron cuatro denominados como sus islas del mar del Norte: Helgoland, Norderney, Borkum y Sylt. Se internó a cautivos de Europa del Este como mano de obra esclava para construir en la isla las defensas del Muro del Atlántico.

Italia
Se crearon 24 campos de concentración durante la Segunda Guerra Mundial para internar a la población de las zonas ocupadas. El más conocido, Rab, en la isla adriática del mismo nombre, cerca de la aldea de Kampor, comenzó a funcionar en julio de 1942 con presos judíos, eslovenos y croatas y se cerró en septiembre de 1943, después de la capitulación italiana. Otros, como los de San Sabba y Bolzano, se mantuvieron hasta 1945.

Malasia
A partir de 1950, en el marco de lo que se conoció como Plan Briggs —una respuesta a la denominada «Emergencia malaya»—, refugiados ilegales chinos fueron reubicados por los británicos en cientos de campos de internamiento en diversas áreas de la península de Malaca. Conocidos como "nuevos pueblos", estos campamentos estaban destinados a convertirse en asentamientos permanentes. Solo cuando los ataques del Partido Comunista malayo disminuyeron, se levantaron los toques de queda, se quitaron las alambradas y se retiraron gradualmente los guardias armados. Hoy muchos de esos pueblos de «concentración» siguen habitados por chinos.

Noruega
Durante la Segunda Guerra Mundial hubo 31 campos de trabajos forzados entre Bergen y Hammerfest, controlados por oficiales de las SS, pero con guardias de la milicia paramilitar noruega Hirden. En ellos se internó a unos 150 000 presos de guerra y políticos de Yugoslavia, Polonia y la Unión Soviética. Maltratados y sin apenas comida, se utilizaron como mano de obra para proyectos de carreteras e infraestructuras que permitieran el acceso a las minas de mineral de hierro en Kiruna y a las de níquel, en Petsamo.

Nueva Zelanda
Durante la Primera Guerra Mundial los civiles alemanes que vivían en el país fueron internados en los campos de concentración de Motuihe y las Islas Somes. Cuando comenzó la Segunda, hicieron lo mismo con los civiles alemanes, italianos y japoneses.

Países Bajos
Durante la Primera Guerra Mundial, los soldados extranjeros y las tripulaciones de buques que entraron ilegalmente en los neutrales Países Bajos fueron internados en campos específicos en función de su nacionalidad para evitar conflictos. El mayor fue el de Groningen, para marineros y soldados británicos.

Después de una revuelta en 1926 en la Indias Orientales Holandesas, se estableció un campo de concentración para prisioneros políticos en lo que entonces se llamaba Nueva Guinea Neerlandesa, en la remota selva de Boven-Digoel.

En la Segunda Guerra Mundial se estableció en 1943 el campo de Herzogenbusch, conocido como Kamp Vught debido a su ubicación en ese pueblo. Fue el único campo de concentración de Europa Occidental, fuera de Alemania, dirigido por las SS.

Otros campos fueron el de Schoorl y el Erika, próximo a Ommen. En todos se internó a partir del 15 de mayo de 1940 a los judíos residentes en las ciudades del país, para cumplir las órdenes de las autoridades de ocupación alemanas y realizar trabajos forzados, por ejemplo, en las fábricas de Phillips. Por el contrario, cuando comenzó la ocupación, los alemanes que vivían en las Indias Orientales Holandesas fueron detenidos e internados allí.

Acabada la guerra, el gobierno holandés puso en marcha la Operación Tulipán Negro y detuvo a la población civil de origen alemán. La envió a campos de concentración cerca de la frontera con Alemania, especialmente a Nijmegen, con el fin de deportarlos cuanto antes. En total se expulsó aproximadamente a un 15% de la población alemana de los Países Bajos.

Otros muchos campos, improvisados y oficiales, se establecieron después de la guerra para internar a los holandeses sospechosos de colaborar con los alemanes. Kamp Westerbork, por ejemplo, albergó a judios, presuntos colaboradores y alemanes. No siempre bien tratados por los guardias.

Polonia
De 1934 a 1939 Polonia estableció un campo de concentración en Bereza Kartuzka, hoy en Bielorrusia, para internar a opositores políticos, nacionalistas ucranianos y comunistas.

Después de la Segunda Guerra Mundial, el ejército soviético y el gobierno comunista de Polonia utilizó algunos de los antiguos campos de concentración alemanes para encarcelar a opositores polacos, así como a los ucranianos y alemanes étnicos, o sus simpatizantes.

Portugal
El 29 de octubre de 1936, durante la dictadura de Antonio Oliveira de Salazar, comenzó a funcionar la Colonia Penal de Tarrafal, en la isla de Santiago, Cabo Verde. Tarrafal cerró en 1954, pero fue reabierta en 1961 con la denominación de Campo de Trabajo de Chão Bom, la aldea donde estaba emplazada, para recibir prisioneros oriundos de las colonias portuguesas.

Serbia
Durante la Segunda Guerra Mundial funcionaron los campos de concentración de Banjica y Sajmište —cerca de Belgrado—, Topovske Supe y la fábrica de ladrillos de Milisic —en Belgrado—, Krst Crveni —en Nis—, Dulag 183 —en Šabac—, Svilara —en Pančevo— y Paraćin.

Sri Lanka
A finales de 2008, cuando acabó la guerra civil, el gobierno de Sri Lanka estableció una serie de campos para mantener a los desplazados que habían logrado huir de los combates. Estaban custodiados por el ejército, rodeados de alambre de espinos y a los desplazados no se les permitía salir. Tampoco podían entrar las agencias de ayuda, los periodistas ni las ONGs.

Sus condiciones estaban por debajo de las normas humanitarias mínimas. Hubo informes de violación, tortura, desapariciones y detenciones arbitrarias. No se cerraron hasta septiembre de 2012.

Suecia
Durante la Segunda Guerra Mundial, el gobierno sueco mantuvo ocho campos de internamiento. El más famoso, Storsien, en Norrbotten donde de 300 a 370 comunistas, sindicalistas y pacifistas estuvieron presos durante el invierno de 1939 a 1.940. Otros campos fueron Naartijärvi, al este de Luleå, Öxnered en Vänersborg, Grytan a las afueras de Östersund, Bercut, un buque en el puerto de Dalarö, Vindeln y Stensele, construidos en Västerbotten en 1943 y Lövnäsvallen, a las afueras de Sveg.

La mayoría no eran campos de trabajo, a excepción de Vindeln y Stensele donde se utilizó a los internos para construir una base aérea secreta. Todos los registros fueron quemados al acabar la guerra.

SUIZA
Durante la Segunda Guerra Mundial más de 100 000 soldados de Inglaterra, Francia, Polonia, Rusia, Italia y Alemania —en su caso desertores— quedaron internados en al menos, tres campos de concentración suizos hasta el fin de las hostilidades: Wauwilermoos, en Wauwil; Egolzwil, en el cantón de Lucerna y Les Diablerets, en Hünenberg. Fueron utilizados como trabajadores para la agricultura y la industria, a excepción de los oficiales, que no estaban obligados a realizar trabajos forzados y se alojaban en hoteles desocupados de montaña, principalmente en Davos. El gobierno suizo no tuvo la misma deferencia con los civiles, por ejemplo los judíos refugiados, que por lo general fueron enviados de regreso a los territorios ocupados por el *Reich*.

BIBLIOGRAFÍA

AGAMBEN, Giorgio: *Homo Sacer: Sovereign Power and Bare Life*. Stanford University Press. Palo Alto, California, 1998.

AJMATOVA, Anna: *Réquiem y otros escritos*. Editorial Galaxia Gutenberg. Madrid, 2000.

ARCHER, Bernice: *A Study of Civilian Internment by the Japanese in the Far East 1941–45*. Routledge Curzon Ediciones. Londres, 1999.

BACON, Edwin: *The Gulag at War: Stalin's Forced Labour System in the Light of the Archives*. NYU Press. Londres, 1994.

BARRETO VELÁZQUEZ, Norberto: *La amenaza colonial. El imperialismo norteamericano y las Filipinas, 1900-1934*. Consejo Superior de Investigaciones Científicas. Sevilla, 2010.

BEDENDO, Giuseppe: *Le gesta e la política del generale Graziani*. CESA publicaciones. Roma, 1936.

BLOXHAM, Donald: *Genocide on Trial: War Crimes Trials and the Formation of History and Memory*. Oxford University Press. 2001.

BOSWORTH, Allan R.: *America's Concentration Camps*, W. W. Norton & Company. Nueva York, 1967.

BROSSAT, Alain, COMBE, Sonia y MOUKHINE, Leonid: *Ozerlag, 1937-1964: le système du Goulag: traces perdues, mémoires réveillées d'un camp stalinien*. AUTREMENT, Série Mémoires. Paris, 1991.

BUBER-NEUMANN, Margarete: *Prisionera de Stalin y Hitler*. Plaza y Janés. Barcelona, 1967.

BUGGELN, Marc: *Slave Labor in Nazi Concentration Camps*. Oxford University Press. Londres, 2014.

COHEN, Ben y STAMKOSKI, George: *With no Peace lo Keep. United Nations Peacekeepiing and the War in Former Yugoslavia*. Grainpress. Londres, 1995.

CONBOY, Kenneth y MORRISON, James: *Shadow War: The CIA's Secret War in Laos*. Paladin Press. Boulder, Nueva York, 1995.

DEVITT, Napier: *The Concentration Camps in South Africa During the Anglo-Boer War of 1899-1902*. Shuter & Shooter. Natal, 1941.

DOLGUN, Alexander y WATSON, Patrick: *Un americano en el Gulag*. Editorial Euros, S.A. Madrid, 1975.

DRECHSLER, Horst: *Let Us Die Fighting: The Struggle of the Herero and Nama against German Imperialism, 1884-1915*. Akademie-Verlag Berlin. Berlín, 1986.

ERICHSEN, Casper W.: *The angel of death has descended violently among them: Concentration camps and prisoners-of-war in Namibia, 1904-08*. Universidad de Leiden. Centro de Estudios Africanos. Leiden, 2005.

FITZPATRICK, Sheila: *Stalin's Peasants: Resistance and Survival in the Russian Village after Collectivization*, Oxford University Press. Nueva York-Oxford, 1994.

HARTMANN, Erich: *In The Camps*. W.W. Norton & Co. Inc. Londres, 1995.

HORIGAN, Michael: *Elmira: Death Camp of the North*. Stackpole Books. Londres, 2002.

JAKOBSON, Michael: *Origins of the Gulag: The Soviet Prison Camp System, 1917-1934*. Universidad de Kentucky. Lexington, 1993.

JONG, Louis: *The collapse of a colonial society: the Dutch in Indonesia during the Second World War*. KITLV Press. La Haya, 2002.

KAIENBURG, Hermann: *Vernichtung durch Arbeit. Der Fall Neuengamme*. Dietz Verlag J.H.W. Nachf. Bonn, 1990.

KHLEVNIUK, Oleg: *The History of the Gulag: From Collectivization to the Great Terror*. Yale University Press. Nueva York, 2004. KIZNY, Tomasz: *Gulag*. Firefly Books. Ontario, 2004.

KOGON, Eugen: *The Theory and Practice of Hell: The German Concentration Camps and the System Behind Them*. Farrar, Straus and Giroux. Nueva York, 2006.

KOTEK, Jöel y RIGOULOT, Pierre: *Le Siècle des Camps : emprisonnement, détention, extermination, cent ans de mal absolu*, Editions J. C. Lattès. París, 2001.

LÓPEZ RODRÍGUEZ, Antonio: *Cruz, bandera y caudillo: el campo de concentración de Castuera*. CEDER La Serena. Badajoz, 2009.

MAIER, Diemut: *Non-Germans Under the Third Reich: The Nazi Judicial and Administrative System in Germany and Occupied Eastern Europe with Special Regard to Occupied Poland, 1939-1945*. JHU Press. Baltimore, Maryland, 2003.

MARK, Rudolf A.: *Vernichtung durch Hunger: der Holodomor in der Ukraine und der UdSSR*. Wissenschaftlicher Verlag Berlin. Berlin, 2004.

PAKENHAM, Thomas: *The Boer War*. Weidenfeld and Nicolson. Londres, 1979.

PEUKERT, Detlev: *Inside Nazi Germany: Conformity, Opposition, and Racism in Everyday Life*. Yale University Press. New Haven, 1989.

PONCHAUD, François: *Cambodge année zéro*. Editions Kailash. París, 1998.

RAZOLA, Manuel y CONSTANTE, Mariano: *Triangle bleu. Les républicains espagnols à Mauthausen*, Gallimard. Paris, 1969.

REEVES, Richard: *Infamy: The Shocking Story of the Japanese-American Internment in World War II*. Henry Holt and Co. Nueva York, 2015.

REES, Laurence: *Auschwitz: A New History*. Public Affairs Press. Nueva York, 2006.

RODRÍGUEZ, Olga: *El hombre mojado no teme a la lluvia. Voces de Oriente Medio*. Editorial Debate. Madrid, 2009.

ROMERO, Vicente: *Pol Pot, el último verdugo*. Editorial Planeta. Barcelona, 1998.

SAMPSON LOW, Marston: *The Times History of the War in South Africa 1899-1902*. Amery and L.S. Editions. Londres, 1900-1909.

SASSI, Nizar: *Guantánamo. Prisionero 325, Campo Delta*. Traducción Carlos Janín. EDAF. Madrid, 2006.

SOPHAL, Ear: *The Khemer Rouge Canon 1975-1979: The Standard Total Academic View on Cambodia*. Department of Political Science, Universidad de California. Berkeley, 1995.

SOLZENITSIN, Alexandre: *El archipiélago gulag*. Tusquets editores. Barcelona, 2007.

TODOROV, Tzvetan: *Facing the Extreme: Moral Life in the Concentration Camps*. Henry Holt & Co. Nueva York, 1966.

TROUNG, Hoa Minh: *The Dark Journey - Inside The Reeducation Camps of Vietcong*. Eloquent Books. Durham, Connecticut, 2010.

VARONA GUERRERO, Miguel: *La guerra de independencia de Cuba, 1895-1898*. Editorial Lex. La Habana, 1946.

VENEZIA, Shlomo: *Inside the Gas Chambers: Eight Months in the Sonderkommando of Auschwitz*. Polity Press. Cambridge, 2011.

VULLIAMY, Ed: *Seasons in Hell. Understanding Bosnia's War*. St. Martin's Press. Nueva York, 1994.

VAN NGUYEN, Duong: *The Tragedy of the Vietnam War*. McFarland and Company Publishers. Londres, 2008.

WACHSMANN, Nikolaus: *Hitler's Prisons: Legal Terror in Nazi Germany*. Yale University Press. New Haven y Londres, 2004.

WEGLYN, Michi Nishiura: *Years of Infamy. The Untold Story of America's Concentration Camps*. University of Washington Press. Nueva York, 1976.

WEYLER, Valeriano: *Memorias de un general*. Editorial Destino. Barcelona, 2003.

WHEATCROFT, Stephen: *The Scale and Nature of German and Soviet Repression and Mass Killings, 1930-1945*. Europe-Asia Studies. Londres, 1996.

ZORIN-OBRUSNIKOVA, Libushe: *Soviet Prisons and Concentration Camps: An Annotated Bibliography, 1917-1980*. Oriental Research Partners. Londres, 1980.

*Todos tenemos algo roto dentro nuestro, por eso todos somos demonios.
¿No es este mundo un verdadero infierno?*

Makoto Shishio.
El vagabundo Kenshin: Crónicas de un espadachín Meiji.